文化与政治译丛
应奇 主编

La Cité de l'Homme

人 之 城

〔法〕皮埃尔·马南 著

闫素伟 译

2018年·北京

Pierre Manent
LA CITÉ DE L'HOMME
Copyright © 1994 by Librairie Arthème Fayard
Simplified Chinese translation copyright © 2018 by the Commercial Press. Ltd
ALL RIGHTS RESERVED
本书根据法雅出版社 1994 年版译出

文化与政治译丛

总　　序

在自我流亡十六年，抵达新大陆八年之后的1949年，被誉为极具哲学天赋、但却毫无政治天分的汉娜·阿伦特给她终身的导师和朋友雅斯贝尔斯写信："什么都没有改变。有时候我想知道，是向德国人逐渐灌输政治意识更加困难，还是向美国人传达哪怕是最肤浅的哲学知识更为困难。"[①]就正如她所称颂的海德格尔思想中席卷的风暴并非起源于20世纪，而是来自于遥远的过去，对"德国历史中的文化诱惑"感同身受的阿伦特这句话的问题意识也远远地越出了所谓德国问题的语境，而同样可以追溯到古典希腊时代。

哲学与政治的关系问题被我们时代的政治哲学家称作政治哲学的首要甚至是唯一的问题，不管这种说法的用意何在，也不管它遭到怎样的使用，它在相当程度上都确实是古典希腊时代的真实写照。通过柏拉图的如椽巨笔，以苏格拉底之死而被戏剧性地问题化的哲学家与城邦之间的关系，就被抽象成了哲学与政治之间的关系问题。沉思与行动的对立所支撑起来的哲学框架是多维立体的，然而哲学与政治之对立的整个文化背景却大致是一元均质的，正是在这个意义上，史学家们把古典古代的世界称作异教世界。

如果说城邦的崩溃是古代世界最大的精神动荡，那么基督教的兴起则直接导致了古典古代之文化一元性的终结；从"城邦之外非神即兽"到"教会之外别无拯救"，上帝之城和世俗之城的二

[①] 见阿伦特于1949年1月28日写给雅斯贝尔斯的信，转引自勒佩尼斯：《德国历史中的文化诱惑》，刘春芳、高新华译，译林出版社，2010年，第161页。

元区分是对于这种对立的最好也是最终的表述。到了这个阶段，哲学与政治的关系其实已经让位于哲学与文化的关系，只不过这里的文化之核心层面乃是一种与古代循环论截然不同的线性的和末世论的时间和历史观念。而随着与基督教精神一脉相承的近代科学的兴起，随着科学日益成为近代文化的一种最具构成性和形塑性的力量，广义上的哲学与文化之关系的具体内涵就落实为哲学与科学的关系。也只有到了这一步，才真正坐实了斯特劳斯所谓"科学与历史，当代世界的两大动力，在联手摧毁政治哲学这门学问上取得了成功"。[1]

按照现代性的出生记，由进步观念护法的与古代世界的断裂本身就是正当性的一种标记。但是在早期现代性向晚期现代性的过渡中，现代性本身的弊端亦逐渐暴露，其动力则日趋衰竭，如罗伯特·皮平所言："19世纪晚期的现代性危机反映了资本主义社会没有能力再生产它自身，也没有能力使它本身具备正当性。"[2]这种危机在某种程度上就可以被理解为一种文化危机，或者说是一种自我解释上的危机，而如果我们像皮平那样认为现代性的问题并不完全是一个文化的、社会的或政治的问题，而是一个哲学问题，那么这种危机的实质也就是在理解哲学与文化、哲学与科学的关系上出现的危机。但是同时，其程度并不稍逊地，这种危机也出现在后发现代性的国家和地区，只不过在后者这里，所谓文化的内涵除了在原发现代性内部固有的科学的维度，更增加了传统和本土的维度，或者也可以说，文化危机在这里乃具有双重的含义，而走出危机的尝试似乎就更有了"毕其功于一役"的难以承受之重。

在作为现代性之发祥地的近代西欧诸国中，德意志乃是一个

---

[1] 参见斯特劳斯：《什么是政治哲学》，中译文载于詹姆斯·A.古尔德等编：《现代政治思想》，商务印书馆，1985年。

[2] 皮平：《作为哲学问题的现代主义》，阎嘉译，商务印书馆，2007年，第31页。

后发国家,但比较巧合且深具范型意义的是,在政治和经济上属于欧洲落后国度的德国在哲学上却扮演着第一提琴手的角色,并一直享有文化之邦的令誉,正是从这个意义上,德国问题成了史家眼中"整个近代史上最难解、最纠结和最全局性的问题",近代德国也就成了我们观察哲学、政治与文化之复杂关系的最好场域。而用另一位史家弗里茨·斯特恩的话来说:"非政治的德国既是德国偏离西方及其持续的政治失败的原因,同时也是其结果。"[1]然而,在经历魏玛共和倾覆、纳粹帝国败亡、东西德的分裂和重新统一之后,德意志的国家建设却逐渐走在了理性、节制和健康的道路上;在用宪法爱国主义总结从波恩共和国到柏林共和国的经验时,经历了与形形色色的前现代主义、后现代主义特别是所谓"决断论"和"机缘论"之毕生奋争的哈贝马斯最终把现代性规范内涵之锚泊定在它的政治维度上,并着重强调了与政治物相关的文化和以政治的方式做成的文化之间的区分;如果说在德意志传统的文化政治论述中,看上去是静态的"与政治物相关的文化"中的"政治物"和"文化"都是受到轻视和贬低的,那么"以政治的方式做成的文化"则试图用一种形成政治文化的动态机制克服文化与政治之间固有的分离和对立,从而以这种方式超越和扬弃了贯穿魏玛前后的权力与文化之争、文明与文化之争、"好的德国"和"坏的德国"之争,提供了一条走出非政治的文化,从文化政治走向政治文化的路径。凡此种种,都无疑将为我们思考被称作德国问题之"翻版"的中国问题提供有益的启示并产生深远的影响。

承黑格尔《历史哲学》中所谓"普遍奴隶制"之余绪,与希腊罗马的古典的古代形成对照的亚细亚的古代曾经在马克思的社会形态理论中扮演了某种暧昧的角色,但是,亚细亚生产方式的特殊主义内涵并没有被历史唯物主义的普遍主义彻底抽空,从而只具有历史

---

[1] F. Stern, "The Political Consequences of the Unpolitical German", in: *History*, 3(1960), 转引自 Ralf Dahrendorf, *Society and Democracy in Germany*, pp. 314—315, Norton, 1967。

化石的作用。例如中国的马克思主义史学家侯外庐先生就曾经夫子自道其工作乃是对马克思的亚细亚生产方式理论的"延长",并分别用《尚书》中的"器惟求新,人惟求新"和"器惟求新,人惟求旧"把古典的古代和亚细亚的古代刻画为古代社会的两种并行的进化路径——"前者是新陈代谢,新的冲破了旧的,是革命的路线;而后者却是新陈纠葛,旧的拖住了新的,是维新的路线。"[1]的确,在《资本论》的准备稿中得到集中表述的社会发展三形态论在保留和捍卫马克思的普遍主义冲动和雄心的同时,也为容纳和调和社会发展各阶段和形态的特殊性和多样性提供了富有张力的概念空间。

无独有偶的是,我们竟然也能够从作为20世纪中叶蔚为大观的现代化理论及其自我反省之产物的多元现代性理论中辨认出上述"延长"的异域回响,只不过时间和空间都已经发生了转换,而其概念内涵也早已今非昔比。从这种反省中所浮现出的文化现代性和规范现代性的视野去透视从中国近代的中西体用之争到晚近新一轮的古今中西之争,哲学在文化与政治的二元性格局中所处的地位和所发挥的作用就发生了微妙的变化。不同于古典的古代,哲学处于与政治的某种直接对立的关系中,犹如"巨人之战"背影下真理与意见之抽象对峙;也与近代西方的情形不同,哲学与作为文化中最有力量的科学相互竞争,争夺空间,于焉衍生各种调和哲学与神学、自然科学与精神科学的双重真理论。不同于亚细亚的古代,"哲学"具有牢笼万有的"作之君,作之师"的地位;也与近世中国主流论述不同,仍然试图仰仗中国哲学中最为精髓的体用模式解决古今中西之争。哲学现在所要"争夺"的不再是一个"论域"的空间,就好像它有一个其他学门不能染指的独特"论域",而是一个"概念空间",这种"空间"尤其出现在各"论域"交叉重叠处,其作用即使不是"牵一发而动全身"的,也是具有弥漫渗透和贯通之功效的;哲学现在不再是一个自上而下的

---

[1] 侯外庐:《韧的追求》,三联书店,1985年,第235页。

"仲裁者",而是一个居间的"调停者",不再是一个即将一劳永逸地提出"仲裁"的外在观察者,而更像是一个随时准备修正自己的概念框架的内在参与者;更为关键的是,在追问其他领域的正当性标准的同时,它必须——如果不是事先——给出自身的正当性辩护;只不过在文化间的语境中,这一点似乎尤为显豁甚至"自明",但也唯因在这种语境中,最为重要的就既不是"见树不见林"的"格义",也不是"会当凌绝顶"的"判教",更不是用"区分敌友"来"劫持"政治之内涵,而仍然是在"哲学突破"两千多年后哲人们依然孜孜以求的"内在超越",也就是要在"后形而上学"的视野中把轴心时代第一次区分开来的无限与有限、无条件者与有条件者、统一性与多样性、自由与必然的关系,在承认它们之间概念区别之重要性的基础上,重新把它们统一起来。

在从"内在超越"的视角论及"应然的权威具有多大的合理性?"这个问题时,哈贝马斯如是说:"'道德视角'应当从世界内部对这个视角加以重建,把它纳入我们主体间共有的世界范围当中,而又不失去与整个世界保持距离的可能性以及全方位观察世界的普遍性。"[①]而将近两百年前,黑格尔在谈到辩证法的"内在批判"时曾经说:"真正的拒绝必须是穿透了对方的力量,并且在他有实力的基础上与之遭遇;赢得胜利的途径并不是在某个别处向他进攻,在他不存在的地方把他打败。"[②]至今看去,后面这句话既像是对我们仍然面临的真实处境的逼真写照,更像是对我们措置这种处境的智慧警示,于是愿以此语与"文化与政治译丛"的读者共勉。

应　奇

2014年4月,浙大紫金港

[①] 哈贝马斯:《包容他者》,曹卫东译,上海人民出版社,2002年,第7页。
[②] 转引自童世骏:《"后世俗"社会的批判理论:哈贝马斯与宗教》,载于韩水法主编:《理性的命运:启蒙的当代理解》,北京大学出版社,2013年。

城邦的精神

为纪念阿兰·布鲁姆而作

真是各种风姿的和,美貌男子的模型,
所有的天神似乎都在他身上盖了印,
为这一个人做担保一般。*

---

* 这是莎士比亚《哈姆雷特》中的几句诗。中文翻译是梁实秋先生的手笔。——译者

目 录

引言　人的问题 …………………………………………… 1

第一部分　自我意识 ………………………………… 9

第一章　历史的权威 ……………………………………… 11
第二章　社会学的观点 …………………………………… 74
第三章　经济系统 ………………………………………… 130

第二部分　自我肯定 ………………………………… 165

第四章　隐藏的人 ………………………………………… 167
第五章　意志的胜利 ……………………………………… 234
第六章　天性的终结 ……………………………………… 275

引言　人的问题

> "深渊啊！还能称其为人吗？"
> ——维克多·雨果

一

今天，当我们用到"人"这个字时，我们真正想表达的是什么意思呢？当我们为人权辩护，当我们将人文科学付诸实践的时候，我们谈到的是谁呢？对于这一问题，我们不仅没有任何清楚无误的现成答案，我们甚至既不知道该向哪个方向也不知道该采取什么样的办法去寻找答案。当然，在我们的话语和文字当中，"人"是挥之不去的；老实说，今天的人类似乎完全变成了一张巨大的嘴，在那里夸张地、令人不知所云地反复念叨着"人"的名字。这张大嘴自顾自说着"人啊，人啊……"，可它真的知道自己在说什么吗？它根本不知道。在这片漫天遍野、模糊不清的嘈杂之中，也许有人希望搞清楚人的真正的观念吧。但是，他们该如何去调查呢？古老的权威所提供的一些方向性的元素已经无处寻觅。当然，让人感到高兴的是，民主制度给了人自由，让学者愿意怎么思考就怎么去思考。宗教从前声称说可以揭示人的命运，但是，在我们今天的环境中，其权威从某种意义上说已经式微，想必这也不会让那些对此求之不得的人感到遗憾吧。不过他们看到，哲学在其最为有力的或者最有影响的表达当中也回避了这个问题。"人"之名以压倒一切的权威无所不在地君临现在的人类，可是，也许自从荷马以来，它所包含的问题从来就不曾像现在这样，成为一片无人探索的处女地。

因此，我们对此一无所知，可我们又急着想知道。于是两种诱惑出现在我们心中。那就是，当我们的精神不知道如何得见天日的时候，我们总会产生一些相反的冲动，那就是无畏和胆怯。然而，如果我们被问题表面的简单所诱惑，盲目地相信我们的能力，那么我们一迈步就会迷失方向，我们会对自己说：我们要大胆地去求知！利用我们今天所拥有的一切知识，重新提出，以新的代价提出"人"这个词有什么意义的问题，提出人的问题！但是，如果我们被问题所涉及的范围之广大所吓住，因其与我们近在咫尺而不知所措，我们也照样会迷失方向，那我们就会乖乖地赞成那种人人都说好的计划：接过并理解历史上人们就此主题所说过的最为深刻、最具决定意义的一些话。立刻将问题抓在手中的愿望，会让人天真地忽略历史，忽略历史的因果关系、前后缘由及其厚度，那么，我们给出的回答注定会因为现时的美好和现在的知识水平而显得武断；不过，寄希望于历史，也就意味着要在没完没了的调查之后才能给出答案，因此，事实上也就是拒绝了真诚地提出问题。那么，既然用或者不用历史，最终都是死路一条，似乎在抛弃傲慢和胆怯之后，剩下的善德之路一定是既狭窄又难行的。即使这样，我们一迈步也会迷失方向，因为迈出的第一步必然会引导我们去考察历史，或者在历史考察之外去探索，比如到科学中去探索。

如果我们连第一步也迈不出，那也许意味着这第一步已经在我们身后了。我们也许已经走过头了。我们吵吵嚷嚷，直闹得现在的人类什么也听不见，直吵得我们没有了耐心，怎么样做才能让我们静下心来好好想一想呢？这本来是一个自然而然的问题，但今天不知为什么却人为地变得突兀了：人是什么？的确，与"人"在一起的，还有一个让我们无法抗拒的、带着传奇色彩的形容词，那就是"现代"。我们去掉了这个形容词，以为是直奔主题，实际上我们并没有上路。"现代人"，就是他，他就是得到承认的历史的顶峰和统治者，是真正的王中王，而且也是每个人都熟悉的、都感到亲切的伙伴，就是他，他就在我们中间，他就是我们，是我们认识自我，认识人的第一个媒介。我们应当首先问自己：现代人是什么？

但是，调查的过程使人警觉。我们已经够警觉的了，所以我们知道，当我们提出"什么是现代人？"这个问题的时候，我们切断了通往最初的问题——人是什么？——的道路。的确，我们预设为前提的东西，已经被我们丢在身后了，那还如何去探索它呢？况且，第一个问题已经失去了真正的意义：如果"人"是作为现代人来确定自己、确定我们的，那么关于人的问题就不会再提出，或者就不会再引起我们的兴趣，这个问题便只有"历史"的意义。但是这样一来，我们至少知道现代人是什么！但这也不是可以肯定的东西，因为既然我们不能提出关于人的问题，我们就会始终怀疑现代人是不是的确是人。当然，在这一点上，常识是会站起来反对的，或者是会笑起来的；它会说，我明知道我是一个人！常识一向自知，因此无疑也知道何为人。但不幸的是，尽管如此，当非人性（inhumanité）曾经统治四分之一的人类时，常识照样相信，或者假装相信那是人们在建设一种"新人"。在精神生活当中，要想保持警醒，只是掐一下自己身上的肉还不够。实际上，我们面对的是两个互为条件、互相禁制的问题。我们可以说：做一个人和做一个现代人是一件唯一的和同样的事，这是必然的，这也是不可能的。

二

现代哲学就是靠这种不可能的事存在于世；现代哲学证实了这种不可能性。它提出在人和现代人之间有一种根本上的差别，它是围绕着这种差别来组织自己的。这使现代哲学与先前的哲学不一样，或者说是与一般的哲学不一样；一般的哲学把人作为地平线，而现代哲学的差别就在于，它在思考这一差别，它想要这一差别。的确，根据现代哲学，现代人，也就是从其负有责任的"少数"(minorité)当中走出来的人①，是通过自我意识来定义自己的。在人——我们可以称之为"前现代的人"，或者"传统的人"，或者只不过就是一个简单的"人"吗？——和现代人之间，在有和没有自我意识之间，距离和差别在他心目当中是如此之大，已经不可能严格地使用同一个词来指称了。人作为有生命的、会思考的一个物种，作为理性的动物，作为本质和物质，应当让位于另外一种存在的方式。况且，"存在方式"这个词用在这里并不恰当，但它是可以用的：如果"人"用生物学的属和种来定义，用物种的差异来定义，那么从今以后，我们所谈到的"人"就要以完全不同的方式来确定了；②如果"人"是常说的"此在"、"彼在"，或者就是简单说的"存在"，那么我们所说的人就不能严格地被说成是"存在"，不管它带不带上一个形容词的修饰。这些字词和表达已经带有经典哲学所赋予的意义，一般的语言也是用这些意义串联起来的，而且现在仍然在这样用；所以现代哲学最终不得不抛弃这

---

① 伊曼努尔·康德(Emmanuel Kant)，《对"什么是启蒙"的回答》(*Réponse à la question: qu'est-ce que les Lumières?*)。

② "Dasein ist daher nie ontologisch zu fassen als Fall und Exemplar einer Gattung von Seiendem als Vorhandenem"，马丁·海德格尔(Martin Heidegger)，《存在与时间》(*Sein und Zeit*)，第九节。

些字词和表达;现代哲学甚至将人这个词也明确地弃置不用了：它谈的是明确无误的自我意识(conscience-de-soi)，或者精神(Esprit)，或者权力意志(volonté-de-puissance)，或者"自为"(pour-soi)或者"存在"(Dasein)。现代哲学家喜欢发明一些新的词汇，或者喜欢重新定义和重新解释一些原有的词汇，虽然我们很想嘲笑他们这样做，但是嘲笑是不明智的，因为他们也是迫不得已。传统语言当中的存在与物质、方式和种类已经无法表达差别;相反，它能够指出，而且也从某种意义上归纳了我们所说的差别，并据以定义自己的参照面、对立面：现代的存在(être moderne)。

三

在最近几个世纪，所有的东西都曾经先后被形容为"现代"的事物：农业、艺术、宗教信仰、工业、社会。但是却没有任何形容语可以用来指称或者颂扬光荣的差别！然而，在所有被称为"现代"的事物之间，在一把扶手椅的样式、机械采摘葡萄、放任的习俗之间，又有什么共同之处呢？形容语已经失去一切意义了吗？要想甘心接受这一结论，那就必须抛弃这种模糊的却是强有力的、无法抵御的感觉，正是这种感觉让我们使用形容词，而且在我们的理解当中，它指的是我们的经验当中一个必要的部分，甚至是一个重要的部分。我们通过确实的科学得知，或者更准确地说，我们从本能上知道，而且也可以说是准确无误地感觉到什么是现代的存在。

现代存在的感觉或者意识：我们当中的任何人，哪怕是最"反动"的人，哪怕他是"现代世界"最不肯改悔的死对头，都会有这种感觉，都会觉得这是一种圣宠。这种圣宠感甜中带苦，其味道的甜蜜程度、苦涩程度可以不同，但它不会离开我们：作为现代人，我们觉得自己比我们之前的人更高级。

这并不是说，我们认为自己是更加聪明或者更有道德的人，或者一般来说，是比我们的前人更加有能力的人；我们甚至真诚地赞佩他们的能力和品德。在面对帕特农神庙或者沙特尔大教堂的时候，我们会甘心情愿地承认我们不如先人。但是，即使在这种谦卑的时候，我们仍然在暗中保留着我们作为现代人高人一等的意识和快乐。我们比古雅典人或者沙特尔人多知道些什么，我们又比他们多些什么呢？那就是：我们是现代人，而且我们知道这一点。仅此而已。

我们是现代人，这意思就是说，我们是"历史的人"。古雅典人或者沙特尔人可以更加"伟大"，或者更有"创造力"，或者他们更有"美感"，或者更有"拯救的意识"，但他们没有我们所特有的、使我们成为现代人的那种感觉、那种意识；他们没有历史的存在感，那种生活在历史之中，在历史的环境中呼吸的感觉和意识。谁有过一次这种感觉——我们都有过这种感觉——，谁就会因此而被打上烙印，而且不管他多么卑微，他也将因此而永远是光荣的。

对自己是"历史的人"的意识，像生活在适宜于人（我们在这里用的是"人"的古老的名称）的环境中一般生活在历史之中的感觉，这就是现代经验最中心的，也许还是最为奇怪的方面。因为，当我们体会到这种感觉时，准确地说，我们所体验到的究竟是什么呢？而且首先，在体会到这种感觉的时候，我们真的是有了一种"经验"吗？现代的存在，历史的存在，确切地说，这是一种"经验"吗？当然，作为意识或者作为感觉，它伴随着"普遍"经验或者"自然"经验的每一个领域，并使每一个领域都有了色彩；但是，这能够形成一个特有的经验的领域，能够像宗教、艺术、爱情、社交或者简单说的体育运动一样，开启一种独特的经验和生活内容吗？实际上，如果我们生活在历史的环境当中，如果人是一种"历史的存在"，我们甚至必须认为，历史的经验是最为深刻、最具决定性的经验。现代哲学相信,实际情况的确就是这样。③

在下文当中,我将研究现代哲学是如何得出这一结论的。我将从更加普遍的意义上研究,现代存在的意识如何改变了人的存在意识,并审查这种意识是否提高了我们对人的认识,或者相反,它是否使我们对人的认识变得更加模糊了。我们在此要评价并且首先要描述的是,在现代这个差别的时代,人的现象具备哪些主要的特征。这样的描述只有忠实于现象,才是有效的。我的描述究竟忠实与否,那是要由读者来判断的。由此,检验的任务便落在了读者的肩上。

---

③ 详见雷蒙·阿隆(Raymond Aron),《历史哲学入门》(*Introduction à la philosophie de l'histoire*),第四节第三部分;前文所引海德格尔作品第六节和第七节,以及他在1922年6月27日写给卡尔·雅斯贝尔斯(Karl Jaspers)的信(Martin Heidegger/Karl Jaspers, Briefwechsel 1920-1963, Frankfort-sur-le-Main, Klostermann/Piper, 1990, p. 27)。

第一部分 自我意识

第一章　历史的权威

一

在这一调查当中,我们无法选择出发点。我们根本不能自由地提出我们的"假设",也不能选择我们的"价值"。只有从最一般、最积极的意义上说的历史研究,能够让我们找到历史观点和现代存在意识第一次得见天日并被首先提出的时机和背景。也许有人会说,要想对源头进行研究,我们就必须事先制定出现代性的标准,而我们的"假设"和我们的"价值"是制定这一标准的条件,甚至决定了对标准的制定。其实并非如此。所谓"成为现代的"人,就是要"成为现代存在的意识":我们要寻找的,是这种思考,这种自我的意识得以形成的时点。要想确认这一时点,自然之光是必要的,而且也是足够的。我们的手脚本来就很笨拙,再装上像假肢一样的方法论,只能使我们更加笨拙。另外,我们在这里根本不用过分地担心会有人提出异议。我们所寻找的,正是一个以普遍感觉的形式出现的重大的历史事实,它是普遍性的,它是无可争议的,可以说人们对它的意见是一致的,所以它才更加值得关注,更加具有揭示性。然而,谁不知道,谁看不到,谁感觉不到"现代存在以及现代存在的意识"是开始于 18 世纪的英国和法国呢？

就说法国吧。当然，古今之争在法国是从 17 世纪末发展起来的；但是，尽管路易十四的行政管理那么"现代"，那么"创新"，大家都感觉得到，伟大国王的漫长统治并不是什么"现代性"的东西。思想深刻而明智的茹贝尔（Joubert）将古代世界的结束定在 1715 年。不管怎么说，此后一些年的人们，立刻便与现代人串通一气了。到了摄政时期，我们终于觉得像在自己家里一样自在了，并不是因为据说那时候的风化也是自由的，而是因为我们感觉到在历史的那一时刻，法国人，以及与法国人在一起的欧洲人走出了古代世界，而且再也回不去了。不仅我们知道这一点，因为我们有一个优势，那就是我们可以回顾既往，当时最为精明的一些当代人也知道这一点。比如，这一重要的事实在伏尔泰（Voltaire）得意的口吻当中清晰可辨。从 1721 年开始，孟德斯鸠（Montesquieu）便发表了《波斯人信札》（*Lettres Persanes*），里面有很多非常细腻的描写，标志着人们走出了古老的世界，走进了新的世界。《波斯人信札》中的故事发生在路易去世前后。不过，孟德斯鸠在 1748 年才完全展示了新意识的所有形式和色调。《论法的精神》（*Esprit des lois*）是第一部重要的哲学作品，它的主题是：成为现代人，生活在历史之中。

二

在《论法的精神》中，运动是在两极之间展开的：旧与新。旧，就是指古代的世界，是"共和道德"的世界；新，就是指"贸易"和"自由"，就是指英国。从某种意义上说，处在旧和新之间的，是现在：法国的君主政体。除了曾经存在过的事物，除了此时存在的和开始存在的事物之外，我们还要考虑一向就是可能的、永恒的威胁:专制主义。因此,孟德斯鸠穷尽了所有的存在方式。他是打算理解人类世界的所有形式,这是哲学的计划。

旧与新之间的两极分化是《论法的精神》的推动力,作品的组成本身已经指出了这一点。我们知道,当孟德斯鸠作为一个政治作者提出一些"新的思想",甚至是"没有根源"的新思想时①,他以作者的口吻区分了三种类型的制度:共和制,君主制和专制。他自认为这种分类的方法是详尽的。然而,其中没有提到英国的制度。在最初的几章中,英国只是慢慢才出现的,隔很远才会被提到一次。当然,在第六章讲到司法组织时,其内容似乎在提示说,当代英国的体制属于共和制,而不是君主制;而且在前一章的第十九节,孟德斯鸠没有点名地讲到过,在"一个国家,共和制是隐藏在君主制后面的"。但是所有这一切都是不明确的。英国隐藏在一层面纱的后面。地位优越的岛国的制度不是真正的共和制,更不是君主制。英国制度的存在,似乎要求对最初的分类方法进行修改。但是孟德斯鸠并没有这样做。他知道自己在想什么,他知道他要把我们引向哪里,似乎他在看待英国时,就像一个感到好奇的、同时又是不知所措的观察者在面对一个全新的、令人难以理解的现象时一样,因为观察者手里现成的分类方法不适合为他看到的现象分类,于是只好退而求其次,以常用的表面和实际之间的不同来做出区别。一个哲学家为什么要为政治制度制定一个极其特别的分类方法,而且把他偏爱的,把他认为是很有前途的制度放在他的分类方法之外呢?

有些人认为,这种奇怪之处的原因是孟德斯鸠的"失误"。很多人认为,不管出于何种原因,这只不过是细节问题,我们刚刚开始的、抱负如此之广大的调查不会因此而受到阻碍。认为孟德斯鸠失误的人太无耻,连他们自己都不会犯的错误,孟德斯鸠何以

---

① 详见该书的"说明"和题词。

会犯？认为这不过是细节问题的人忘记了，我们的感性已经被两个多世纪的习惯消磨的迟钝了，在这两个多世纪的时间里，"新事物的传统"(la tradition du nouveau)独断专行地统治着世界，也许我们不用孟德斯鸠帮太大的忙就可以知道这意味着什么，这必然会牵涉什么，以面对、以理解出现在人类世界的一个真正新生的现象。

因此我们要注意到的是，英国是多么突然地出现，并在第十一章当中展开的。最具决定性的一些文字见于第五节结束的时候：

> 世界上还有一个国家，其政治体制的直接目标就是政治自由。我们将在下面考察这个国家的立国原则。如果这些原则确实很好，自由就会如同在镜子中一样显得清清楚楚。
>
> 要想发现政治自由，并不需要费多大力气。倘若能够在它所在的地方看到它，如果已经发现了它，何必再去找呢？*

如果把以上文字和下一章节最后几行字放在一起来看，我们就会明白这些奇怪的句子的意思了。下一章的这些文字是《论法的精神》当中最著名的，也是整个政治文献当中最值得记住的一段文字：

> 哈林顿（Harrington）在他的《大洋国》（Oceana）一书中也探究过，一个国家的政治体制究竟能承受何种高度的自由。不过我们可以说，他在寻找自由之前，已经对自由有了不正确的认识；他在建造卡尔西冬时，双眼盯着拜占庭的海岸。**

---

* 引文译文参见孟德斯鸠，《论法的精神》，许明龙译，商务印书馆2016年版，第186页。——译者

** 同上书，第197页。——译者

为什么孟德思鸠两次参照哈林顿，并让两次参照互相呼应，从而确定这一奠基性章节的框架呢？他为什么责备英国作者没有"找到"英国的自由呢？不管怎么说，在哈林顿发表《大洋国》的1656年，自由并不是"明摆在他眼前"的事物。我们在这里不能忘记的是，哈林顿声称说要遵循"古人审慎"的智慧②，他认为马基雅维里（Machiavel）延续了这种智慧。可以说，哈林顿是"经典共和主义"的最后的伟大代表；孟德斯鸠是用哈林顿的激烈批评作为框架，以推出新制度的。古人审慎的原则，即使是经过马基雅维里改善过的，在这一点上也成了障目之一叶，让人无法理解新事物。

　　我们还要考虑孟德斯鸠在批评时使用的言语。他的言语是十分惊人的。可以用"寻找"和"找到"之间的对立来概述之。在哲学历史上第一次，一个哲学家要我们停止"寻找"。是因为我们已经找到了要寻找的东西吗？好像是这样，否则哈林顿的批评就是无的放矢了。但是从相反的意义上说，这种批评根本就是不可能的：一旦找到了你在寻找的东西，你怎么会不知道自己已经找到了呢？因此，我们的结论应当是，哈林顿的错误在于，在应当已经"找到"了的时候，他却还在"找"，因此谁也不能担保说，他"找"的东西就是他本来应该"找到"的东西。我们要从中吸取教训：我们是现代人，我们找到了，或者应当找到了我们并没有寻找的东西，也就是古人和哈林顿一样想模仿，或者想超越，而又没有寻找的东西。孟德斯鸠在把"找"和"找到"对立起来的同时，并不是在把问题和答案区别开来。他是把两种态度，两种方法对立起来：一种是"找"，是寻求一种原则，或者一种基础，这种原则或者基础在事物或者人的本质当中；另外一种是"找到"，是指利用命运为

---

　　② 详见詹姆士·哈林顿，《大洋国》，波科克（J. G. A. Pocock）编，剑桥大学出版社1977年版，第161页。

我们带来的东西，而且似乎本来我们不会得到这样东西。我是故意使用"命运所带来的东西"这个既模糊又过时了的说法的。我是想说"历史所带来的"，但是准确地说，这就相当于假设了得失之所系的明确的赌注。通过"找"和"找到"这样一个深刻的文字游戏，孟德斯鸠摆在我们眼皮底下的，当着我们的面建构的，当然不是拜占庭和卡尔西冬，而是关于历史的现代观念。

三

在第六章的结尾处，我们得知英国制度的蓝图来自日耳曼人："这一美好的制度是在树林里找到的③。"如果我们把这句话和《论法的精神》④中的其他段落进行一下比较，我们便很想得出结论说，英国的自由是延长了或者再现了"天性状态"的自由，是延长或者再现了人的前政治状态的自由，而且英国的制度在政治制度的分类当中是无法归类的，之所以无法分类，恰恰是因为它并不是一种政治意义上的制度。但是，这样的说法是武断的，因而也是危险的；我们甚至会觉得这样的说法是深刻的。我们必须停留在离表面近些的地方。最重要的东西往往在离表面较近的地方。不管有些人怎么说，人们是不太可能在树林里——哪怕是在日耳曼的树林里——思考、"寻找"最好的制度的，不管是能够提供最多的自由的制度，还是要求有最多的道德的制度。但是有时候，我们没有做出任何努力，也没有任何功劳，走路时脚就会绊在一个宝贝上。欧洲就发生了这样的情况。换句不那么形象的话说，政治问题的解决并不是得之于对哈林顿仍然念念不忘的最佳

---

③ 着重号是我加的。
④ 孟德斯鸠，《论法的精神》，第十四章第三节，第十八章第二十三节尤其是第三十章第十九节。

制度有意的和理性的追求。欧洲的事件要比古代最聪明的哲学家更聪明,也比马基雅维里更聪明。很多欧洲人将眼睛盯着身后,或者望着天上,仍然在那里寻找,而为了找到他们所需要的并且很想找到的财宝,为了让自己抓住自由,他们只要睁开眼睛看看眼前实际的、此时此刻的现实,就能够遂愿。

哈林顿把马基雅维里看成是"古人审慎"的最伟大的现代传承者,是其博学的门徒。我们知道,马基雅维里不是这么看的,他用下面这些犀利的话来定义自己的计划:

> 可是,因为我的目的是写一些东西,即对于那些通晓它的人是有用的东西,我觉得最好论述一下事物在实际上的真实情况,而不是论述事物的想象方面。许多人曾经幻想那些从来没有人见过或者知道在实际上存在过的共和国和君主国。⑤ *

马基亚维里对哈林顿不会比孟德斯鸠更加宽容;他会把哈林顿归在寻找想象的共和国的那一伙人之列。有些人只在想象中建立一种"更好的制度";佛罗伦萨的马基雅维里批判了这些人的做法。孟德斯鸠虽然接过并认可了这一批判的原则,但是他的重点有了偏移,甚至简言之,他将重点颠倒了过来,从主动变成了被动。马基雅维里是想"直奔事物的切实真理"(andare drieto alla verità effettuale della cosa),以揭示罪恶的有益的必然性。虽然说的是不同的事,但是我们仍然能够看得出来,这也是一种"寻找",甚至是"对真理的寻找"。对于孟德斯鸠来说,根本不需要

---

⑤ 马基雅维里,《君主论》(Le Prince),第十五章。
* 引文译文参见马基雅维里,《君主论》,潘汉典译,商务印书馆2016年版,第73页。——译者

直奔(andare drieto)有益的事物；相反，他是要让有益的事物自己表现出来，然后再让人们认出什么是有益的事物，最后任凭它自己产生好的结果。在他写文章的时候，人们发现这些结果已经摆在那里了，已经完成了，至少在英国是这样：这些结果定义了欧洲的形势和机会。"实效真理"(verità effettuale)是一种新型的现实，古代的哲学家和哈林顿，以及马基雅维里本人都没有找到：这是一个"历史的事实"。

四

因此，《论法的精神》的第一要务就是断然削弱古人的权威，削弱"最好的制度"的观念的权威，削弱道德的观念的权威，用此时此刻的权威，用"贸易"和"自由"的观念概括的现代经验的权威取而代之。然而，这样做的主要困难如下。

我们瞄准的是权威的取代。而要让某种权威得到证实，就要求事先在权威之间进行比较；但是，既然涉及的是多种权威，那么确切地说，就不可能有什么比较。要进行比较，就需要标准具有统一性，或者至少具有一致性。然而，每一种权威——正是由于这一点，权威才成其为权威的——都是自定标准的。作为发生冲突的新旧两种权威来说，其基础的标准本来是不可比较的，或者至少是分散的，而要在这些标准之间建立严格的比较，那无异于从一开始就要废除现代经验作为经验的权威，更加准确地说，是拒绝承认现代经验作为经验的权威。的确，那就等于使用一种普遍性的标准，一种提高到新和旧之上的，以天性(nature)为基础的原则，总而言之是求助于能够无视或者包容历史的一种机构。最佳制度的想法由此而再一次被恢复了，或者更准确地说，是被维持了下来。总而言之，孟德斯鸠应当说服读者相信现代人的优越性，相信现代的自由比古代的道德更加优越，但又不能在两种制度或者两种标准之间进行比较。他要比较并得出优越性的结论,同时又要放弃比较和优越性的概念,或者让这些概念失效。正是这种困难,比任何其他的原因都能够更好地说明为什么《论法的精神》极其复杂。这一困难尤其说明,在被说成是完全的政治制度分类当中,为什么没有英国制度的位置;英国的制度有自己的标准,那是新的标准:自由。因此,尽管英国的制度的确是"最自由的制度",但严格来看,它不能被称为"最好的"制度。

表面上看,孟德斯鸠是笨拙的,但是这种笨拙表现出分析的复杂性;理性一定要完成这样的分析,才能够在人的世界上辨明方向,我们现在已经不能把人的世界归结为一种原则的统一,像亚里士多德(Aristote)的天性,以及继亚氏之后的欧洲的传统那样。这一原则的统一性结出了丰硕的果实,它的实力也颇具包容性,这些特点都得到了表达,并在政治制度的完全分类当中得以展示。政治制度的分类是古典政治哲学的基本工具,因为正是通过这一工具,具有多样性的人类的政治经验才得以归纳为原则上的统一。然而,孟德斯鸠在表示英国的制度无法纳入他所制定的这个从根本上具有新颖性的分类当中的同时,也让我们看到,政治领域不能够完全地,因此也就是不能适当地为制度分类所容纳,不管是什么样的分类。他无法用更加巧妙的、更加深刻的方式让我们感觉到英国发生的新事物在人的世界上导致产生的震动。受到震动的不是别的,正是理性的基础或者制度。在新的满足当中,理性发现自己有一种无能为力的感觉,而这种感觉是史无前例的;因为理性不断地致力于杜撰和提出的,就是人的世界的统一,而现在这种统一出现了不确定性。如果政治制度的一切分类现在从根本上失效了,那就必须得出结论说,理性已经不能解释作为政治问题的人的问题了。对人的古老的定义"政治的动物"和"理性的动物"也就不言自明地被废黜了。

理性的这一新的制度接受了一个光荣的名称：启蒙时代。这是一个像理性和天性这样的词产生影响的时代；而实际上这两者的法律权利都被以决定性的方式削弱（diminutio capitis）。真正积极的原则，真正至高无尚的概念，既不是理性，也不是天性，而是"眼前的时代"（l'époque présente）。当然，新事物的权威还是此前不久才出现的事，恰恰是因为太新了，还没有得到恰当的、为人所普遍接受的概念表达，于是便把理性和天性由来以久的诉求拿来为自己所用。理性和天性也各自地，或者更准确地说是共同地供其驱使，因为，它们本来是两个半岛，现在却解缆启航，成了四处漂浮的东西，恰恰是由于新的权威的出现，它们已经丧失了作为原则的作用。它们已经不再承担对人的世界进行综合的作用，因为它们已经不能再说明什么是旧的世界和新的权威，新的权威也就是新事物的权威，新事物当中的"英国"作为事实和效果的集和，表现出积极的存在性（présence active）。理性已经不能再解释新事物，因为在启蒙反对偏见的争论当中，理性是与新事物平等的，而且与新事物混淆在了一起。天性、理性和新事物组成了一个从根本上来说十分轻盈的世界，因为这个世界摆脱了统一的压力或者吸引力，这种状况在人类的编年史上是独一无二的。由此，18世纪在我们心目中，也在它的心目中才有了绝无仅有的魅力。

我们知道，这种圣宠的状态并没有持续下去。法国大革命想恢复统一的效力。大革命在这样做的时候，表现出在此前的动荡当中磨炼出来的狂妄、强烈和残暴，而这动荡曾经却如此温和。思想也是这样，自法国大革命前夕，但尤其是在之后，思想感受到了启蒙时代这一根本上的弱点，它带着必然性和紧迫性的兴奋感情开始在思辨背景当中致力于克服这一弱点。应当让理性再一次与人的世界共存，而人的世界借了新事物的表象，或者在新事物的影响之下，已经得意洋洋地、美滋滋地摆脱了理性。于是，思想经历了最盛大的时刻之一,也就是德国唯心主义伟大的探索和陶醉。我们对上一个时代的领会因德国唯心主义的完善而显得局促,并带有粉饰的色彩。所以准确地理解孟德斯鸠才显得那么重要,他对启蒙时代的制度的描述最为精准,对这一制度的现象的分析最为忠实。我们说过,他把这一重大的事实当成了自己研究的主题,他是第一个认真地研究这一事实的人:理性已经不能解释新事物,也就是不能将浓缩在新英国的、只能赶紧接受的全部事实和后果与其他事实统一起来。启蒙的理性无法解释为什么这些东西让自己感到满意,便相信其中一定有更多莫明其妙的原因。尽管"以信求知"(fides quaerens intellectum)是条件,但现代理性从未克服这一条件。

五

孟德斯鸠本身并没有囿于观察传统理性的不足,也就是从某种意义上与天性形成共同原则,声称使世界达到统一的传统理性的不足。他制定了一些新的方法,这些方法不是用于在新的理性和新的世界之间恢复统一的,而是至少让它们平等。然而,要想建立新的平等,就必须先对原来的统一性及其基础进行批判;这样一来,原来的思想的荒谬不仅仅将被揭示,也会得到解释,所以古老的统一不能采用任何以退守为进攻的姿态。我们在孟德斯鸠对道德的批判性分析当中,便能够观察到这样"以退为进"的方法,而道德在对人的传统的理解当中,不管是基督教的理解还是古希腊的理解,都是具有中心地位的概念。

我们的出发点自然而然地处在这两个句子当中:

> 生活在平民政体中的希腊政治家们很明白,支持这一政体的唯一力量是美德。而今天的希腊人与我们谈论的,则只

是制造业、商业、财产、财富和奢华。⑥ *

这听起来像是在隐晦地批评现代人。在分析一开始，孟德斯鸠将自己代入那些最有可能阅读本书的最可敬的读者，认为自己也和他们一样，是受到好的作品教养的优秀公民，因为看到一些时尚的格言与传统的原则有那么大的区别而感到吃惊，感到不安。实际上，尽管这些句子似乎承接并认可了一些约定俗成的东西，但其中已经包含了对这些东西的深刻的批判。

在这种简明的论述当中，没有任何东西看起来是明显错误的，但是，这段论述默默地废黜了原来有意义的东西，废黜了"古希腊政治家"心目中道德的影响。古希腊的政治家是"生活在平民政府中"的吗？就算是吧，因为后人感兴趣的政治家可以说都生活在雅典，至少在他们还不愿意流放的时候，或者被迫流放的时候是这样。除了道德的力量之外，他们不承认支持政治群体的其他力量吗？就算也是吧，但是我们要区别由于简单化而带来的夸张，只是这丝毫不意味着他们认为道德就是平民政府的原则。⑦相反我们知道，他们激烈地批判了民主，因为民主故意地而且是狂妄地拒绝向道德让位。⑧ 至于那些古希腊的民主派，他们所援引的，不是道德，而是自由。⑨ 对于"希腊的政治家"来说，原来的民主批判原则在我们这里的介绍当中，变成了其运行的推动力。

---

⑥ 《论法的精神》，第三章第三节。

 * 引文译文参见孟德斯鸠，《论法的精神》，许明龙译，商务印书馆2016年版，第32页。——译者

⑦ 亚里士多德先指出，"真正的政治"从最高的程度上关注道德，然后又作为这种正当关注的"范式"，提到克里特岛（Crète）和斯巴达（Sparte）的立法者，这些人当然不是生活在"平民政府时代"的。详见《尼各马可伦理学》（Ethique à Nicomaque），1102a 7 及以下。

⑧ 孟德斯鸠本人也在别的地方指出说："柏拉图因雅典平民的专制而愤怒"（《论法的精神》，第二十九章第十九节）。

⑨ 柏拉图（Plato），《理想国》（République），562 b-c。

无可怀疑的是，孟德斯鸠的方法明显缺乏诚意，虽然是隐藏着的。孟德斯鸠之所以这样做，那是因为，在他进行分析的一个决定性的时刻，他必须这样做：他是要削弱甚至是要消除这一令人尊敬的概念仍然对同时代人具有的吸引力。

道德是政治和道德哲学的概念之一，一方面，它确保了希腊思想和罗马思想之间的沟通，另一方面也保证了希腊思想和基督教之间的交流。不管两种传统当中关于道德的名录和影响有多大的差别，两种传统有一点是共同的，它们都认为人的生命会在道德实践中得到完善和幸福（这里说的"道德"可以是单数的，也可以是复数的）。这一概念凝聚了希腊哲学和基督教的积极的普遍性：全世界任何地方的任何人，都应该同样地按照道德来生活，也就是说，都应当同样地改善他的天性，让他的天性变得尽可能完美，尽管每个人达到这一最终目的的能力，包括先天的品质和后天的圣宠，是不一样的。"让道德民主化"，正如孟德斯鸠在这里一笔写下来的那样，就是让道德具有古代民主本来应该有的限制。因为道德的观念综合了古希腊哲学关于政治生命和一般人的生命，关于人之所以为人的观点，孟德斯鸠的说法意味着，古希腊哲学是与古希腊的城邦联系在一起的，正如一棵植物的生长有赖于其生态系统一样——一种今天已经被破坏了的生态系统。"生活在平民政府中的希腊政治家"[⑩]，似乎并不情愿或者说无法看到他们的城邦城墙之外的东西。孟德斯鸠虽然表面上接过了约定俗成的东西，但是他对头脑不那么简单，或者警惕性更高的读者指出，面向道德的，或者也可以说是被如磁铁般的道德所吸引的希腊政治和道德哲学，对于不是生活在希腊城邦的平民政府时期的人来说，没有任何意义。

在这里，孟德斯鸠传承，同时也修改了托马斯·霍布斯

---

⑩　着重号是我加的。

(Thomas Hobbes)关于道德和道德生活的论断。我们应指出的是,与这一修改并行不悖的,是他对马基雅维里的教导的修改。我们知道,霍布斯弃绝了"古老的道德哲学家"(old moral philosophers),弃绝了那些"道德哲学的作者"(writers of moral philosophy),因为他们把道德看成是人的生活的"终极目的",不管是个人的生活还是政治生活,让道德成了"和平、社会和舒适生活的手段"。⑪无可怀疑的是,在将道德"政治化"或者"社会化"的同时,在使道德成了工具的同时,霍布斯让道德堕落了,让道德成了因其本身而为人所想望的目的,因为它可以让人改善心灵,因此而让心灵上升到本体论的级别上,道德也就成了保护物质生活的简单手段。但是,霍布斯的论断和他所反对的古代哲学家的论断一样,也有着普遍性的目的:在他心目当中,他说的话适用于作为人的人,适用于从其本来意义上说的人的生活,而与其所处的时代和地点无关。他认为,凡是古人在关于人的问题犯了错误的地方,他说的都是真理。的确,霍布斯在批判古人的同时,已经指出了他们无法克服的特殊环境。下面是他写的原文:"在我们西方国家,我们已经习惯了从亚里士多德、西塞罗(Cicéron)和其他希腊人或者罗马人那里接受的关于制度和共和权利的观点,因为他们是生活在平民国家时期的,所以他们不会认为这些权利来自于天性的原则,而是按照他们自己的平民共和国的做法,把这些权利写在他们的作品当中。"⑫我们看到,如果仔细看我用着重号标出的这些词,孟德斯鸠总而言之是将霍布斯的这些文字进行了提

---

⑪ 《利维坦》(Léviathan),第十一、十五章。

⑫ 《利维坦》,F.特里科(F. Tricaud)译,巴黎:西雷出版社,1971年,第二十一章,第228页。我们在这里应当指出的是,霍布斯和孟德斯鸠一样,在希腊政治哲学的内容方面,也一样厚着脸皮撒谎:"他们从亚里士多德的公民哲学中学会了一样东西,那就是称各种形式的、大众化的联邦(正好比当时的雅典状态一样)为专制"(同前,第四十六章)。

炼，保留了对特殊论的指责，但是删除了对"天性原则"的参照。这显然是决定性的一点。他只满足于将道德"特殊化"，将其与一种特殊的政治制度联系在一起，道德是保障这种特殊的政治制度的特别手段，可他没有对希腊观点的一般有效性做出判断，不管是正面的还是负面的判断。他远不及霍布斯说的多；但是，他用矜持和谦虚的方法，作出了深刻得多的批判分析。

我们可以说，道德的特殊化是一把双刃剑。把希腊政治家谈到的道德说成是希腊民主必然性的表达，这无异于特别地局限了希腊政治和道德哲学的意义，这并不一定损害从其本来意义上所说的"道德"：难道我们不应当认为，孟德斯鸠越是强调道德的特殊性，他的批判也就越是特殊化了吗？而且我们走上了一条远离普遍性，走向特殊性的小道，似乎我们完全可以认为，有多少特殊的政治团体，或者至少是有多少不同的制度，就可以有多少类型的道德。而且，我们称之为的对道德的批判，也是完全名不副实的；那只是证实，或者承认人的世界的无限的多样性：每种制度都有其道德；每个人都有其个人的道德。虽然很容易让人误解成这样，但是孟德斯鸠在这里开启的并不是这条道路。孟德斯鸠的确成功地提示说，所有道德、整个道德的命运都被包裹在希腊道德的命运之中，这就是希腊的政治家主张的希腊的民主道德。他的分析是以这样的节奏展开的：他先将道德的观念特殊化，民主化，然后又使这种"民主的"道德成为一切道德的典型——政治的道德，但也包括精神的或者宗教的道德。先是特殊化了的道德，然后又将其一般化。于是特殊性和一般性之间的关系便有了此前所没有的特点，这是我们从现在起就必须指出的。

在传统的观念当中，我们可以说是在亚里士多德的传统观念当中，从某种意义上说，特殊性是一般性在实际上的近似值。相对于一般性来说，特殊性的优势是它的真实存在：只有个体才是真实的，而不是种类；特殊性的缺点是，它只是一般性的一种不完美的或者近似的实现。也许除了极少见的个体之外，如果这样的个体存在的话，这样的个体(作为个体)"杰出地"代表了(作为种类的)个体们，与一般性相比，特殊的"存在要更少"(est moins)，有着"更少的存在"(a moins d'être)，或者有着"更少的本质"(moins d'essence)。在孟德斯鸠开启的程序当中，特殊和一般之间的距离一下子就被废除了。一般性严格地、不可分地与具有特殊性的某种事物联系在了一起：道德严格地、不可分地与希腊城邦这个特殊的政治团体的必要性联系在了一起，而希腊城邦也化简成了一种特殊的形式之一，也就是民主。在这种猛烈的挤压当中，一般性的概念承受了根本性的改变。首先是，我们恰恰说不清楚我们所面对的究竟是一种一般性的概念呢，还是一种特殊性的现实，因为特殊性和一般性交换了或者混淆了它们的属性：一般性是立即就存在的，而且是立刻就具有现实性的；个别性则在现实中是不可捉摸的。从前，在人们观察存在的特殊性和观照一般性特点的本质之间，存在着一个距离，而人的世界是根据这个一成不变的距离来解释的。人的精神只要站稳了就行；它不用选择自己在世界上的位置。而从今往后，距离被废除了，一成不变让位给了移动，新的概念在世界内部传播，它既不是一般性的，也不是特殊性的，或者说，它既是一般性的，也是特殊性的。它把一般性和个别性这两极合并、混淆在自己当中，既包含有一般性向特殊性过渡或者向具体事物过渡时所特有的"面向现实的变化"，也包含有特殊性通过近似值，倾向于向一般性或者普遍性过渡时所特有的"面向真实的变化"；两个极变成了两个"时刻"；在旧世界，它是自由的。从那以来，新的概念包含了两个时刻，并从这两个时刻的叠加中获得了力量，从而成了一种具有魔力的工具。不管把这一工具用在哪一点上，精神都发现自己有所实现，因为这一概念总是将特殊性和一般性混合在一起，也就是说，是在这一点上实现的整个人类世界；精神发现，自己正是处在因果关系的至高无上的位置上；它可以随意地解释世界。人的精神的境遇是处在特殊性和一般性的张力之中；而新的概念可以让它看到自己，或者相信自己外在于并高于这一张力。

在研究的这一阶段，这些说明必然还是抽象的。后面这些说明会得到具体的阐述，而且，从下一个段落开始，就可以得到最初的、意蕴丰富的说明。用比较正式也可以说比较书本化的方式来说，需要着重指出的是，我们探索的是一条狭窄的通道，走出这条通道，人的精神将会发现自己来到了一片新的景致，具有新的能力来解释人的事物了。

六

孟德斯鸠提出了一个假想。他发明了一种道德观念，这种观念不仅包容了古代的政治道德，也包含有"精神"道德、"宗教"道德以及从一般意义上所说的一切道德，不管它是什么样的。孟德斯鸠的发明被卢梭（Rousseau）原封不动地接了过来，有了重大的历史机会：现代对道德和道德生活的理解，我们对道德和精神生活的理解，就是根据孟德斯鸠对古希腊城邦的批判形成的。如果我们想深刻地理解现代精神生活的这一根本性的特点，我们就必须十分准确地了解这一批判的动机和意义。在这一点上，我们是与古希腊人和基督徒不一样的，对于我们来说，道德可以是令人赞佩的，但是不管怎么说，它永远不会是可爱的。

在《论法的精神》的"说明"（Avertissement de l'auteur）当中，孟德斯鸠写道：

> 为了正确理解本书的前四章，必须注意，我所说的美德，在共和国里就是爱国，也就是爱平等。这既不是伦理美德，

也不是基督教美德，而是政治美德……。⑬*

这些肯定的陈述很容易为大部分评论者所认可，因为这些陈述是迎合现代偏见的；这一偏见认为，"价值"或者"领域"都是具有"自主性"的。这些陈述甚至是这一偏见的源头，偏见从字面上理解了上述陈述，并因此而感到庆幸。然而我们可以证明，当孟德斯鸠讲到道德时，他想到的是一般意义上的道德，这包括甚至尤其是指我们称之为的精神道德，或者基督教的道德。我想指出关于这个问题的几个具有嘲讽意味的地方。

下面一段文字出现在第三章第六节：

> 因此，在治理良好的君主国里，几乎每个人都是好公民，但是，好人却极为罕见，因为，要做好人，首先得想做好人，而且是为了国家而不是为了自己才爱国。**

"好人"这个词有这样一个注，"好人一词在这里仅具有政治意义"。我们看得出来，孟德斯鸠不怕滥用读者的乖顺，因为"好人"从"政治上的意义"来看，还不就是"好公民"的意思吗？就算共和国的好公民有着与君主制的好公民不一样的精神结构；因为这种结构是通过无私来定义的，这就证实，孟德斯鸠谈到的"政治道德"和人们一般理解的"精神道德"是极其相近的。

如果我们现在看一看第四章的第五节，这一点就无可怀疑了。在这里孟德斯鸠先是指出，专制和君主政体都是建立在情感

---

⑬ 由孟德斯鸠提到。

* 引文译文参见孟德斯鸠，《论法的精神》，许明龙译，商务印书馆2016年版，第1页。——译者

** 同上书，第36页。——译者

的基础之上的,两者分别是恐惧和荣誉感,然后他做了如下关于共和所特有的道德的说明:

……然而,政治美德却是舍弃自我,这永远是一件十分艰难的事。

这种美德可以定义为爱法律和爱祖国。这种爱要求始终把公共利益置于个人利益之上,个人的一切美德均源于此,因此也可以说,个人的一切美德也就只是先公后私而已。*

然而,这里说的"一切"美德是什么呢,还不就是我们一般称之为的"精神道德"? 这里的说法很有结论的味道,尤其是孟德斯鸠特意将所有"特殊"的,也就是精神的道德完全认同于对祖国的爱,也就是特别认同于政治的道德。

但是,人们怎么样得到这种连续不断的对公共利益的偏爱的呢? 下面是孟德斯鸠给出的答案:

爱国导致民风敦厚,民风敦厚导致爱国。个人感情得到满足的程度越低,对公众感情的投入程度便越高。修道士为什么如此热爱他们的修会? 恰恰因为修会令修道士无法忍受。教规剥夺了常人感情赖以支撑的所有事物,唯一余下的便是对折磨他们的那些教规的感情。⑭ **

---

 * 引文译文参见孟德斯鸠,《论法的精神》,许明龙译,商务印书馆2016年版,第47页。——译者

 ⑭ 《论法的精神》,第五章第二节。

 ** 引文译文参见孟德斯鸠,《论法的精神》,许明龙译,商务印书馆2016年版,第56页。——译者

当我们第一次看到这段奇妙的文字时,我们会久久地感到惊讶:似乎一切现代心理学,所谓怀疑心理学,不论是尼采(Nietzsche)的心理学,还是弗洛伊德(Freud)的心理学,都包含在这句俏皮话里了。随着动机的出现,欲望也出来对怀疑表示怀疑。怀疑是作为意愿和学说,出现在十分确定的政治环境当中,以面对非常具有强制性的思想上的一种必然性的:当新事物作为自由正在展现,还未被人们掌握的时候,如何思考旧的事物?目前,让我们仅仅指出决定性的问题,以理解《论法的精神》的意图,[15]从而理解与现代政治分不开的道德批判。孟德斯鸠倾向于认为古代的城邦与宗教修会一样,将公民的政治道德视同为僧侣苦修的道德。[16] 因此,两种类型的道德——欧洲的道德传统之所以复杂,之所以有生命力,就是因为有这两种类型的道德之间的冲突——完全融合在了一起。

七

我们的分析肯定是乏味的;但是,在道德和政治生活的历史

---

[15] 从《波斯人信札》开始,在"阿菲理同和阿斯达黛的故事"(histoire d'Aphéridon et d'Astarté)当中,我们就已经看到这样的话:"你说什么,我的妹妹呀,"我生气地对她说,"你竟然相信这种宗教是真正的宗教吗?""啊,"她说,"我宁愿它不是真正的宗教!因为我为它做出的牺牲太大了,所以我不得不相信它是真的。"(第六十七封信)。

[16] 第四章第六节已经把佩恩(William Penn)和巴拉圭的耶稣会士进行比较。的确,在第三章第五节的一个注中,孟德斯鸠做出了这样的否认:"我在这里说的是政治的道德,就其指向公共利益这层意思而言,它是伦理美德。我极少言及个人的伦理美德,根本不谈与"神启真理"有关的美德。在本书第五章第二节中将有进一步的阐述。"* 然而,我们在第四章第五节看到,特殊的道德"只是"偏爱一般性更甚于特殊性,而这正是民主的生命。而且我们刚刚在孟德斯鸠厚着脸皮在注中所提到的第五章第二节那段文字中看到,一种很大的相似性使得民主公民的政治道德与僧侣的苦修道德是相近的,显然,僧侣的苦修道德与"揭示的真理"是不可能没有"关系"的。第三章第五节的否认使我们注意到第五章第二节的断言,并证实了这一断言。

* 译文参见孟德斯鸠《论法的精神》,许明龙译,商务印书馆2016年版,第35页。——译者

当中，也时时会出现一些变化，开始时这些变化是很难觉察的，我们必须知道如何恢复其最初的意愿和色彩。因此，我们必须透过常规，有所突破，新的变化为了赢得听众，一开始时总是隐藏在常规之下。至少，我们知道了这一点：孟德斯鸠把道德说成是古代民主，特别是古希腊的民主所特有的，但是他这样说的同时，目的不仅仅在于化简柏拉图和亚里士多德的哲学的作用，在他的论述当中被特殊化、政治化了的是一切道德，特别是基督教的道德。似乎民主的道德是一切道德的原型，而基督教的道德只不过是已经逝去的民主的魂魄，仍然戴着王冠坐在民主的坟墓之上，但是不久它的王冠就要被摘掉了。

这种作为一切道德的样本的定义，就是偏爱一般性更甚于特殊性；所谓一切道德的定义，就是这种偏爱。不仅这种一般性的道德成为特殊性制度的特点，孟德斯鸠还不厌其烦地强调，希腊制度特别特殊的性质是不能推而广之的。甚至在一个章节的题目中，希腊的制度也被说成是"特殊的"⑰，似乎那是本质的一种属性，从某种意义上说，是其正式名称的一部分。提到希腊的制度，让人觉得那是一种不可能的、骇人听闻的功劳：孟德斯鸠指出莱库古（Lycurgue）"冒犯所有既定的习俗"，像中国人一样，"混淆管理人的原则"⑱；他把希腊城邦描写成"一个运动员和角斗士的社会"，只有音乐，或者是只有"在全世界所有的国家都应该被禁止的一种爱情"，才使其制度的野蛮特点得以缓和⑲。孟德斯鸠的所有描写都是在一种意图的主宰下进行的，那就是让希腊城邦显得更加奇怪，让读者远离希腊城邦，甚至对希腊城邦产生反感。

---

⑰ 《论法的精神》，第四章第七节。
⑱ 同上书，第四章第六节和第七节；第十九章第七节。
⑲ 同上书，第四章第八节。

我想让人们注意到其他一些也非常重要的特点。孟德斯鸠严格地将道德的观念和杰出的观念予以区分，而在古希腊人的心目当中，杰出的观念与道德的观念是从根本上联系在一起的。他把道德说成是一种情感，不仅"最差的国家领导人"有这样的情感，而且那些智慧、天资或者财产都很"平庸"[20]的人，也天然地具有这种情感。在一个故意写得很含糊的句子当中，他颠倒了希腊在道德和幸福、道德和智慧之间的同一性[21]，这就意味着道德既不会有助于幸福，也不会有助于智慧；"一个共和国如果是由智者组成的，其法律会培养很多平庸者，但是共和国会通过智慧进行治理；如果共和国是由幸福的人组成的，那么共和国也会是个幸福的共和国。"[22]道德是民主法律的基础，甚至是其生命，而这样的民主法律从某种意义上说，只能产生平等或者平庸；至于智慧或者幸福，它们是先于法律和道德的，因此也就是独立于法律和道德的。

我们现在可以归纳一下孟德斯鸠关于道德的论断了。

道德是一种制度的原则，这种制度不仅仅具有特殊性，而且具有个别性。道德不是建立在理性对情感的控制基础之上的，而是建立在由一种单独的情感吸收了情感力量的基础之上的，这种单独的情感就是对祖国和平等的热爱。因此，道德就是对一种压制人，甚至给人"制造痛苦"的规则的热爱。道德与心灵的伟大没有关系；相反，道德是国家最弱小的人都可以取得，甚至可以成为其特点的一种情感。道德不会让人变得更加智慧和幸福。

---

[20] 《论法的精神》，第五章第二节和第三节。
[21] 比如可以参见《尼各马可伦理学》，1101 a 14；1102 a 5；1176 b 7；以及《政治学》，1259 a 37。
[22] 《论法的精神》，第五章第三节。

八

　　孟德斯鸠说的道德的确是一种奇怪的东西,是不大可能实现的幻想。我们很想说,能够在这个世界或者另一个世界遇到这样的道德的人还没有出生。那是一种古代的政治道德和基督教道德的混合物,在这种经过混合之后的东西当中,每一种元素都失去了其本来的特点,都获得了使其改变性质的颜色。邦雅曼·贡斯当(Benjamin Constant)在说到斯巴达像个"武士的修道院"时[23],很好地阐明了孟德斯鸠在这一点上的思想。这一令人感到吃惊的幻想究竟有什么意义呢?

　　欧洲的道德生活是因冲突性对话而组织和活跃起来的,对话的一方是古希腊和古罗马的公民道德,另一方是摩西的告诫和福音书的行为准则,也就是高尚和谦卑之间的对话。两种道德,或者两种类型的道德是对立的,但也是相互关联的。我已经指出过这一点[24],两种道德传统都提出,人应当通过追求高尚的目的来实现其本质;在这两种传统之间,必然会有相近的地方,而且可以说,两种传统必然会串通一气;两种传统都认为,人就像一支射向其靶标的箭,而这个靶标是在蓝天之上的。但是,除此之外,两种传统都是生活在它们互相之间的对照和冲突当中的;可以说,它们都因对方而获得了自己的生命力。高尚蔑视谦卑,而谦卑也羞辱高尚。[25] 天性会一再成为圣宠的候选人;而圣宠的要求也总是一再地让天性提出其权利要求,甚至让天性一再地造反。我们在

---

　　[23] 邦雅曼·贡斯当,"论征服的精神和僭主政治"(De l'esprit de conquête et de l'usurpation),第 2 部分第 7 章,载《论现代人的自由》(De la liberté chez les Modernes),M. 戈谢(M. Gauchet)编,巴黎:阿歇特出版社,1980 年,第 189 页。

　　[24] 详见本书前文第五节。

　　[25] 比如"卡诺萨(Canossa)之辱"。

17世纪之前欧洲重大的历史交替之际，在中世纪教皇和皇帝的冲突当中，在从中世纪向文艺复兴的过渡，再从文艺复兴向宗教改革和反改革的过渡当中，都可以观察到这种辩证的运动。正因为如此，代表愤怒和高尚的但丁(Dante)才奋起反对精神权力的奢望让我们的道德天性所承受的侮辱。正因为如此，路德(Luther)才反对把罗马教廷变成世俗的、不信教的权力㉖，把《圣经》变成尘世权力的一种机制。《圣经》肯定的是天性，尘世权力的机制肯定的是圣宠；在世界的西方，在很长时间里占有优势地位的正是这种节奏和生命的迹象。到了17世纪，这种状况结束了；不管是被称之为"古典世期"还是"巴洛克世期"，总而言之，17世纪做出了极大的努力，以求和解；17世纪的态度干干脆脆，既要表现出骄傲，又要有基督徒的样子。然而，和解的工具，和解的关键，是绝对的统治者，既是赫拉克勒斯(Hercule)或者阿波罗(Apollon)，又是"极其笃信基督教的国王"(Roi-Très-Chrétien)，可是古人的两张面孔终于没能集于一身，这两张面孔也没有和解，其中的一个最终连累了另一个。弦被拉得太紧了；到了1715年，这根弦突然断了。但是，我们没有看到异教徒的骄傲和野心出现，也没有看到基督徒的谦卑和朴实。出现的是其他一些东西，是第三种类型的东西——与古代和文艺复兴完全不一样，也与基督教、天主教或者新教完全不一样。我们想通过本研究努力确定的，就是这些

㉖ 尼采为此写道："到目前为止，只有这场伟大的战争，到目前为止除了文艺复兴，还不曾有过更加具有决定性的问题……；我看到了一场闹剧，这场闹剧的含义是如此丰富，而且荒谬到了如此神奇的地步，奥林匹斯山上所有的神都会借此机会发出神的哄笑吧——恺撒·博尔吉亚教皇……人们听得懂我的意思吗？……那么好吧，这是一场胜利，今天只有我一个人在呼唤这种胜利：那就是要消除基督教！究竟是怎么回事呢？一个名叫路德的德国僧侣来到罗马。这个僧侣……在罗马气愤地站出来反对文艺复兴……在自己的老巢吃了败仗的基督教，没有怀着深深的感恩之心理解刚刚发生的这一奇迹，而是在看到了这场闹剧之后变得更加仇恨。"《反基督徒》(*L'Antéchrist*)，D. 塔塞尔(D. Tassel)译，巴黎：出版联合会，1967年，第六十一节，文中的着重号是尼采加的。

东西。

古典时期的计划，从在法国的表现来看——古典时期的计划的确也只在法国有所表现——尽管它很伟大，很美，但不知哪里总显得有些紧张，有些过分，有些做作，有些虚假。一旦放弃了骗人的把戏，事实上也就放弃了这种把戏想要联系在一起的东西，也就是古代"善良生活"的两种版本。但是，剩下的还有骗人的把戏所产生的东西，或者至少是它保护或者鼓励的东西：从今往后，民族国家太大了，太强了，太新了，所以不会顺从古代两种版本中的任何一个。因此，这种由英国人和法国人、荷兰人和意大利人组成的跨民族的社会与它联系在一起，心里有着太多的公民意识，无法成为真正的基督徒；同时心里也有着太多基督教的东西，同样也成不了真正的公民，在所有权、对话和贸易当中发现了与其境况对应的、处在中间状态的精神内容。

然而，尽管目光犀利的观察者觉得，在伟大的国王死后，古典计划已经最终地消失了，但是，很多思想公正的人，很多心地善良的人仍然没有丢掉对古代的参照，没有丢掉对基督教的参照。如电光石火般的社会和思想观念在整个欧洲传播，无疑宣示了某种史无前例的、前所未闻的东西的出现，但那是什么呢？它是否足够强大，以将它从两颗已经死去的或者正在死去的星星——一颗是雅典，另一颗是耶路撒冷——中解放出来呢？

为了避免古代的回归，或者为了避免让人们回归古代，为了建立新事物的权威，必须彻底地结束我们前面谈到过的辩证关系，结束天性和圣宠之间的游戏。为了实现这样的意图，除了将两者混淆起来，还有什么其他更加大胆、更加令人无法抵御的做法呢？因此，孟德斯鸠断然将城邦和教会，将公民和基督徒叠加了起来。它们的共同点就是服从一种对人的情感形成磨难的规则。然而，指出这一共同点，其本身便包含了对两种传统的批判，因为这样一来，两种传统里都有的服从，便失去了在每种传统当中使其有了正当理由的动机和特有的目的。这种服从看起来便成为简单的天性的对立,而不再是对天性的教育,以使天性得到改善,而不再是取得更高尚资产的一种手段。怀着情感热爱给人以痛苦的规则,因为它给人造成痛苦而热爱它,应当说,这的确是违反天性的,不管从何种角度上来理解"天性"的意思。从这个角度理解的道德可以被评判,也就是说,可以被抛弃,而评判者和抛弃者又不必说明其行动的性质,因为这一行动本身就是"符合天性"的,甚至一般来说,评判者和抛弃者根本就不用推想人的天性是什么。这一概念倾向于使我们认为,古代的城邦和基督教的教会,虽然它们不一样,但它们同样具有压抑性,同样给人"造成痛苦",而且这一概念也引导我们因这一想法而感到满意:这纯粹是一个论战性的概念。

九

上述分析强调了同时也让我们明白了孟德斯鸠的思辨,他的幻想是故意而为之的,是做作的。但是,一个哲学家的幻想从来不会是随意而为之的,尤其是像孟德斯鸠这样言简意赅的哲学家。这样的幻想让一些隐隐约约地包含在政治和精神结构中的可能性固定下来,变得明确和真实了。

我在前面谈到过两种传统的辩证关系,指出了高尚和谦卑、天性和圣宠是如何互相压制和互相激励的。但是,如果我们从字面上理解每项批判,并跟踪着它,一直到它的逻辑终点,如果我们来思考天性和城邦针对圣宠和教会都说了什么,或者都牵涉什么,教会和圣宠又针对城邦和天性都说了什么,或者都牵涉什么,我们会看到,每一方都想剥夺敌对一方的合法性,都想消除敌对一方的实质内容。在公民的心目当中,如果基督教的苦修不是指跪在地上,而是指骑在马上,当他想赎回的,或者更准确地说是想改正的原罪,不是针对贞洁或者真理犯下的罪孽,而是指军事和政治上的错误时,那么这样的苦修又有何种价值呢?㉗ 在基督徒的心目当中,如果公民相信,不管是胜利还是失败,不管是这种还是那种制度,这个世界不过是被原罪所蹂躏的一道血泪山谷,所有的国家都只不过变成了或者根本就是罪孽更加深重的江洋大盗,那么公民在政治和军事上付出的辛劳又有何种价值呢?㉘ 对于处在对立的双方中的每一方来说,另一方不得不付出的牺牲都是徒然的。

我并非不知道,城邦、王国甚至共和国实际上都给予教会一定的地位,有时候还是很重要的地位,教会常常也承认世俗城邦的实际存在和合法性,而且人们最广泛接受的关于天性和圣宠的关系的命题表明,圣宠完善天性,并不摧残天性。㉙ 但是,当论据被推向极致,正如关于存在的论据在性质上所表现的那样,当冲突的局势占优势的时候,正如政治和宗教生活中经常发生的那样,最使我们感到关注的,是论据具有进攻性的矛头,因为,与和解和妥协相比,与美好的和谐相比,冲突的局势能够产生更多的效果,更多的变化,更多所谓的"历史"。于是,无可怀疑的是,对于每一方来说,对方的牺牲都是徒劳的,对方的服从也是徒劳的。这样一来,如果我们同时从字面上理解双方的论据,我们会觉得,人,不管他是穿着公民的托加长袍,还是基督徒的苦修僧衣,都注定了会献身于无用的服从,徒然的道德。然而,多少个世纪以来,精神大众就像两扇磨盘一样互相摩擦,城邦和教会,天性和圣宠,从冲突到和解,就这样互相磨损对方。每一方都想努力回到原始的真理,但是每一方的努力最终都失败了:文艺复兴终结了城邦

㉗ 《君主论》,第十一章。
㉘ 圣奥古斯丁(Saint Augustin),《上帝之城》(*De civitate Dei*),第四卷第四章。
㉙ 托马斯·阿奎那(Saint Thomas Aquinas),《神学大全》(*Summa Theologiae*), Ia, Q. 1, art. 8, ad. 2。

的生活，路德的宗教改革解除了宗教面对世俗权力时的武装。在这种互相磨损，互相损耗之后，留下的是什么呢，还不就是互相指责对方无益的劳作和徒然的服从？当天性和圣宠互相斗得累了，它们留在身后的，是一种几乎共同的法律的混乱踪迹。

正是在这样的背景之上，孟德斯鸠建立了他的关于道德的概念，他的幻想中包括并混合了世俗的政治道德和基督教道德的样本。他用来蒙骗人们的戏法之所以得逞，之所以看起来是适当的，是因为他利用了两种传统相互作用而产生的精神局面，他是以这种精神局面作为依托的。《论法的精神》当中所研究的道德，主要不是出自一个作者的发明，不管这个作者有多么高明；那是孟德斯鸠所描画和勾勒出的欧洲历史的伟大形象，是在古典时期最后一次为了证实古代的和基督教的这两种传统而付出徒然的努力之后，从这两种传统的衰败当中汲取力量、获得意义的历史的伟大形象。

十

我们刚刚说过的话，意味着孟德斯鸠同样反对两种重要的传统，或者反对这两种传统的压抑效果吗？不是。他没有幻想将两种传统融合在一起，而是想把两种传统的冲突作为他的主题；在这样做的同时，他强调的是世俗传统或者公民传统的优势，至少这种传统没有让人分裂；向伊巴密浓达（Epaminondas）过渡的那段优美的文字，证明了孟德斯鸠的偏爱。[30] 可以肯定的是，要阐述孟德斯鸠的思想，就应当适当地阐述他对基督教导致分裂的讥讽。[31] 但是，

---

[30] 《论法的精神》，第四章第四节。
[31] 比如我们在他的《思想笔记》(*Pensées*)中看到："两个世界。这个损害那个，那个损害这个。两个太多了。应当只有一个。"参见波尔多案卷（ms. Bordeaux），手稿1176，L. 德格拉夫（L. Desgraves）出版社。

对于我们的研究来说,重要的并不是他赞成或者传承了马基雅维里对现代宗教的批判,㉜而是他批判另外一种传统的方式,是他批判古代城邦时的那种强烈和彻底。对他来说,一定要指出第三种可能性,一种完全不同的全新的权威。

人们也许会问,如果我们的论断是对的,那为什么孟德斯鸠多次写了与我刚才提到的段落内容相似的文字呢?这些文字让很多好心的读者把他看成是一个真诚赞佩经典的古代时期的人。

孟德斯鸠肯定是真诚地赞美古希腊和古罗马值得赞美的那些东西的。因为他洞察入微,可以理解所有的事物,所以他会赞美那个时代很多美好的事物,这是浅见如我辈之人难以理解的。只是,在他心目当中,古代的这种生活已经不代表真正的可能性,已经不可逆转地属于过去了。今天的读者应该努力理解表面看起来那么朴实的最后的命题,那其中所包含的新颖之处意义重大。至于已经成为过去的,就让它过去吧,或者说,就让过去成为过去吧,因为"一切都是历史的",而且"历史是不可逆的",历史就是不断地这样做的,历史不施加任何影响,也没有什么特别的顾虑。但是,在那时候,赞美古人的权威,恰恰是赞美一种仍然现实的模式,因为那权威是以人的永恒天性的持久能力为基础的。因此,反对古人的权威,就是反对古人所发现的并且认为是有效的天性的标准。然而,如果我们反对他们在极大程度上赞成的原则,无异于声明他们的精神生活的中心是没有真理的。那么,我们就不能在没有重大保留的情况下赞美他们,至少当我们还在关心真理的时候会是这样。我不知道在孟德斯鸠宽广的精神当中,赞美和责难是如何被组织在一起的。

无论如何,可以肯定的是,孟德斯鸠是有意在遮掩他对道德的批判,要稍微多留意一些才可以感觉到他的讥讽之意,领会他

㉜ 详见马基雅维里,《李维史论》(*Discorsi*),第二卷第二章。

的攻击所具有的极端的彻底性。在他的防备当中,有一种极高的政治上的,也是精神上的审慎。的确,如果对两种重要的"良好生活"的版本进行尖锐到危险程度的批判,一个老老实实的读者,一个读普鲁塔克(Plutarque)和《师主篇》(*Imitation*)的读者对这两种生活又都没有体验,那他会有什么样的体会呢?对于有可能占据他的精神和心灵的人,他需要了解,需要知道这个人的形象是如何的。正因为如此,孟德斯鸠很高兴事先在用心阅读的读者心目中削弱了两种传统的权威,带着高尚的厚脸皮证实说,他从来没有想过要谈论基督教的道德,并故意夸张地重新接过约定俗成的观念,颂扬古人伟大的生活。新的权威应当代替道德的权威,但是新的权威并没有带来关于人、关于人的天性、关于人的可能性及其神圣使命的任何新的观念。要为这一权威辩护的作家,如果他至少有一些人性思想的话,而孟德斯鸠是非常有人性思想的作家,那么他就不能破坏,不能纯粹地、简单地颠覆"良好生活"的道德形象,不能破坏和颠覆伊巴密浓达的高尚形象。这一形象要继续生活在各种各样的圣所当中,无论如何也要向新的人类提供关于人的一种新的表象,一种没有权威的精神内容,以引导人的行为,至少能够占据人的想象。孟德斯鸠的高明之处在于,他摧毁了古代道德的思想和政治权威,同时又保留了,或者更准确地说是发明了其"想象的",或者"美学的",或者"历史的"权威,作为欧洲教育最优秀的内容的原则,一直保留到1960年代。

不能低估这一做法的重要性。这种可以说是第二位的权威并不是与一些松散的、无力的形象联系在一起的。这种想象具有真实的精神作用,而且在孟德斯鸠的心目当中,这种作用是必要的,是有益的。事实上,我们只要想一想,在现代人像中了魔一样,被历史和未来的唯一的权威所陶醉的时候,如果我们来一场彻底的破坏圣像运动,从现代人的想象当中清除掉所有古代的形象,让一种莫名其妙的新人的形象成为实实在在的东西,充斥现代人的想象,如果这样的话,那东部欧洲会发生什么样的局面。

但是,对于善于嘲讽的忏悔师,历史预留了奇怪的嘲讽。他发明的道德会以他完全没有料到的,也根本不是他所希望的方式萦绕在欧洲人的心中。不久,他的发明会被用来颠覆他的本意。让-雅克·卢梭把孟德斯鸠的幻想翻转了过来,就像翻一只手套一样。

十一

我们在前边指出过:在找出古代道德和基督教道德的共同点的同时,孟德斯鸠从根本上嘲讽了两种道德,因为他让道德失去了其特有的动机;失去了动机的道德,只不过是对一种既违反天性又压抑人的规则的服从。总而言之,他提出的是一种对道德的自我批评。但是同时,这一"民主化了的"道德,将基督教的平等和刻苦与古希腊城邦的刻苦和活跃组合在一起,开启了或者似乎是开启了一种史无前例的可能性。这样的民主观念令怀念古代的和公民的伟大的人感到满意,也让喜欢基督教的平等的人感到满意,或者说似乎是令他们都感到满意的,可以导致产生具有积极意义的诱惑力,因为现代经验的最新的权威将被否弃,正如卢梭所做的那样。为了转移读者对道德的关注,孟德斯鸠曾小心翼翼地提示说,道德的特点是具有压抑性,而且是违反天性的;但是经过一次特殊的翻转,这一特点被卢梭以夸张的方式揭示了出来,激起了读者的极大热情。幻想本来是要让人们远离过去的诱惑,远离古代的权威,现在却让人们对需要建立的现代经验的权威提出了强烈的异议。本来用以结束历史的一个时期的解释原则,却变成了能够开启另外一个时期的行动的原则;这里说的不是"现代"时期,而是"革命"时期。罗伯斯庇尔(Robespierre)所宣布的时代,正是孟德斯鸠发明和批判的道德时代,正是卢梭认可和颂扬的道德时代。

在卢梭的姿态当中最为奇特的，是他那么轻易就把孟德斯鸠的愿望翻转了过来，他在描写公民道德的残暴时，表现出有意识的、交织着热情的满足感。㉝ 我们能不能说，两位哲学家有着共同的道德的观念，但是他们对道德观念的"价值判断"不同，甚至完全相反呢？如果回答是肯定的，那我们就会不期而遇地发现一件难得的事，也就是说，我们发现了一个案例，一个问题，一种局面，在这种案例、问题、局面当中，要想理解人的世界，就必须用到"价值判断"的概念。

孟德斯鸠自己也意识到，他的发明当中包含着另一种可能性；他也意识到了"卢梭的可能性"。为了夺取胜利，女公民失去了五个儿子，可是女公民仍然为了胜利而对诸神表示感激。他为何没有考虑到这个女公民的形象的问题呢？他不是曾向我们指出说，僧侣怀着情感热爱压迫他的修会，正是因为修会压迫他，所以他才热爱修会的吗？况且，他还明确指出，更准确地说，是把下面这一点定为准则："基于人类理解能力的本质，我们在宗教方面喜欢一切需要付出努力的东西，犹如在道德方面，我们总是在思辨上喜欢那些具有严肃性的东西。"㉞ * 这也许是《论法的精神》当中最具普遍意义的命题。这种可能性的意识也许还有另外一种动机，与第一种相反，也是要掩饰对道德的批判或者对自我的批判：虽然不能让老老实实的读者绝望，却也不能诱惑读者。

㉝ "斯巴达有一位妇人，她在军中有五个儿子，而且她在等待着战役的消息。这时来了一个平民。她浑身发着抖向那人打听消息。你的五个儿子都死了。下贱的奴隶，我问你这个了吗？我们赢得了胜利。于是母亲跑到庙里，向神谢恩。这才是女公民。"让-雅克·卢梭，《爱弥儿》(*Emile*)上卷，参见《卢梭全集》，"七星文库"(la Pléiade)第四卷，巴黎：伽利玛出版社，1969年，第 249 页。

㉞ 《论法的精神》，第二十五章第四节。

 * 引文译文参见孟德斯鸠，《论法的精神》，许明龙译，商务印书馆 2016 年版，第 550 页。——译者

但是卢梭不喜欢他本人所颂扬的道德。或者他的喜欢只是说说而已，由于天性善良，他不能实践这种违反天性的道德。不对，他根本就是不喜欢这种道德。因为他认为，他从内心深处认为，这种道德具有不可原谅的错误，那就是：这种道德是残忍的。㉟

实际上，孟德斯鸠和卢梭同样领会到了法律的两面性及其残暴；让人们讨厌它的原因，也能够让人们热爱它，或者更准确地说，也能够让它成为一种奇怪的精神追求的对象——如果我们真的热爱它，我们就要实践它，那我们的爱就不会只停留在"思辨"的层次上。孟德斯鸠和卢梭都利用了这种两面性，以把读者引向他们各自认为是真正的思想和情感上来，或者引向他们认为人们应该有的思想和情感上来。但是也许卢梭和自制力那么强大的孟德斯鸠都不能完全地主宰我们对法律应该和能够具有什么样的想法。我们对法律的情感之所以具有两面性，我们对法律的判断之所以是对立的，是因为法律的本质以及人们对法律的理解具有不确定性，孟德斯鸠和卢梭对法律理解的外延是有差别的，这一点应当引起我们注意。

在孟德斯鸠制定的关于道德的观念、关于道德的幻想当中，既包含了古代世俗的世界，也包含有基督教的世界。他所说的关于道德的话，涉及人的世界，而直到目前为止，直到英国的制度出现之前，直到现代自由的新制度出现之前，人的世界始终就是这样的。可以说，卢梭是把这一外延更加扩大了。这种道德，或者这种法律形成了人的特点。这样一来，问题就不只是从旧的法律和压仰的时代向新的，只是作为简单工具的法律和自由的时代过

㉟ 详见《卢梭全集》第二篇论文，参见《卢梭全集》第三卷，第 159 页；第一篇和第二篇对话，参见《卢梭全集》第一卷，1959 年，第 670、823 页及以下；第六场散步，《一个孤独的散步者的梦》(Les Rêveries du Promeneur Solitaire)，参见《卢梭全集》第一卷，第 1052—1053 页。《致博蒙书》(Lettre à Christophe de Beaumont)，参见《卢梭全集》第四卷，第 970 页。

渡，而是要最终建立起纯粹的、纯洁的法律，要让法律与精神的和政治的自由合二而一。㊱ 两个哲学家之间的分歧是哲学上的分歧；这种分歧涉及法律的意义和地位。孟德斯鸠似乎确实考虑了在压迫性的法律、改变天性的法律被废除之后的社会；卢梭不相信人能够生活在社会当中而不服从法律，这种法律深刻地改变、摧残了人的心灵，而且卢梭特别不喜欢这一点，他特别不喜欢残暴的法律，所以他宁愿躲进孤独之中。

十二

孟德斯鸠所制定并被卢梭认可的道德，是纯粹具有压迫性的道德，因为这种道德是作为希腊法律和基督教的法律共同的东西而建构或者"佯装"成这样的。道德以纯粹否定的方式被定义；道德是对个人的情感和利益的否定，是对个人的天性的否定。如果我们跟着孟德斯鸠的思路走下去，像这样对个人的情感和利益的屠戮不可能有别的动力，只能是为了屠戮而屠戮，只能是心灵从中得到的奇怪的满足感。不言而喻的是，我之前就指出过，这种道德与古希腊人和基督徒本身对道德的观念毫无关系。当然，古希腊人和基督徒是从完全不同的角度来看待心灵生活的：还有什么比天性和圣宠之间的区别更大的吗？然而，圣宠对道德的观念与天性对道德的观念在很大程度上是一致的。哲学家和基督徒都认为，道德是情感对理性的顺从，是心灵的低级部分对高级部分的顺从，是对心灵秩序进行的整理，是心灵秩序的完善。㊲ 这一观念有可能牵涉针对情感和利益的苦修，其广度和内容与孟德斯

㊱ 卢梭，《社会契约论》(*Du contrat social*)，第一卷第六章和第八章。
㊲ 详见柏拉图，《理想国》，443 d—e；圣保罗，《罗马人书》(*Epître aux Romains*)，第六章，17—18；托马斯·阿奎那，《神学大全》，Ia，Q. 77, art. 4。

鸠和卢梭的观念所牵涉的广度和内容是完全可比的,但是意义完全不同。对于哲学家和基督徒来说,苦修是达到一种更高级生活的手段;要想达到更高级的生活,就必须经过苦修。在孟德斯鸠的解释当中,苦修本身就是目的。而卢梭则保留了有关心灵的传统观念中的一些东西,但是,他只是更多地强调了道德和法律如何歪曲天性的特点。㊳ 我不想用几句话概括这些十分复杂的现象,相反,我们要发现和保持其复杂性;但我觉得可以用下面的文字进行一下概括。

古代的道德和法律有两个版本,一个是世俗的,一个是基督教的,这种道德和法律使人从其天性的某种状态上升到一个更高的状态(对于基督教来说,是上升到一种"超天性"的状态);人在其存在当中,一级级登上存在的台阶;他的道德会得以展现,恶习也在其中,按照梯度,从堕落的深渊,一直到完善的顶峰,有成千上万的梯级和无数的差别。新的道德和法律意味着对个人天性的否定,但是没有明说这种否定是否导致一种更高级的或者更低级的状态,或者对于实践道德的人来说,根本就没有使其状态上升或者下降的作用。在新的定义当中,这种不确定性具有决定性的意义:由于新的道德和法律无法找到或者设想它们在存在的阶梯上的位置,也就不断地脱离了古老的本体论。

在进行更加深入的分析之前,我们必须先回答细心的读者急于提出的反对意见。在古希腊和基督教的观念当中,哪些地方真正是共同的呢?我们曾反复指出,孟德斯鸠提出说,它们的共同点是服从,是与任何动机都无关的为了服从而服从。然而,我们刚刚也说过,它们之间还有一些别的东西也是共同的,比如关于心灵秩序的观念。那么,它们之间的共同点还有什么呢?当然,提出这个问题并不是没有根据的。

㊳ 卢梭,《社会契约论》,第二卷第七章;前文所引《爱弥儿》,第 250 页。

心灵秩序的概念不能作为共同点来提出，虽然这一概念的确是共同的。这是一个必须具有实质意义的概念，或者是一个"物质"的概念：它要接受内容，才能得以确定。它要求有这个内容，并让人根据这个内容去理解它。我们应当说明心灵涉及的是什么秩序；如果心灵的秩序不被确定，如果它只是停留在观念的层次上，那我就既不能设想它，更不能实行它。但是，人们会说，心灵的秩序会不会有某个完全确定的部分或者方面是两个传统所共同的呢？哲学家和神学家为什么不同样地探究"愤怒"或者"谎言"呢？也许他们可以这样说。然而，谁发现并采纳了这一共同的部分，也必须将它放在一个整体当中，也必须从某个角度来考察它；这时候，天性和圣宠之间的分离便会再次表现出来：他对愤怒或者对谎言的看法，是作为基督徒来看待，或者是作为哲学家来看待的，这样一来，即使是一样的事物，也就不一样了。或者，要想使这种部分的一致成为某种类似于整体上统一的东西，就必须特别小心地制定出一种学说，能够同时接受哲学的和宗教的命题。事实上，多少个世纪以来，基督教曾经在希腊的心灵秩序的观念和基督教关于心灵秩序的观念之间，进行过很多综合，其中最有广度和最严密的，毫无疑问是圣托马斯所做的综合。然而，在这样的综合当中，我们可以说，两种观念中的一种必须包含另一种，而且会把另一种作为附属。在托马斯的学说当中，神学包含了哲学，并把哲学看成是自己的学说的附属。无论如何，综合的建立是与提取共同点完全不一样的，甚至是相反的：综合的建立是通过调整和附加一些具有相异性的内容来实现的，而不是将这样的内容化简为一致性。相反，对个性的屠戮，服从法律，因为那是法律而必须服从，这是完全定性了的共同点，其原因我们在前边已经阐述过，我们可以用一句话来概括它：法律是"形式上的东西"。

　　当我们根据心灵的秩序来确定方向时，我们必须准确地说明人的心灵进行的是何种秩序的整理：是斯多葛的、伊壁鸠鲁的、亚里士多德的，还是基督教的？当我们根据共同点来确定方向时，只要我们认为，心灵或者个人的天性，是在其经验的情感和利益上被否认的，或者应当被否认的，我们就可以把服从法律和否定天性的各种可能的特殊动机放到一边不谈。心灵秩序的概念就其本身来说，是没有被确定的，它只能在被确定之后，才能成为在思想和行动上能够实施的东西；被设想为否定的道德是立即就可以实施的，因为它具有确定性，虽然是否定的确定性。思想宁肯选择否定的确定性，也不会选择不确定性；但是思想不停地更加希望选择的，是肯定的确定性。因此，如果不能以最起码的稳定性确定心灵秩序的内容——不管这种不可能性是根本性的，还是由于一种持久性的事故所导致的结果，思想将倾向于制定尽可能严格的否定形式，同时或者相继寻找与否定的形式相对应的肯定的确定性，或者甚至是与否定的形式混淆在一起的肯定的确定性。现代哲学的很大一部分，都是在寻求这种既是双重的，又是统一的东西。

我在前面谈到过，欧洲是由两个大的传统、两个大的精神群体形成的，我也谈到过它们之间的相互作用。[39] 那么，这种互相的作用是可以在我们指出的两个相反的方向上实施的。通过内容的叠加和调整，这种相互作用可以导致产生肯定的综合；我们在前面已经提到了主要的综合是什么。在有的综合当中，像哲学和神启之类的元素具有非常大的相异性，使得这样的综合从根本上就是不稳定的、脆弱的。只是通过综合者在结构撮合上的天才，被撮合的元素才得以成为一个整体，有时候还需要通过某些机构的赞同得以加强——对于圣托马斯的思想来说，它所得到的，正是天主教会这个极具代表性的机构的支持。因此，相互作用的另

---

[39] 详见本章第九节。

一个方向从趋势上来说更加强大,是不可抵御的,这个方向就是提出共同点的作用方向,同时这个方向不断地将各种道德之间的互相批判,将道德的自我批判推向更远,进行得更加严格。从天性和圣宠、城邦和教会针锋相对的持久批判当中出现了法律,出现了法律的形式,这是天性和圣宠、城邦和教会之间不和谐的后果和媒介,但是也是它们的共同业绩。与圣托马斯的综合不同,这种共同的业绩永远不能用肯定的方式来定义。更准确地说,由于它本身就是否定的确定,所以它必然会永远追逐肯定的方式。在这一阐述和探索当中,共同的业绩仍然是双方不和谐的媒介,所以不断地顺应其内部的必然性:不离开分水线,不落入一边,也不落入另一边,不落入世俗天性的一边,也不落入基督教圣宠的一边。这种双重的压力使得现代精神有了强烈的冲动,有了猛烈而持续的运动,而这也成了现代精神的特点。让哈姆雷特(Hamlet)进退两难的,正是推动着现代哲学和政治前进的这种双重的压力。

十三

上述探讨仍然是一个导论,不能要求别的,只是为了吸引人们的注意力,让人们关注现象的某些方面。这些探讨远不能让我们得出结论。然而,现代发展的中心元素,也就是现代国家的建设和发扬,证实了我们上述的考虑。一方面,现代国家与古希腊的城邦和公民意识保持着论战的关系,另一方面也与教会和基督教保持着论战的关系;若不是这样,现代的国家是不可想象的。我们将在这本书的其他地方,更加详细地论述现代国家通过人为的方式是如何上升到天性的群体之上,上升到由圣宠或者由圣宠的观念所导致产生的群体之上的——所谓上升到这些群体之上,从某种意义上说,也就是上升到与其相对立的位置上。⑩ 我们现在只要指出说,这种论战的关系是明确地,甚至咄咄逼人地由现代国家的设计师托马斯·霍布斯提出来的。霍布斯从古希腊和古罗马政治家的文章中,从基督教的《圣经》中看到,"基督教共和国"之所以遭受痛苦的混乱,有两个主要的原因。⑪ 然而,他是如何做的,他是在什么样的基础之上建立国家,驯服民主的权力要求,压制宗教的唯我独大,以建立国家和平的呢?我们知道,他的建筑是以一个元素作为基础的,只有一个,那就是作为权利持有者的个人。个人的根本权利在于个人的一种迫切的需要,那就是活下去。当没有国家或者国家无力的时候,当天性状态(état de nature)占主导的时候,个人会以特别明确的方式感受到这种必然性的压力。可以说,天性状态代表了每个传统内部矛盾的真实形象;它是古希腊城邦的混乱秩序和基督教世界所经历的宗教战争所达成的极限结果。在天性状态下,人在发现自己是个体之人的同时,也发现了他处在公民之前的某种状态,也处在基督徒之前的某种状态,即比公民和基督徒都更加具有根本性的某种状态。在他对政治法律的服从之前,在他对宗教法律的服从之前,他是处在某种状态的,而这种状态就是一个完整的整体,因为他从这种状态当中得到了他的所有行动、他的所有行动的事实和权利的足够的源泉。一切人,在法律之前,就已经是一个自足的整体。

　　人在一切政治的或者宗教的法律之前,就已经是一个整体:这种观念是民主的人自我意识的一个重要的组成元素。在这一点上,我们立刻就会关注的,是这个彻底的人,这个先于公民、先于基督徒的个体人的身份,或者更准确地说,是他的形成。我们

---

⑩ 详见后文第五章第七节和第十二节。
⑪ 《利维坦》,第二十一、三十二、四十四章。

刚刚已经说过,他是作为每种传统内部矛盾的结果突然出现的,而不是从两种传统的互相批判中出现的:他是这个世界上作为公民的人,是与基督徒相反的人,但是他不属于这个世界上的任何城邦,他是作为基督徒而与公民相反的人。或者,用上面一个说明的话来说,既然城邦和教会互相指责对方,都说对方的牺牲是虚妄的,那么,他是城邦和教会两者的牺牲都拒绝的人,他是通过这一拒绝而定义自己的。作为个体的人从每个传统当中接受该传统对另一个传统的批判,并得出结论说,他永远没有责任去死,去忍受痛苦,或者还有,生活的权利是他的精神存在的背景,是他的精神存在的一切。

当然,作为个体的人从本质上是一个完善的、孤独的整体,但这并不意味着这个作为个体的人可以绝对地离开法律而生活。他需要法律,但是他之所以需要法律,只是为了保护他的先于法律的天性。现代国家的法律,自由的法律,只是天性的一种工具;因此,从原则上说,法律并不改变天性,法律不会改善天性。然而,孟德斯鸠认为,在新教的英国,在重视贸易和自由的英国,他看到了纯粹是工具的新法律的出现,以及这种法律的最初的运行。[42]

我们现在可以大致地说明,在孟德斯鸠制定和提出启蒙的自我意识的时候,人的世界是一种什么样的状况。

现代人听到了新事物发出的诺言,那同时也是永恒的天性的诺言,是新的法律的诺言——天性本身终于发声了,只是天性的、完全是天性的声音,而法律只是天性的有效、顺从的工具。新事物的诺言是对旧事物的控诉,是对旧的天性和旧的法律的控诉;之所以是对旧的天性的控诉,因为旧的天性受到旧的法律改变和摧残;之所以是对旧的法律的控诉,因为旧的法律纯粹是对天性

---

[42] 《论法的精神》,第二十章第七节。

的否定,或者压迫。现代人不断地解释他的过去,正如孟德斯鸠不断地解释古希腊的城邦和道德一样。那是他的过去吗?人从来不会完全地成为过去,人在现时当中继续着过去;世界本应该处在自由天性的状态——它将来一定会处在自由天性的状态的!世界曾经是,世界始终就是克制天性的法律。地球始终就是一个"苦修的星球"。[43]

旧的法律和新的法律,纯粹压迫天性的法律和只不过是天性的工具的法律,在人的经验当中,这两种法律当然是处在对立的两极的——像奴役和自由一样对立。但是它们之间的共同点是,两者都严格地外在于天性,前者是奴役天性的暴君,后者是天性的仆役。从某种形式上,它们是同样的法律;他们都与天性不保持实质性的关系。法律之所以可以成为天性的顺从的工具,是因为它首先是对天性的纯粹否定。如果在旧制度当中,天性从根本上需要法律,才能够作为天性而实现自己,以变成本质上的天性,那么,法律在此后便永远无法完全地脱离天性,并成为它的工具,法律的现代制度也就无法设想,无法实现。作为纯粹压迫天性的法律也包含有完全解释天性的诺言,因为除了否定之外,压迫的法律与天性之间没有任何其他的根本性的联系,而否定是本质的反面。正是在法律对立的两极之间存在的共谋关系,形成了启蒙时代人的世界的特点和统一。法律在其中已经不再是实质性的;它已经不再是人的天性或者人的超越天性的使命感(vocation surnaturelle)的表达或者实现的手段。它在专制的否定和卑屈的工具之间不断地摇摆;或者更准确地说,在这两极之间,它是历史的运动和辩证的电光石火。苦修星球上的居民生来就是自由的,可是不管在哪里,他都戴着枷锁。

因此,城邦和教会,天性和圣宠之间互相批判,又共同产生作

---

[43] 尼采,《论道德的谱系》(*Généalogie de la morale*),第三篇11。

用，从而孕育了纯粹的法律，也孕育了纯粹的天性。城邦和教会是两个结合物；每一种都将人的天性和一种专门的法律密不可分地结合在一起。两种结合物之间相互作用，导致天性和法律分别开来，这种分别也许是在每一种结合物当中都产生了，但至少是在变成了国家的城邦当中产生了。这种相互作用分开了从本质上联系在一起的东西。就在城邦和教会之间的辩证关系势如破竹般地将人的境遇分成两半时，这种辩证关系取得了既广大又深刻的效果。

但是，有人猛地一脚把我们踹到了酒红色的海面上，载着我们的财富和希望的大船，就在这海面上穿行！孟德斯鸠之所以颠覆古希腊的道德和城邦的权威，就是为了给现代的经验让位，为了将光荣献给现代的经验；他认为，贸易就是由现代经验凝聚而成的。我们现在需要面对的，就是他对贸易的分析。

十四

第二十章的题目很简单，叫作"论贸易"，这一章开门见山地讨论古与今之间的对立，道德或者"纯粹的习俗"与贸易之间的对立：

> 贸易可以医治破坏性的偏见。正因为如此，凡是习俗温良的地方，必定有贸易；凡是有贸易的地方，习俗必定温良。这是一条几乎普遍的规律……
>
> 贸易使得各国的习俗都得到了广泛的了解，并进而进行对比，从而获得巨大的裨益。
>
> 我们可以说，基于同样的原因，有关贸易的法律净化了习俗，也败坏了习俗。贸易腐化习俗，柏拉图曾经对贸易发出这样的抱怨。我们每天所看到的，则是贸易使蛮族的习俗

日益洁静和温良。*

贸易使民风变得温良：这是一种平淡无奇的小事，从对这件小事的观察出发，围绕着这件小事，孟德斯鸠将组织起他对欧洲历史的解释。况且，他清楚地提示说，实际上，这是唯一从规则的高度上，以"普遍的"方式，使民风变得温良的因素。这无疑意味着，在这种好的演变当中，我们没有必要认为基督教也起到了积极的作用。这也意味着，我们面对的是历史发展的主要推动力之一，也许是最主要的推动力——从更加深刻的意义上说，历史的发展是由这样的动力所推动的一种运动。

贸易产生了如此之好的效果，让各族人民互相接触，并因此而让他们对各自的习俗进行比较。从这种比较当中，产生了"巨大的裨益"。是哪些裨益呢？孟德斯鸠保留了这个问题，等着让我们来回答。我们可以猜测，每个民族的人都因此而从某种程度上脱离了自己的传统，脱离了他们的特殊的生活方式，因此对其他人民的传统和生活方式也就不那么恨恶了，所以他们也就不那么残暴了。但是，似乎这些"巨大的裨益"并非没有其反面：贸易也腐蚀纯洁的民风。他没有明确地提示出两个等式，一个是"纯洁的民风"和"野蛮的民风"，一个是"腐蚀"和"改善"。但是，他的读者已经受过多少个世纪贸易进步的教育，这些进步也改变了他的读者，所以读者喜欢民风的温良和改善；在读者这种爱好的背景之下，他巧妙地用新的标准替换了传统的标准，包括世俗的和基督教的标准。出于我们上面指出的原因，他不能公然用新的权威替换旧的权威，甚至不能以坦率的方式来这样做。㊹ 他必须

---

* 引文译文参见孟德斯鸠，《论法的精神》，许明龙译，商务印书馆 2016 年版，第 387—388 页。——译者

㊹ 详见本章前文第四节。

采用某种暗中说服的办法。对于我们来说,什么才是权威呢?是"柏拉图的抱怨",或者"我们每天所看到的"东西吗?对于这个问题的暗示,对于人们所期待的回答,那是毫无疑问的。谁会为了遥远的柏拉图的怨言,而放弃"我们每天"的经验呢?孟德斯鸠明知道,不管我们说什么,我们会更喜欢自己,而不是柏拉图,我们甚至于会偏爱自己的判断,而不是柏拉图的判断。只是我们对人或者对宗教尚存尊重,才不会接受这种偏爱。而在柏拉图的思想陪伴之下思考问题的孟德斯鸠,却毫不犹豫地鼓励人们这种偏爱,激励每个人在自己心中承认这一点。他赞成新的哲学,反对旧的哲学,他想让每个人都与他合作,都与他串通一气。谁能感觉到现实的温良——我们都能够感觉到这一点——,谁就会开始偏爱自己,而不是柏拉图,谁就会开始怀疑古代的权威。孟德斯鸠将说服这样的人,让他们敢于爱他所爱的东西,爱现在这个时代所带来的东西,爱我们的时代所带来的东西。民风的温良和改善,而不是民风的纯洁,这应该成为权威的新标准,这即将成为权威的新标准。对于贸易所产生的效果,应该,也即将按照贸易所引入的标准进行评价。⑤

更明确地说,这些效果是什么呢?孟德斯鸠在稍后的地方写道:

---

⑤ 卢梭在《论科学与艺术的复兴是否有助于使风俗日趋纯朴》(*Discours sur les sciences et les arts*)中奋起反对的正是这些标准。在"柏拉图"和"我们"之间的争论中,他是站在柏拉图一边的。下面是我们从《纳尔西斯》(*Narcisse*)的前言中引述的一段文字,表现出与孟德斯鸠完全相反的立场:"所有为各个民族之间的交流提供方便的东西,不是把有些民族的道德带给另外一些民族,而是把一些民族的罪恶带给其他民族,并且会损害所有民族的民风,因为这些民族的民风是适合于它们的气候和政府组成的。"(《卢梭全集》第二卷,1961年,第964页注释)卢梭以细腻而精湛的批判语言,用一句话便集中了对手实践政治的两个重要论断,并使我们不得不思考这些论断是否矛盾,贸易是否恰恰倾向于废除了孟德斯鸠所说的(《论法的精神》,第十九章第五节)一个好的立法者应当首先遵守的"普遍精神"。

> 贸易的自然效应就是和平。两个国家既彼此通商，又相互依存，一方以购入获利，另一方则以出售获利，一切联合均以互相需要为基础。㊻ *

因此，尽管政治的道德、古代城邦的道德一般都具有好斗的特点，但贸易天然具有和平的特点。我们"每天"可见的贸易的进步保证了，或者更准确地说是带来了相应的和平进步。继旧道德的斗争逻辑而来的，是现代贸易的和平逻辑。这样一来，人便表现出两张面孔，它们是有先有后的，但也是互相排斥的，互相矛盾的：战士和商人。于是我们自然而然地就要问，哪一张才是人的真正的面孔呢？更加准确地说，好战的公民的活动以及和平的商人的活动，哪一种活动能够更好地使人发挥才能，更好地发扬天性，更好地自我完善呢？然而，有一点很重要，那就是要指出，孟德斯鸠从来没有提出这些问题。我们能不能说他向我们提示了一种间接的回答呢？的确，我们仔细地分析过，他巧妙地，但也是清清楚楚地指出了古代道德"违反天性"的特点。然而，他并没有肯定说，贸易是"符合天性的"，虽然他热情地描写了贸易的"自然效应"。读了孟德斯鸠的书，我们了解了什么是"违反天性"的东西，也厌恶了这种东西，但是似乎我们并不知道"符合天性的"东西是什么，并不知道我们应该喜欢什么。

孟德斯鸠没有肯定地说出贸易的天性特点是什么，他以显而易见的方式表现出与他的 19 世纪的弟子们不同。他的 19 世纪的弟子们认为，从战争向贸易的过渡是欧洲历史的规律，因此将来也就是全人类的历史规律，这是以人的气质为基础的，是与人

㊻ 《论法的精神》，第二十章第二节。
* 引文译文参见孟德斯鸠，《论法的精神》，许明龙译，商务印书馆 2016 年版，第 388 页。——译者

的天性相一致的。比如邦雅曼·贡斯当便写道：

> 我们来到了贸易的时代，必然要代替战争时代的贸易时代，正如战争时代必然代替了前面一个时代那样。
>
> 战争和贸易只不过是为了达到相同目标的两种不同的手段，那就是拥有希望拥有的东西。贸易……是企图通过双方自愿的方式，取得不希望通过暴力征服的东西……
>
> 因此，战争是先于贸易的，一个是野蛮的冲动，另一个是文明的算计。有一点是很清楚的，贸易的倾向越是占据主导地位，战争的倾向就越是被削弱。㊼

我们看到，贡斯当认为，人的历史是包括在人的天性之中的，是包括在人的征服的天性之中的。战争和贸易是两种不同的、先后出现的手段，两种手段都是为了达到相同的属于人的天性的目的：获得他希望获得的东西。一方面，贡斯当让战争看起来枯燥，显得乏味，像荣誉、光荣这些东西，他连提也没有提到；与此对称的是，他让贸易具有了尚武的精神。但是，在战争的活动当中，已经有这种征服的和贸易的观点，只是人们还不知道、还没有充分地意识到这种活动的真正意义，只是他们还没有获得自我意识。贡斯当更多地是让战争带有了贸易的色彩，而不是让贸易更有尚武的精神。人是一种有欲望的、想征服的动物，他慢慢会发现，会在因此而获得自我意识的同时发现，为了取得他依照本性而希望获得的东西，贸易是最理性的手段，因为贸易是最有规则的，也是最可靠的手段。这是现代贸易主义的学说，如果说现代的贸易想为自己制定一个学说的话。

㊼ 详见前文所引邦雅曼·贡斯当，《论征服的精神和僭主政治》，第一部分第二章，第118页。

孟德斯鸠却从来没有试图从心理上将战争和贸易进行比较，让它们具有共同的天性根源，以便"用天性"来解释从战争到贸易的历史发展。当然，从《论法的精神》一开始，[48]他便为了反对霍布斯而肯定说，人并不具有想统治的天性，或者说，人的天性并不是好战的；但是对对称的另一边，他与贡斯当不同，或者也与亚当·斯密（Adam Smith）[49]不同，他也不认为人具有商人的天性。他阐明了贸易的天然效果，也可以说是贸易的必然效果，并且因为这种效果是有益的而感到很高兴，但他也不认为有必要说明贸易和人的天性之间有什么关系，不认为有必要到人的心灵中去寻找这种活动的积极动力。然而，他认为贸易的效果很重要，使人不能不关注其原因，不能不明确地、严谨地说明贸易是如何出现的、如何发展的。事实上，孟德斯鸠借解释贸易的出现，提出了他对历史运动的解释，因为贸易的进步使欧洲的历史有了活力，并取得了统一。第二十章第五节是一段根本性的文字，我应当完整地将这段文字录在这里，因为这段文字虽然显得奇怪，却具有决定性的意义：

> 在波涛汹涌的大海上，马赛是个必不可少的避风港，那里的风和海滩以及海岸位置都表明，这里适宜船只停靠，因而成为一个航海人频频光顾的港口。由于土地贫瘠，马赛人不得不从事节俭性贸易。他们必须以勤奋弥补大自然的吝啬；他们必须公正方能与将为他们带来繁荣的蛮族共处；他们必须宽和忍让方能保持政体的安定。总之，他们必须养成一种节俭的习俗，方能长久地依赖一种利少而可靠的贸易维

---

[48] 《论法的精神》，第一章第二节。
[49] 亚当·斯密，《国富论》(*An Inquiry into the Nature and Causes of the Wealth of Nations*)，第一篇，第二章以及后文第三章第三节。

持生计。

　　苛政和迫害诱发节俭性贸易的情形比比皆是,当人们被迫逃往沼泽、孤岛、海边低地乃至礁石时便是如此。提尔、威尼斯以及荷兰的许多城市,都是这样建立起来的。逃难的人可以在那里获得安全,他们要活下去,只能到世界各地去寻找活路。*

　　商人的城邦活动或者经济贸易,[50]并不是起源于个人或者群体的积极选择;人们并不是为了贸易而选择贸易的,对于人的意愿来说,贸易并不是一种天性的目的。人们只是为了活下去才不得不参与经济贸易。人从事贸易不是一种主动的行为,而是被逼无奈的选择;而且人们连贸易的地点也是无从选择的:是海岸线的位置迫使人们从事贸易活动的,这是礁石的安排,是贫瘠的自然的要求。人们能够选择道德吗?也不能。热情、公正、节制、俭省:所有这些品德都是产生于人在不利的环境当中被逼无奈,要活下去。经济贸易,也就是商业,成了一种方法,让道德成为达到必然目的——必然的逃避——的必然手段。

　　我在前边提到过霍布斯对传统的精神哲学及其目的论的批判。他认为,精神道德的意义不是要让人们为了道德而去追求道德,而是要让道德成为人们活下去的手段。孟德斯鸠所描写的商人城邦,在实现霍布斯的理论的同时,也对这一理论进行了审核。的确,我们在前边分析过,希腊好战城邦的道德,也曾被希腊哲学家认为是人的目的,具有普遍意义,但是经过孟德斯鸠的改变,这种道德成了民主这一特殊的政治制度得以维系的手段。但是,如

---

　　* 引文译文参见孟德斯鸠,《论法的精神》,许明龙译,商务印书馆 2016 年版,第 391 页。——译者
　　[50] 孟德斯鸠把所谓的贸易与建立在多余欲求基础之上的奢侈贸易相区别。

果说在好战的城邦当中，政治团体的存在和组成这一团体的个体的存在，如果说这两者之间并不吻合的话——这两者甚至倾向于互相排斥——，在商人的城邦当中，政治团体的产生和存在的原因，则是个体想使自己活下去的愿望。好战城邦的公民知道，只有献身才是道德的行为；而对于商人城邦的公民来说，所谓道德行为，就是能够活下去。但是不管在哪种情况之下，道德和激情的结构都在于生存需求的变化，在于这种需求对个人或者政治团体的生存所产生的影响和决定性作用。

好战的团体要想生存下去，经常会牵涉个体的牺牲。我们在分析道德时已经看到，这种奉献，正如僧侣的奉献一样，可以成为欲望，或者成为一种不可遏制的需求，一种“激情”的对象。正是在与此类似的结构当中，孟德斯鸠看到了战士城邦所特有的欲望，也就是人们获得光荣的期盼所产生的推动力：“对于那些除了生活必需之外不再索取任何其他东西的人来说，国家的光荣和个人的光荣便是他们唯一的期盼。”(51)* 好战的公民通过牺牲天性而追求的光荣，就是作为动物的人在饥渴时还余下的期盼。

那么，我们是不是可以说，商业活动与对光荣的热爱和对法
律的服从相反，是上述欲望和饥渴的延续，商业的活动自发地，或 60
者至少是理性地表达了这种欲望和饥渴呢？总而言之，商业活动是不是社会人的真正天性的活动呢？孟德斯鸠是不是在表明这一点的同时，与赞佩这种学说的贡斯当站在一起了呢？不对，因为我们突然得知，贸易的目的——使贸易成为必然的和有益的东西的原因——从根本上来说，不是天然的饥饿，因为人饿了，会在贫瘠的大自然中寻找食物；导致贸易的原因是“苛政和迫

(51)　《论法的精神》，第七章第二节。我们还记得孟德斯鸠所说的僧侣的道德：“余下的还有他们对折磨他们的规则的热爱。”

*　引文译文参见孟德斯鸠，《论法的精神》，许明龙译，商务印书馆 2016 年版，第 117 页。——译者

害”，也就是说，是人的某些行动。正是为了逃避“苛政和迫害”，人们才躲在了——这是孟德斯鸠说的——马赛，并在那里开始做生意。

开始从事经济贸易的人，建立了商人城邦的人，是一些被排斥的人，一些被流放的人，一些逃难的人；他们已经没有生存的领地；现在，他们争得的，不是一片新的领土；他们是在最后关头踏上了一片岩礁。贸易活动的特点恰恰是贸易没有特有的领土，贸易也不需要特有的领土。通过作为手段的贸易，那些死里逃生的人把全世界都变成了自己的领土。因此，商人的城邦，比如提尔、威尼斯或者荷兰的一些城市，是一些特殊的乃至奇怪的政治团体，其运行的法律可以说与其他政治团体的法律相反。

正常情况下，政治团体是由边界划定了界限的，边界成了政治团体的第一定义；这样的政治团体是从边界内部获得生存的基本需求的，从更加普遍的意义上说，他们从边界内部获得所有的人共同生活所包含的资产：自给自足是城邦生存的条件，但是从十分确定的意义上说，自给自足也是城邦生存的目的。(52) 然而对于商人的城邦来说，情况正相反，人们的生存得之于政治团体的外部；或者更准确地说，在此之前，内外的区别具有决定性的重要性，但是贸易活动却使内外的区别丧失了其重要性。因此，孟德斯鸠才十分严格地说，商人城邦的生存得之于“全世界”。另外，政治团体一般是经过建立、巩固和改革的，以便能够保卫其公民不受敌人之害；而在商人的城邦里，防卫的本质就是逃跑。孟德
61 斯鸠所描写的建立在经济贸易基础上的政治团体，从某种意义上说，对于到目前为止绝大多数都在寻求保护的那些人来说，具有否定的意义。正是与传统的政治团体不可分的暴力导致产生了这些新的政治团体。因此，相对于其他的政治制度来说，商人城

(52) 详见亚里士多德，《政治学》，1252 b。

邦的政治制度并不是特殊的制度,商人的城邦赖以生存的人的行动逻辑,与主宰一般政治的逻辑不同。

这样一来,我们在前边提出的形式说明便开始有了内容,[53]而且根据这一说明,孟德斯鸠想让人明白的是,即使在他建立的、从根本上是全新的制度分类方法当中,也无法将英国的制度包括进去;由此,他摆在"我们眼前"的就是,政治领域不能适当地,也就是说,完全地被一种对制度的分类方法所包容,不管是什么样的分类方法。分类方法的前提是,政治问题是统一的,因为政治问题可以有多种解决的办法,这些解决办法当中组合了相同的元素,而且解决办法的标准是不一致的,常常也是相互不兼容的,却在理性的讨论和评价中变成了相同的东西。[54] 然而,对商人城邦的分析让我们看到一种特有的精神、社会和政治运行,这与其他始终具有好战倾向的政治团体的运行从本质上是不同的。我们在这里所面对的,并不是"两种政治制度"(deux régimes politique,两种不同的政治制度),而是——我们很想说的是——"政治的两种制度"(deux régimes de la politique,同一种政治的两种不同的制度)。

政治的另一种制度,人的行动的另一种逻辑,可以用下面的方式确定其特点:通过躲避罪恶,可以比通过寻求正确的方法更可靠地在政治上取得更好的结果,哪怕是在"合乎道德"的城邦(cités vertueuses)里。在试图直接地、天真地实现善良的城邦、符合法律道德的城邦、具有最好的制度的城邦的同时,人将一些太过于艰难的限制强加给了自己——他们让自己的天性"忍受折磨"——,让自己不得不过着战争的生活,以反对其他的人或者反对自己的天性。人可以得到的最大的好处,是他们能够从落在自

---

[53] 详见前文第四节。
[54] 详见后文第五章从第六节到第十节。

己身上的罪恶中获得的好处。

十五

但是,商人城邦的出现难道就是贸易的出现吗?无论如何,商人城邦所证明的贸易的好处,只能存在于传统的好战政治当中,也就是一般的政治所导致的普遍暴力的夹缝中,而且为了自身的生存,似乎是依赖于这种暴力的。这样一来,我们能够设想使贸易及其好处成为普遍化的东西吗?这会不会注定是少数城邦因其地理条件而具有的特殊之处呢?孟德斯鸠的回答是无可怀疑的。贸易的好处可以普及。甚至还不止于此。贸易及其好处的普及是欧洲历史的一个有益的因素。这一点在《论法的精神》的一节中有说明,这也许是最重要的一节,题目就是:"贸易如何冲破野蛮出现在欧洲"。[55]

问题的出发点是哲学和神学的一个有关伦理的"课堂问题":一个有息贷款的问题。有息贷款是受亚里士多德和经院传统谴责的。在孟德斯鸠的心目当中,他们的谴责是荒谬和有害的。"因为,每当一项理应或者必须获得准许的事业遭到禁止,从业人员总是会被扣上不可信的帽子。"在这里,他没有明确说有息贷款是不是"必须的"或者"理应准许"的。在专门论述这一点的章节里,他指出说,这种办法是必须的,而且如果不能用低息借到,那也要用高利贷借到:"社会的各种事物在发展"[56]。孟德斯鸠并不否认宗教有可能正当地对有息贷款做出特有的、否定的评判,但是宗教的评判只能是劝人行善的训诫,而不是作为实际的有可能通过法律来宣布的谴责:"借钱给人而不索取利息当然是善举。

---

[55] 《论法的精神》,第二十一章第二十节。
[56] 同上书,第二十二章第十九节。

不过，大家觉得，这只能是宗教的训诫，而不能成为民事法规。”因此，从某种意义上说，从有息贷款我们可以看到孟德斯鸠伦理哲学的一个关键性的经验，因为你越是禁止一件事，它就越是厉害，我说的是高利贷。他正是在谈到高利贷时写道：“为善的极端法律产生极端的罪恶。” 63

让我们再回到前面提到的那一章中来。禁止导致了耻辱，因而有息贷款，或者更准确地说是高利贷，变成了善于积攒财富的犹太人的特有之物。犹太人又引起君王的觊觎，于是他们的财富便经常被剥夺，也就时时成为残忍的暴力的受害者。孟德斯鸠继续说：

> 不过我们看到，贸易渐渐摆脱了压榨和绝望，先后被一个又一个国家逐走的犹太人，终于找到了保护财产的办法。从此他们便不再身无立锥之地，因为，尽管君王们都嫌弃他们，但是，却没有一个君王愿意因此而舍弃他们的钱财。
>
> 犹太人发明了汇票，这个办法使贸易得以在各地维持下去而避免使用暴力，最富有的商人也只拥有无形的财产，这些财产可以汇到任何地方，在任何地方都不留痕迹。*

我们看到，商人城邦不受暴力之苦，因为它们建立在“沼泽、孤岛、海边低地乃至礁石”上。商人城邦先是藏起来，然后又变得对别人有用，最后成为人们必不可少的东西。中世纪的犹太人没有闲暇来建立这样的城邦，即使是在最不适合人居住的地方。于是，他们想到一个办法——汇票(57)——，以让他们的财产不留痕

---

* 引文译文参见孟德斯鸠，《论法的精神》，许明龙译，商务印书馆 2016 年版，第 446 页。——译者

(57) 孟德斯鸠在《思想笔记》(前文所引作品，手稿 77)中写道：“令人感到惊奇的是，人们竟然是在不久之前才发明了汇票，虽然这是世界上最有用的东西。”

迹；于是他们就像商人的城邦一样，是在任何地方，或者可以在任何地方，而他们的财富又在任何地方都不留痕迹。汇票的发明使得贸易不受界限的限制；贸易不再是某些特别的城邦的特殊活动；每一个从事贸易的人都像躲在海湾深处的马赛一样，或者像孤岛上的威尼斯一样，变得不可战胜。由于汇票所带来的翻天覆地的变化，贸
64 易从今往后成为可以普及的了，而且变得越来越普及。

与一般的有边界、有君王和军队的政治世界相比，商业是一种“另外的世界”，它是没有痕迹的，没有领袖，没有领土，或者说其领土就是整个天下，它没有供它驱使的、行施强制性作用的实际力量，但是，它永远在使用某种措施，强迫政治君王们接受它的法则。在它与政治世界的关系当中，它从行为上让人觉得它是宗教世界，让人觉得它与宗教世界相似。然而，即使它具有宗教所有的或者应该有的良好效果——它让国民和君主的习俗变得温良——，但是它没有宗教所产生的那些坏的效果：它不会建立第二种王权，从而“分裂”人的生活；它不会孕育幻觉，恰恰相反。(58)在宗教“踏破铁鞋”的地方，商业却“得来全不费功夫”。

以下是孟德斯鸠如何得出欧洲历史的教训，并进行讥讽的：

> 因此，我们应当把贸易被毁所带来的一切恶果，全都归咎于神学院修士们的无稽之谈，而超乎君王权力之外的那个东西之所以能够确立，则应归咎于君王们的贪婪。*

这是要确定什么东西能够保护，什么东西能够挽救。其结果我们看到了，由此而产生的恶比善更多。

---

(58) 详见本章前文第十四节。

* 引文译文参见孟德斯鸠，《论法的精神》，许明龙译，商务印书馆 2016 年版，第 446—447 页。——译者

孟德斯鸠在分析欧洲历史的同时,让我们看到人的世界是分成两种行为体制的。人们或者寻求善,但是这种追求会遭遇必然性,就会产生恶:"为善的极端法律产生极端的恶";或者人们逃避恶,而这种逃避利用必然性——我们怎么能不逃避想杀死我们或者剥夺我们的财产的人呢?——产生了善。必然性腐蚀善,但是纠正恶。因为必然性总是在人群中产生影响,所以最公正、最有益的行为体制远不是通过肯定善良、不断地抬高最好的行为来羞辱它,而是谦逊地让必然性成为自己永久的同盟,并从其取之不尽的力量当中得到好处:人们永远会逃避痛苦和死亡,这种逃避是永恒的。

的确,有益的行为体制源自毁灭性的体制所产生的结果:经院派哲学家崇高的思辨[59],在破坏了古代贸易的同时,导致了社会的解体和暴力,社会的解体和暴力又导致产生了汇票,并因此而导致出现了现代的贸易。但是,人类并不是注定了非要无限期地体验眼前的或者迫在眉睫的恶,以找到可以接受的善的手段。一旦发明了巧妙的支付方法,从某种意义上说,贸易就可以变得无懈可击。这就启动了一种机制,代替了通过善与恶没完没了的交替或者循环的进步螺旋,或者因素。你看,孟德斯鸠对这一机制可持续的效果是有信心的,而且他的信心是多么具有感染力啊:

> 从此以后,君王们在治国时不得不比他们自己所想象的稍为聪明些,因为事实表明,单纯依仗权威总是显得那么笨

---

[59] 在《向神学院提交的回答和解释》(*Réponses et explications données à la Faculté de Théologie*)中,孟德斯鸠写道:"巴斯勒的法律保护无限期收取利息,而且不管在何种情况之下。列翁皇帝制定了另一条法律,其中颂扬他父亲的法律有多么美好,多么崇高;但是他说,父亲的法律引起了极大的痛苦。借贷于是在全国被中止,整个帝国因此而痛苦不堪,他不得不废除了这条崇高的法律,只是把每年的高利从 12％ 减少到 4％。"(参见《孟德斯鸠全集》,"七星文库"版第二卷,R. 凯卢瓦(R. Caillois)编,巴黎:伽利玛出版社,1951 年版,第 1186—1187 页)

拙,以至于得出了一条公认的经验,那就是:只有施行仁政才能实现繁荣。

于是,人们开始纠正不择手段的做法,而且一天比一天见效……。

对于所有的人来说,当他们激情迸发想要干坏事时,利益却提醒他们别这样胡作非为,倘若能够生活在这样的境遇中,那当然就是幸福。*

因此,人们可以相信贸易,贸易的效果是累积的,而且在注意人世的事物如何发生变化的观察家心目中,这是值得特别推荐的贸易的特点。随着看不见的财富网络不断扩大和巩固,随着亚当·斯密即将称之为"天性的自由系统"(the system of natural liberty)的发展,君王们明白,他们做恶的动机慢慢被削弱了。罪恶变成了错误、行为失当、冒失,犯罪的事越来越少见。一旦汇兑崩溃,或者信贷发生了停滞,有罪责的君王立刻就会受到公平社会的排斥:他很快就会悔过。

我们看到,"事实",也即现代经验的"实际真理",向君王们提供了其他的建议,与"他们自己能够想到"的办法不同,也与马基雅维里能够向他们提出的方法不同。马基雅维里敦促他们主动采取"权威的重大措施",让他们"实施"(esecuzioni)能够让公民或者国民"感到满意和惊愕"(satisfatti e stupidi)的措施。[60] 然而,现代君主采用这种办法的越来越少了,不是因为他们比早先的君主更讲道德,而是因为他们越来越关注自己的利益;或者更准确

---

* 引文译文参见孟德斯鸠,《论法的精神》,许明龙译,商务印书馆2016年版,第447页。——译者

[60] 马基雅维里,《君主论》第7章;以及哈维·C.曼斯菲尔德(Harvey C. Mansfield),《驯化君主》(*The Taming of the Prince*),纽约:自由出版公司,1989年,第121—149页。

地说,事实上,"这样一来",如果他们的行为差不多是正直的,那他们比先前的君王会得到更多的好处。

因此,君王的利益,或者必然性,在孟德斯鸠时代所操的语言与马基雅维里时代是不一样的。马基雅维里认为,"对于想保存实力的君王来说,必须学会不发善心,要根据必然性,决定使用或者不使用善心。"㉛君王不仅要学会不发善心,还应该"在必要的时候知道怎么做恶"㉜。当马基雅维里式的君王放弃做好人时,或者决定做恶人时,他所服从的,只是保存实力的必然性。然而,也许必然性有时候令君王去压迫人,乃至去杀人,但是必然性永远让国民,至少是让国民当中的某些人,让那些实际的或者潜在的受害者,尽力避开压迫。从各个方面来说,避开死亡或者痛苦的希望都具有普遍性,而且无疑也比杀人的必然性,比折磨人的需要更加不可遏止。贸易可以从这种不平等的必然性当中取得效果,并将效果普遍化,从而使其成为制度

我在上面说过,孟德斯鸠尽一切努力阐明贸易的积极效果,但是他并没有指出贸易的最初源头是什么,贸易在人的心灵中的天性动力是什么。㉝ 我们还可以把话说得更加明确一些。他从来没有把贸易描写成是一种积极的天性期盼的表达,不管是贡斯当谈到的拥有的欲望,还是改善境遇的欲望(the desire of bettering one's condition),亚当·斯密认为,正是因为有了这种欲望,改善的力量才最终变成了无可抵御的力量,也正因为如此,欧洲的历史才有了意义。㉞ 从其本源上说,人们之所以期盼贸易,需要贸易,并不是为了贸易而贸易,而是因为,贸易是一种逃避死亡或者

㉛ "Onde e necessario a uno principe, volendosi manternere, imparare a potere essere non buono, e usarlo e non l'usare secondo la necessità"(《君主论》,第十五章)。

㉜ "... sapere intrare nel male, necessitato"(同上书,第十八章)。

㉝ 详见前文第十四节。

㉞ 详见后文第三章第一节。

痛苦的手段。贸易的源头就是对死亡和痛苦的恐惧，就是对死亡和痛苦的逃避。当然，除了这种最原始的冲动之外，可以说，在这种冲动的驱使之下，对尘世财产的天性欲望，正如贡斯当后来很自然地说的那样，对"享受"的欲望，或者是孟德斯鸠已经提到的对"舒适生活"的追求⑤，都从广泛的意义上得到了充分的发展。但是，考虑到所有因素的同时，必须注意不能让贸易成为人的心灵在基本天性上的期盼对象或者计划。

这样一来，导致欧洲历史的发展并确定这一历史发展方向的，便是一种并没有立即或者直接扎根在人的天性当中的过程。孟德斯鸠认为，人并不是会做生意的动物，好比亚里士多德说人是政治的动物一样。在这一点上，人身上所发生的有益之事，只是间接地与人的天性产生关联。这种领会或者解释，规定了孟德斯鸠是在何种条件之下，承认此时此刻、现代时期、历史所拥有的权威的。

十六

我们现在应该综合地考察关于政治、行动、人的生活的两种重要体制，孟德斯鸠认为这两种体制有着极其深刻的差别，或者说他在这两种体制之间引入了极其深刻的差别。

到目前为止，我想说的是，在18世纪之前，从根本上说，欧洲人是生活在道德制度和法律制度之中的，所谓道德，包括公民道德或者基督教道德，而法律要求人们拿自己的生活去冒险，或者使人的天性遭受磨难。欧洲人越来越倾向于生活在贸易和自由的制度之下，这种制度的活力来自于人要摆脱死亡和痛苦——摆脱必然性，并因这种欲求而得以维系；欧洲人越来越多地站在了

---

⑤ 《论法的精神》，第二十五章第十二节。

现代经验的一边。

我们已经看到,这两种制度可以被描绘成这样:在第一种制度当中,人的行为动力是寻求善,因此也就是愿意让事情变得更好;在第二种制度当中,人的行为动力首先是、主要是逃避恶。显而易见的是,这两种可能性是"写在人的天性当中"的:每个人每一天都有无数次行善和作恶的机会。但是准确地说,如果我们根据天性的观念确定行为方向,那么我们不会明白,人的天性何以会有两张如此不同的、几乎是相反的面孔,人的天性何以会变得与其本身的差别如此之大;这两种可能性从性质上说,是持久性的,它们分别地、交替地确定了人类经验的先后两个时期,先后两种制度的特点。既然这两种同样属于天性的可能性是先后出现的,因此也就是互相排斥的,所以不能被归结为天性的统一,因为看起来,天性是被更加强大的可能性所改变和控制的。因此,两种可能性通过其相继的出现,通过由其形成的"历史",说明天性的思想是不对的,也就是说,以这一观念作为背景的经典哲学是不对的。这样一来,孟德斯鸠便不能严格地回答下面的问题:在法律的制度和自由的制度之间,哪一种更符合人的天性?他不必回答这一问题。关于人的问题已经不再以这种形式提出了。

人们也许会说,这些理论上的考虑太过于审慎,而实际上,一切都让我们觉得,回答其实是又美好又干脆的:旧的制度压抑天性,人的天性获得了解放,因此对新的制度感到满意。这种感觉具有欺骗性。孟德斯鸠之所以把学说建立在十分连贯的进步的观念之上,也就是我们在本章试图阐述的观念之上,那是因为他放弃了一切关于"进步"的天真想法;尤其是,他以冷静的目光观察人的天性可以在英国得到的满意之感。英国制度的推动力,是对恶的"不耐烦"。因此,英国人觉得一切都是"不可忍受的",他们与"很多没有这种感受的国民在一起",是多么不幸福啊。⑯ 现代的自由不是由好的和更好的事物的吸引力所驱动的，而是由一种"精神的推动力"（vis a tergo）所驱动，也就是由对恶的恐惧感，由"对罪恶的感觉"所推动的，不管罪恶是真实的，还是想象的。对于地球上最自由的人民的境况，孟德斯鸠是这样描写的："奴役总是从睡眠开始。但是如果一个人民在任何境况之下都不能休息，头脑在不停地运转，而且觉得浑身上下哪里都疼痛，那他是无法睡觉的。"英国的自由就是由于神经过敏而无法睡觉的人民的警觉性。我们可以很容易地赞成的一个观点是，幸福可以满足于更"有节制"的自由；但是这种自由与法国的君主制不同，总是受到专制政治——这种对人的天性的侮辱——的威胁。专制政治是君主制逃不脱的命运，如果人们想真正地废除专制政治，那就必须接受"极端自由"的境况。因此就必须接受贸易和自由的精神效果，而这些效果并非都有利于天性之人的伟大和幸福。⑰

应当考虑这一反对意见，这是进步主义的常识对进步的严格学说提出的反对意见。我们现在可以试图进行一下综合，这是本段文字的目的。

道德的制度或者法律的制度就算可以被说成是"有违天性的"，那么严格意义上自由的制度也不能被说成是"符合天性的"。天性不是使人的生活的各种可能性得以统一的因素。根据与天性的符合程度不同而分类的政治制度，也就让位给了相继出现的两种重要的制度，那就是法律的制度和自由的制度；从现在开始，再把这些制度称之为政治制度，那是与时代不符的，把它们称之为历史的制度，则显得自然而然：这两种相继出现、互不兼容的制

---

⑯ 《论法的精神》，第十四章第十三节，第十九章第二十七节。
⑰ 同上书，第十四章第十三节，第十九章第二十七节，第八章第八节，第二十三章第十一节，第五章第十五节，第十三章第十七节，第二十章第二节。

度正是在历史而不是在天性元素当中得到了统一。揭示这一新元素的现代经验,不仅仅是贸易和自由的效果的经验,也是它们之间相互不兼容的经验,也就是新的元素自身的经验。这种经验时刻与过去分别开来,按照一条重复这一分别的线,分开了现时的世界和将来的世界;经验发现,在人的生活这块细密的织物上,善与恶之间有一条缝隙穿过,使得生活的两种可能性分分合合,一种可能性是追求不确定的、有可能会腐败的善良,另一种可能性是尽可能贴近必然性,竭力摆脱它事先有条不紊地有了感性了解的罪恶。一方面是追求善,加入善的行列,并使自己得到改善;而与此相对立的、继之而来的另一方面,则是对罪恶的紧急逃避,以将自己置身于安全和自由之中。

所谓恶,有可能是死亡,或者痛苦;也有可能是,而且主要是简单的不适感,恶的效果归结起来就是这种感觉:所有的恶难道不都可以归结为这种需要摆脱的不适感吗?这是道德和精神的一种姿态,像物理运动一样有力而简单,以转移法律和善的视线,而法律和善为了将自己整个暴露在不适的痛苦压力当中,为自己提出了"精神的推动力",并在这种推动之下,在越来越自由的空间向前走。现代人决心有条不紊地完成所有必须的步骤,将自己从不适感——包括饥寒感和罪恶感——中解放出来,现代人在自己身前所看到的,都是他用于解放自己的工具或者障碍。再没有其他实质性的东西能够吸引他的注意力,能够阻止他前进,不管是法律还是善,不管是原因还是目的。

僧侣不知道自己的僧舍是"不舒适"的。他有可能被冻死,但他不会因此而停止祈祷。这种事不会发生在我们说的现代人身上。他的第一个想法就是点起一堆火。这就是现代经验紧急处置方法的简单变换和解放的姿态。随着现代经验范围的扩大,并变得越来越有锋芒,既定生活的所有元素都显得越来越顺应与天性相反的法律,家庭和城邦越来越显得像一间僧房。谁想为自己的过错赎罪,谁此时此刻就想摆脱负罪的不适感。因为最高的不适感就是法律让人产生的感觉,法律让人痛苦,法律与天性作对。谁实现了紧急处置方法的变换,谁不再喜欢法律给人的急迫感,⑱ 谁就会觉得法律是与死去的东西,与悲惨的东西站在一起的,让他感到不便,让他生气,让他不知所措,也让他想躲开它;他会逃避法律。逃避法律与不服从法律是完全不一样的。不服从法律是人的行为,逃避法律是现代人的行为:这种逃避就是他的经验。

因为现代人心中连续不断地体验到两种精神态度,两种有先有后、互不兼容的关注和意愿,于是他虽然没有明言,却不可遏止地得出结论,认为两种不同的人性,旧的人性和新的人性,是先后出现的,而且是互不兼容的;因此自我意识、现代存在的意识,就是对这种分裂所产生的意识。当这种意识被明确地、客观地提出之后,它便归结说,两种不同的、互不兼容的、先后出现的人性是由一种元素包容和承载的,这种元素既不是天性,也不是法律,它是所有先后出现的事物之母和总和,它就是历史。

但是,把历史客观化,肯定历史是最终的元素和包容物,这样做,会不会使现代经验歪曲天性(dénaturation)呢?现代经验作为分裂的经验,难道不是在双重的否定当中得到表达了吗?对历史的一切肯定都会于突然之间,使双重否定的联系和变换变得模糊不清。相对于压抑天性的旧的法律,新的制度是对天性的肯定;但是旧制度的前提是对天性的某种解释和肯定,而解释和肯定必

---

⑱　热爱法律的人对执行法律的人用下面的话说:
"我要在你的律例中自乐,我不忘记你的话。
求你用厚恩待你的仆人,使我存活,我就遵守你的话。
求你开我的眼睛,使我看出你律法中的奇妙。
我是在地上作寄居的,求你不要向我隐瞒你的命令。
我时常切慕你的典章,甚至心碎。"

《诗篇》,119,16—20(trad. Osty)

* 中文译文参见灵修版在线圣经 http://bible.jdj.cc/。——译者

然与法律混淆在一起；与此相比较，新制度自以为是纯粹的自由，不会因任何天性目的而受到牵连。现代意识以天性的名义，否认旧制度，否认遵守法律的生活；同时，现代意识也以自由的名义否认天性。恰恰因为现代意识摆脱了天性，这种不清不楚的状况才使共同的意识有了安全感，能够以特殊的方式传播开来：通过双重否定的道德，现代人十分真诚地、十分谦逊地感觉到自己高于一切事物——所谓"一切事物"，指的是法律或天性——，而且首先高于以前的人类。但是现代哲学，在使普通百姓感到激动的进步掩盖之下，不断地忙于揭示越来越彻底的历史性，它会不会被这种总的来说十分明显的两面性所欺骗呢？

第二章 社会学的观点

一

"生活在历史中",而不是生活在天性或者造物之中,也不是生活在法律的控制之下,这种感觉本身就是事实,从某个时期开始,这一事实为欧洲的意识所接受,成为最具决定意义的事实:所有继承来的权威都在这一重大事实的光彩面前显得黯淡无光。什么东西能够抵御得住"现在这个时代的要求"呢?尽管自18世纪上半叶,孟德斯鸠便巧妙而严谨地证实了新权威的身份,但直到革命时代过去之后,到了19世纪,新的权威才为所有的党派所接受。通过孟德斯鸠在"寻找"和"找到"上玩的精致的文字游戏,我们从中已经认识到历史权威这一概念最初的制定过程;从拉马丁在下面的诗中所做的宣告,我们看到新人类的出现显然已经是既定的事实,而且具有神启的巨大魅力:

木已成舟,话语在海上如风般吹拂而过;
混沌在沸腾,并孕育着第二个宇宙,
也孕育着被权杖抛弃的人类,

> 拯救有赖于所有的人,而不取决于任何人!
> 在新的海洋巨大的横滚浪中,
> 在天空和船泊的摇摆当中,
> 在向我们的头上落将下来的巨浪之中,
> 我们感觉到人已经超越了暴风骤雨的海角,
> 冒着雷霆和黑暗,穿过了
> 另一个人类动荡不安的回归线。①

我们可以比较一下孟德斯鸠的文字游戏和拉马丁在诗里的宣告。在孟德斯鸠和拉马丁之间,"历史"一词有了载体和媒介:"所有的人",或者"社会"。希腊人通过城邦的政治制度开始接触并认识了自己的天性,现代人则通过社会开始接解并认识其新的元素,"历史"。当代的社会,现时的社会,这就是历史,它变成了我们所走的道路,成了我们接受的真理,成为我们共同的生活。

的确,在孟德斯鸠的解释当中,贸易已经具有不久将被赋予社会的大部分属性②。然而,它的权威还需要哲学家来宣布和明确表达。而它的好处则是政治应该知道夸耀的东西。③ 它还没有那种战胜一切、不可抵御的属性,而在法国大革命之后,这种属性征服了所有的党派。可以说,贸易仍然拥有文明、谦恭的做派,这是历史和社会——两个大姐(Big Sisters)——永远不会有的。

当贸易说:社会将进入现代生活的中心,谁能准确地知道,它究竟说的是什么呢?对于我们来说,感觉到自己生活"在社会中",这是十分重要的,和"生活在历史中"一样,而贸易正是"生活

---

① 阿尔封斯·德·拉马丁(Alphonse de Lamartine),《东方之旅》(*Voyage en Orient*),巴黎:菲尔涅出版社,1859年,第271页。

② 当亚当·斯密颂扬"商业社会"(commercial society)的时候,从某种意义上说,他为我们提供了中间的环节。详见本书第三章。

③ 《论法的精神》,第二十章第七节。

在历史中"的有效表达。这种感觉在小说里得到了揭示和表达；它导致产生了一种新的科学：社会学。我们在这里就不提小说了，但是我们会尽力深入了解社会学的意义，这种方法或者前景让人们在思考一切问题的时候，都可以说，都不得不说："从社会学的角度来看……"

二

我们知道，社会学这门科学，是在19世纪初人们急于结束革命危机的情况下正式建立的。当时，法国大革命是人类从未经历过的大规模行动，旨在人为地建立一种理性的政治秩序，在这样的秩序当中，人有权拥有的基本自由会得到保障；在这样的情况之下，社会学的任务就是提出社会必然性的法则。因此，法国大革命成了两个政治思想时代的分水岭，两个时代似乎是朝着两个完全相反的方向而去的，正如自由的社会契约观念和社会决定论的观念是完全相反的一样。这种明显对立的原因当然是对法国大革命，对社会解体的一种"反动"，而且人们当时认为，社会之所以解体，是由于个人主义，社会的解体只不过是个人主义的载体。但是，对于社会在革命后所发现的这一反动的方面，或者有时候干脆就是"反动派"④，不能赋予过多的重要性。我们先把反动潮流中那些心怀不满的人放在一边，我们注意到，人们在发现社会和社会决定论时的热情，不亚于在宣告人类的自由和平等时的热情。人们已经不是通过人为地建设自由和合理的政治秩序来追求人类的充分发展——因为人们所追求的永远是这一发展——，

---

④ 我们知道，"反动派"的政治态度产生于对法国大革命的"反动"。所谓的"反动"派，或者"倒退"派，比如梅斯特(Joseph de Maistre)、博纳尔(Bonald)认为，法国大革命以史无前例的狂妄和魔鬼般的方式，疯狂地，而且也是徒然地将人的意愿放在了其社会天性的必然性之上。

而是通过老老实实地理解社会决定论,更加准确地说,是理解人类社会按照必然性的先后阶段而得到的有益发展。在这一点上,卡尔·马克思(Karl Marx)和奥古斯特·孔德(Auguste Comte)是一致的。人类令人满意的、公正的秩序不是自由的结果,而是影响了历史和社会的必然性的结果。

在19世纪,"自由派人士"和"社会学家"都拥护自由,都在关注必然性,他们实际上并不像人们所看到那样是对头。当然,当"自由派人士"以我们知道的艰难和挫折,努力在法国建立能够与英国和美国的制度相媲美的自由的制度的时候,"社会学家"倾向于把自由主义看成是革命混乱的延续。正因为如此,孔德才同意了路易-拿破仑的政变,然后又向耶稣会的领头人提出结盟,反对"西方狂热的无政府主义入侵"。尽管双方的分歧是现实的,是实质性的,但是我们要注意到的是,自由派的人士同意,甚至公开宣称说,从法国大革命中产生出来的新的社会是以最终的形式建立的——只是需要从政治上改善它——已经不可能再回归旧制度,或者从更加普遍的意义上说,不可能再回归不平等的社会;他们认为出现了不可抵御的运动,人类的社会出现了必然的进步。贡斯当、托克维尔或者夏多布里昂(Chateaubriand)虽然是来自各种不同领域的人,但是他们都同样相信,人类的历史有幸受到人类境遇逐渐平等的规律的制约。自由主义认为,历史和社会正在受到不可抗拒的过程的影响,在这个根本性的问题上,它与社会学是一致的。

世纪在前进的过程中,又出现了第三个集团,而且其影响也在不断壮大,那就是社会主义阵营。社会主义者与社会学家和自由派人士一样,认为人类世界的基本元素就是社会,社会与国家从根本上是不同的,而且从更加普遍的意义上说,与政治秩序从根本上也是不同的;有些人甚至预测,政治秩序将来会成为过时的东西。社会主义和社会学在根本上有相近的东西,都表现为"人的联合",因为两种学说都在埃米尔·涂尔干(Émile Durkheim)身上得以实现。

因此,在法国大革命之后,这三种大的政治思想学派——自由派、社会学家和社会主义者——是通过社会的概念互相沟通的,除此之外还有一个观念,那就是社会——我们再说一遍:社会与国家和政治制度从根本上是不同的——是历史之所以不可抗拒和不可逆转的媒介。从这种意义上说,社会学的观点深入和支配着整个现代的政治思想。

三

埃米尔·涂尔干以极其明确的方式,阐述了这一观点的基本假设。我在这里分析的是他1892年的拉丁文论文⑤,在这篇论文中,法国的社会学大师以令人叹为观止的清晰,介绍了社会学的观点和古典政治哲学观点有什么不同:

> 因此,一种社会科学要得以建立,首先必须为它指定确定的宗旨。一开始,要解决这一困难是再容易不过的了。社会科学的宗旨不就是社会的事物,也就是法律、习俗、宗教等等吗?但是,如果我们看一看历史,很清楚的是,在哲学家当中,直到最近一个时代,任何人都没有如此设想这些事物。的确,他们认为这一切都依赖于人的意愿,所以他们意识不到这是一些真正的事物,正如自然界的其他事物一样,都有它们自己的特点,因此也要求有能够对它们进行描写和解释

---

⑤ "孟德斯鸠对政治学的建立做出了什么贡献"(Quid Secundatus politicae scientiae instituendae contulerit)。这一文本经翻译之后,在题为《孟德斯鸠与卢梭——社会学先驱》(*Montesquieu et Rousseau précurseurs de la sociologie*)(巴黎:马塞尔·里维埃出版社,1966年)的文集中发表。

的科学；他们认为，只要在建立的社会中寻找人的意愿应当为自己提出的作为目的东西，或者已经建立的人类社会应该避免的东西，就可以了。所以，他们寻找的，不是社会制度和社会事实，不是它们的性质和起源，而是这些东西应该是什么样子；他们考虑的，不是如何向我们提供尽可能真实的自然形象，而是一个完美社会的观念，供我们欣赏和模仿。亚里士多德虽然比柏拉图更多地关注经验，他提出要发现的，不是共同生活的规律，而是社会的最好形式。一开始，他提出说，社会不能有别的目的，只能通过道德实践，让社会成员更加幸福，而道德实践就是凝思（contemplation）；他提出这一原则，不是作为社会在实际上应该遵守的法律，而是作为社会本应当实行的原则，以让人们完善其自有的天性……。在他之后的其他政治作家不同程度地追随了他。不管他们是完全忽视了现实，还是带着程度不同的关注研究了现实，所有的人都只有一个目的：不是认识这一现实，而是纠正现实，甚至是彻底地改变现实；可以说，现实和过去并没有引起他们的注意：他们的目光转向了未来。然而，所有将目光转向未来的学科，都缺乏明确确定的目标，所以不应当称之为科学，而应当称之为艺术。⑥

　　这段令人赞佩的文字的大意是说，古典政治哲学的观点，甚至一般意义上的政治哲学的观点，"直到最近一个时代"，都是一种积极的或者是实践的观点。亚里士多德所肯定的，正是这一点，比如在《尼各马可伦理学》的一开始。⑦ 然而，涂尔干认为，社

---

　　⑥ "孟德斯鸠对政治学的建立做出了什么贡献"这一文本经翻译之后，在题为《孟德斯鸠与卢梭——社会学先驱》的文集中发表，见于前文所引涂尔干的作品，第29—31页。

　　⑦ 《尼各马可伦理学》，1094—1095。

会科学要想真正成为科学,要想成为真正的、纯粹的科学,就必须成为纯粹的理论。社会学的任务不是描写我们所希望的政治秩序,或者最好的制度,涂尔干以颇有启迪的方式称之为"最好的社会形式",而是确定、定义社会的种类或者类型,并将这些种类或者类型进行分类。涂尔干不能否认的是,亚里士多德从很大程度上对人类群体的各种不同形式进行了尽可能准确和完整的分类。他在文章稍后一些地方明确地说,亚里士多德将各种不同的社会与不同形式的国家混淆了,而他拿来分类的,只是不同形式的国家,将涉及道德、宗教、贸易、家庭的东西统统混在了一起。然而,这些元素与社会的性质有着深刻的联系;它们甚至是生活的材料,因此也就是社会科学的真正材料。⑧

国家与社会完全不同,但是实践的观点和对国家的排他性的关注是有密切关系的。哲学家尤其关注的是国家,或者一般意义上的政治,因为他们认为政治领域是人类活动和人类创举的特有场所。⑨ 然而,这是一种"迷信",而且哲学家、政治家和一般公民都有这种迷信。似乎只有社会学家没有这种迷信。究竟是什么迷信呢?可以说,是人们相信,人的行为可以成为原因,或者导致因果关系,相信人有能力导致产生新的、无法预见的事物。实际上,涂尔干说,社会生活发展的规则是不以人的意志为转移的。否则的话,就不可能有什么社会科学:"一切作为科学材料的东西,都应该拥有其特有的、稳定的性质,而且都能够抵制人的意志。"⑩使人之所以为人的东西,是具有偶然性的;而社会学家所要理解的东西,是具有必然性的。

社会学家作为学者,会发现一些必然的规律,可与自然的规

---

⑧ 见于前文所引涂尔干的作品第36—37页。
⑨ 同上书,第39—41页。
⑩ 同上书,第41页。

律相比拟。但那是什么规律呢？是支配什么东西的规律呢？因为人的意愿和行动只能导致偶然性,这些规律只能是人的天性的规律,而且我们应当认为,人的天性是通过人的想法和行为表现出来的。这些规律是另外一种性质的,是社会的性质的规律；也就是社会的规律。⑪

　　埃米尔·涂尔干引领我们进行了决定性的观察。社会学可以建设成科学,可以与自然科学相比拟,可以并行于自然科学,它的研究对象不是人的天性,而是其他的东西,它断然拒绝将人的天性作为自己的研究对象。它要把人的天性放到一旁,它也应当把人的天性放到一旁。社会学不久将被人们称为"人的科学"；作为科学的社会学,只有拒绝成为人的天性的科学,才能存在。

四

　　如果把我们知道的东西归结起来,我们可以说,古典的政治哲学,也许是从其本来意义上所说的政治哲学,是从行为者——普通公民或者国家领袖——的观点出发,从实践的观点出发的,而社会学采取的,则是旁观者的观点。旁观者的观点是纯洁的观点,是科学的观点,因为社会学认为,一个或者多个行为者的行动原因不在于其自身,而且认为,他们的行动,或者他们的行为结果是由必然原因所导致产生的必然结果。这就是社会学的原始推动力,这种推动力决定了社会学的整个历史。

　　个人所做的事,个人的意志所产生的结果,用涂尔干的话

---

　　⑪ 见于前文所引涂尔干的作品第 50—54 页。亦请参见《社会学方法的准则》(*Les Règles de la méthode sociologique*, 1895)中专门论述"社会事实的解释"的第五章第二部分,巴黎:法国大学出版社,第 13 版,1956 年,第 97—111 页。

说，是"具有偶然性的"，是"反复无常的"，或者是"无关紧要的"，不仅没有真实的效力，没有作为原因或者产生原因的能力，而且是缺乏理性的，不适合放在真正可以理解的，也就是科学的背景当中。一切理性都集中在旁观者的目光当中，集中在社会学家经过训练的目光当中，作为力量的社会的一切效力，也在社会学家的目光当中，而作为力量的社会从根本上是与组成社会的实际的个体行为者不同的，是独立于个体行为者的。理性或者科学是在社会学里；力量或者原因是在社会当中。社会学家观察社会：这就等于是理性与力量或者原因的结合。任何重要的东西都逃不过理性和原因结成的联盟，在人的反复无常的天性主导的个人无意义的混沌和嘈杂声中，这一联盟宣告了真正的秩序。

当然，在我们生活的混乱当中，社会的或者精神的因素，公民，一家之父，独身者，快乐的寡妇，游泳教练，哲学家，盗贼，每个人都出于某种原因而完成某些行为。每个人都是一种力量或者一个原因，都由于某种动机而产生某种行为。在每个人的身上，不管是恺撒还是我家的邻居，原因和理由都是有的，而且都交织在一起。社会学家犀利的目光能将这一团乱麻梳理开来。一切理由都要得到社会学家的分析，或者至少是得到从社会学观点出发的分析。一切力量、一切因果关系都归因于社会。其结果自然而然地就是，一边是社会学家的描述或者证明，另一边是真实的人们（不管是恺撒还是我家的邻居）的体验，这两方面之间的关系并不是很大。在社会学家的理由或者原因当中，真实的人们根本看不到他们的动机。

社会学家不可能注意不到这种困难，他们的学科中有很大一部分内容就是致力于解决这一困难的，或者至少是绕过这一困难。自称为"方法论的个人主义"(individualisme méthodologique)的困难,便尤其是这种情况。在这方面,马克斯·韦伯(Max Weber)的努力无疑给人留下了深刻的印象。⑫ 马克斯·韦伯想确保,甚至加强观察者或者旁观者的科学的观点;这种观点只考虑因果的客观联系,同时也承认现实中的人,在各种可能的行动中做出选择的,并产生实际效果的个人的经历,他在想什么,他想要什么。对于现实的个人,马克斯·韦伯庄严地承认其"价值"。

但是,在探询社会学为克服其原始的障碍而做出了哪些努力之前,我们首先应该知道,为什么社会学最初的计划,一下子便使这一科学远远地离开了似是而非的表象;而后来,社会学怀着热切的愿望,费尽九牛二虎之力,又想重新征服这种表象。过分地依靠"方法论"是它的特点,而且这种特点后来也扩展到了其他的"人文科学"领域;这首先是因为一种双重的矛盾运动:有意地而且是突然地远离一切与现实有密切联系的东西,以保持科学的距离和高度,然后又同样是有意地、突然地回到现实中来。涂尔干给了我们一个宝贵的说明:"要么社会的事物与科学无法比拟,要么这些事物由主宰宇宙其他部分的同一规律所主宰。"⑬事实上,我们可以把社会学的规律设想成与自然的规律是一样的,或者是类似的,也可以把它们设想成完全不同的,这样做,正是为了保持距离,以提出社会学的观点所形成的因果规律。社会学家把社会作为原因来认识,同时得出有关社会性质的规律。如果不仔细考察什么是社会学规律的概念,我们便无法更加深入地研究。在这

---

⑫ 菲利普·雷诺(Philippe Raynaud),《马克斯·韦伯和现代理性的困境》(*Max Weber et les dilemmes de la raison moderne*),巴黎:法国大学出版社,第二部分第二章,1987年。

⑬ 前文所引作品第38页。亦请参见本章第三节。

个决定性的问题上,涂尔干向我们做出了说明,我们的向导应该是孟德斯鸠,是孟德斯鸠第一个把规律的概念放到了社会科学中心的地位上⑭。

五

因此,让我们再一次转向孟德斯鸠。从《论法的精神》序言开始,我们便可以看到:

> 我首先对人进行了研究,我认为,在千差万别的法律和习俗中,人并非仅仅受到奇思异想的支配。
>
> 我提出了一些原则,于是我看到:一个个各不相同的实例乖乖地自动对号入座,各民族的历史只不过是由这些原则引申出来的结果,每个特殊的法则或是与另一个法则相联,或是从属于另一个较为普遍的法则。*

孟德斯鸠的出发点是人类事物的"千差万别"。这的确是社会学的出发点,也是一般人文科学的出发点;有关人的任何事,对这些学科来说都不是无关的;比如这些学科不会迟疑于研究"上奥雷诺克地区阴茎套的象征意义",或者"乍德湖畔的无限的感

---

⑭ 奥古斯特·孔德已经这样认为:"这部令人难忘的作品《论法的精神》无可辩驳地证明,作品的著名作者显著地高于当代的所有哲学家,其主要力量的特点,就是作品中让人感觉到占主导地位的趋势,从今往后就是要把政治现象设想成也同样必然受制于不变的自然规律,与所有其他的现象一样:从作品的一开始,在作为开场白的一章中便明显表现出的倾向性,自从人的理性最初产生的飞跃以来,关于规律的普遍观念第一次针对所有的主题,甚至也包括政治,终于得到了正确的定义。"《实证哲学教程》(*Cours de philosophie positive*),第四十七课。

* 引文译文参见孟德斯鸠,《论法的精神》,许明龙译,商务印书馆2016年版,第3页。——译者

觉"。涂尔干责备亚里士多德,社会学家责备哲学家,说他们只关注一般意义上的人,或者一般意义上的天性,"完全忽视"了人的事物的"现实",而人的事物的现实有着无限的多样性。这一批判的主要精神就是认为,哲学以及哲学对一般事物和具有普遍性的事物的研究所表达的,只是一个特殊的社会,比如"西方的技术",的确与亚马逊的南比夸拉(Nambikwara d'Amazonie)和爪哇的三宝垄(Semarang de Java)一样特殊。但是,人们经常忽视的,在我刚才援引的孟德斯鸠的文字当中特别清楚的一点,那就是社会学家之所以强调这种多样性,只是为了很快就把它消除掉:经过科学的研究之后,特殊的事实,虽然一开始显得具有很大的多样性,实际上不过是普遍规律的一些特殊个案。可以说,多样性之所以如此吸引社会学家的关注,是因为多样性使社会学家感到气愤吗?或者社会学家之所以肯定多样性,只是在与哲学家展开的争论当中,手里掌握一件论战的工具吗?无论如何,我们要把社会学家的研究分成两个不同的阶段。在第一个阶段,他指出并强调人的多样性,以消除哲学家所奢求的普遍性的一切可能;比如哲学家声称能够提出人的天性的基本特点,或者人的境遇的首要联系;在第二个阶段,社会学家又废除了多样性,或者消除了多样性的一切实质内容,同时提出了所有控制着人类社会运行的个案都遵循的普遍规律。

　　从哲学过渡到社会学,我们并不是从抽象而单调的普遍性过渡到具体而多样的现实,我们是从普遍性(universel)——作为人的天性,或者境遇,或者"存在"——过渡到一般性(général),而一般性是个别案例所服从的规律。特殊的现实是这一过渡的枢纽:特殊的现实与普遍性相对立,因而变成了需要一般性规律的特殊个案。现实之所以可以起到枢纽的作用,是因为它与哲学的普遍性所保持的关系,完全不同于它与社会学的一般性所保持的关系。我们在这里谈到的,不是本体论最麻烦的问题之一,但是我们可以做出以下说明。根据古典哲学,每个人心中都有一个人的世界;普遍性就是人的天性,它存在于每个个别人心中的世界——这里所说的人的世界,包括个体的人,但是也包括行动、行为结果、事件——,当普遍性成为行动的条件,能够产生公正和幸福的特殊效果时,也就是说,当"符合天性"的政治制度得以建立的时候,普遍性便得以完美地、最高程度地呈现。我们可以借亚里士多德的技术语言说,普遍性既是特殊性的形式原因,又是特殊性的最终原因。社会学家发现,个别案例服从于一般规律(loi généarle);根据社会学家的观点,一般性从完全不同的意义上,似乎也可以说是在十分微弱的程度上,成为特殊性的原因。比如,涂尔干认为,孟德斯鸠发现了具有根本意义的规律,虽然孟德斯鸠当时没能严谨地将这一规律表达出来,并看到由此产生的所有结果;根据这一规律,社会的形式——社会制度、习俗、法律——有赖于该社会规模的大小。⑮ 就算这条规律如涂尔干所肯定的那样得到证实。同样很清楚的一点是,社会的规模并不是在每个社会中都有原因,都能够成为原因的,正好比人的政治天性之于亚里士多德的城邦一样。涂尔干很清楚地指出:那是各种社会之间之所以存在差别的原因。然而,这也就意味着:那只是差别的原因。我们可以说:如果别的地方都一样,社会规模是各种社会之间有差别的主要原因。但是,"别的地方都一样",意味着:社会和社会的人是既定的;甚或意味着:人就是其本来意义上的人。制定一般的规律(loi générale),其前提是普遍性的存在,但是制定一般规律的人又要将普遍性从自己的考虑中排除掉。这样一来,在我们面对的例子当中,"规模"就只能在有限的意义上被说成是

---

⑮ "的确,对于社会事物的定义来说,这一原因是十分重要的;更有甚者,我们相信,从某种意义上说,各种社会之间主要的不同就是由此而产生的"(前文所引作品第78页)。根据涂尔干阐述的思想,规模只有与社会的动态密切联系在一起,才具有决定的作用。详见前文所引《社会学方法的准则》,第112—115页。

"原因"或者"根源";如果规模是差别的原因,那也只是第二位的原因,这就意味着还有第一位的原因,而且第二位的原因依附于第一位的原因——第一位的原因导致产生的,不是社会的差别,而是社会的类似,是导致产生相似性的原因,是为所有差别规定条件,并使差别保持在一起的原因:也就是人的人性本身。难道我们不应当说,社会学规律所阐明的第二位的因果关系,其前提是存在着哲学所探索的人类普遍性(universel humain)这个第一位的因果关系吗?

也许有人会反对说,在人文科学的一切研究当中,人的人性当然是被假设为前提的,而且在把枯燥无味的重言式(tautologie)留给哲学去咀嚼的同时,人文科学,尤其是社会学是去追逐更加反复无常的发现去了。这是可能的。也可能人们由此而表现出对重言式的蔑视是没有根据的。不管怎么说,人只顾以其本来意义而存在,而说出他思考的东西,并知道他说了什么,他希望能够越来越准确地表达自己(se dire),这个人是什么呢,还不就是一个活生生的、热情洋溢的重言式?

另外,思想的追求就像人的战斗一样,将未经探索的重要目标原封不动地丢在身后,那是极其危险的。这种放弃或者逃避不断萦绕在后来的研究当中,成了既是力量又是不确定性的原则:谁不愿意提出主要的问题,却仍然在寻觅,谁就会怀着莫名其妙的焦虑和笨拙,不由自主地将问题提出来,却又不愿意承认。社会学中并非没有关于人的普遍性的原初问题。虽然难以辨认,却又可以认出,那就是在社会学中关于规律的一般性问题(question de la généralité de la loi),并孕育了对尽可能具有一般性规律的研究。

孟德斯鸠和涂尔干很注意让个案的多样性服从规律的统一性,而且规律越来越统一,越来越具有一般性。然而,他们两人都竭力把偶然性的作用降到最低程度。在这一点上,两个社会学家是明确的,他们甚至做得有些夸张。⑯ 对社会学因果关系的肯定和对偶然性的否定是一致的。的确,如果不认为人的人性具有解释和原因的作用,如果不看重人类天性的重言式,如果因而放弃最为贪婪的生成和归纳原则,那也就要收紧心智的链条。这样一来,的确,要么社会是由从严格意义上具有必然性的因果关系主宰的,要么社会纯粹是一团乱麻,根本没有办法用任何科学来研究。要么社会学家阐明一种必然的因果联系,要么他无话可说,至少是没有任何严格科学的话可说。相反,如果有人将主要的因果关系赋予人的天性,赋予人的人性,正如18世纪之前的哲学家和历史学家所做的那样,正如今天每一个人——包括最伟大和最一般的,最蠢和最聪明的——其实仍然在做的那样,如果没有人在他身后盯着,他就会让偶然性担当大任。举两个例子,就可以让人们明白,一方面,人性的因果关系和偶然性(或者偶然性的因果关系)之间,其实是一致的;另一方面,社会的因果关系和严格的决定论(或者对偶然性的否定)也是一致的。

比如,如果我们把1940年英国的抵抗归功于丘吉尔的伟大心灵,那么我们就是将其归功于偶然性:有一个像丘吉尔这样的人,在那样的时刻,处在那样的境况之下,采取那样的行动,是一

---

⑯ 在《论法的精神》之前的作品当中,孟德斯鸠写道:"统治世界的,并不是财富:你可以向古罗马人提出这个问题,当他们在某个层面上进行统治的时候,他们有过一系列连续的繁荣,当他们在另外的层面上为人时,他们有过并非没有间断的一系列挫折。有一些一般性的原因,有的是精神的,有的是物质的,在每个君主制度下起作用,使该制度兴起,维持或者加速它的败落;所有的偶然事件都是服从这些原因的;而且,如果一场战役的偶然性,也就是说一种特殊的原因使一个国家衰败了,那一定有一种一般性的原因导致这个国家会经此一役而灭亡:总而言之,主要的趋势会导致产生特殊的偶然事件。"《罗马盛衰原因论》(*Considérations sur les causes de la grandeur des Romains et de leur décadence*)第十八章。涂尔干将这一观念推向了极致:"由于社会所处的条件,共同的生活决定了必然会具有某种确定的形式;然而,这种形式是由规律来表达的;这些规律以相同的必然性产生于这些能够导致结果的原因。如果有人对此提出异议,那他必然接受的就是,大多数社会的事物,尤其是最为重要的社会事物,都是绝对没有原因的。"见于前文所引《孟德斯鸠与卢梭——社会学先驱》,第85页。

件极大的"幸事"。要想理解1940年,没有必要"寻找丘吉尔的原因":丘吉尔就是原因。在这里,人的天性既是最初的,又是局限的,或者有限的原因。因此,这一原因所产生的结果既是完全可以理解的,又是完全具有非必然性的,从这种意义上说,又是完全偶然的。反过来,如果我们认为罗伯斯庇尔在热月9日的失败,是由于偶然的一场雨水把支持他的人驱散了,那便是把人的天性放在了次要原因的位置上,放在了一个不太高尚的档次里:人们虽然爱国、有道德,可是也不愿意冒雨待在外面。偶然事物的因果联系一定会通过我们的天性的因果联系发生作用。因此,人的最高的因果关系不会让自己成为偶然性的东西,所以最平凡的偶然事物,也会求助于人的天性。

如果现在,我们试图对英国1940年的行为进行"社会学的解释"(这次我们把长裤汉放在一边,不过,社会学对他们的关注比任何过去的、现在的和未来的群体都要多),我们会提到这个国家"蜂窝状的社会结构"特别适合保护因法国社会的失范而受到损害的道德。但是,这样一来,严格说,社会结构和军事、政治行为之间的关系应该是必然的。如果前者不会必然导致后者,那就不会有任何社会学的解释。如果非要坚持的话,那也可以说只不过多少有些道理,可以称之为"社会学"的考虑而已,但是这种考虑只在另外一种类型的解释框架之内才是有意义的,才是有效的;但那不是科学社会学的解释。如果因果关系得以证实,社会学家会得出结论说,考虑到他们的社会结构,英国人一定会拒绝屈服于侵略,也不会接受希特勒的诱惑。

我们在这里不是要判断这两个或者这两种解释的优劣。英国战役也根本不是我们要论述的主题。但是,我们看到社会学解释从何种意义上是不能自足的,用我们的天性所做的解释就可以自足。英国1940年"蜂窝式的社会结构"不能成为最初的原因,而丘吉尔高尚的天性就可以。这种原因本身也是有原因的,比如乔治三世时代的社会规模,或者撒克逊的七王国,而乔治三世时代的社会规模,或者撒克逊的七王国也有其原因,如此等等。也许我们必须停止在某个地方,正如亚里士多德在另外的背景之下指出的那样,但是为什么停在这个原因上,而不是另外一个原因上呢?甚至我们能够停得下来吗?人类的世界难道不是作为一连串没有最初原因的因果关系,才可以被人理解的吗?或者我们可以建立社会体系、普遍理论,完全地展开由效果和原因编织成的网络,解释社会领域内所有需要解释的东西?正是在这个问题上,我们无法让絮絮叨叨的精神停下来。

当我提出涂尔干最清楚的几段话时,人们会说我夸大了,并不一定需要收集所有社会学的论据,这个学科最初的严谨已经被放松了很多。的确,实际上,所谓的"社会学的"文献所提供的"原因",往往并不能够真正导致结果,或者不一定能够导致结果,不管怎么说是不能独立导致结果的,要导致结果,还需要很多条件,需要一些附加的、额外的、补充的原因。然而,我们看不出社会学如何能够脱离涂尔干的严谨,同时又保持其科学性。让我们再看看大师说过的话:"由于社会所处的条件,共同的生活决定了必然会有某种确定的形式;然而,这种形式是由规律来表达的;这些规律以相同的必然性产生于能够导致结果的原因。如果有人对此提出异议,那就必须承认,大多数社会的事物,主要是最为重要的社会事物,都是绝对没有原因的。"[17]

从最后一句话中,我们可以感觉到一种焦虑感。这涉及社会学观点的有效性、可能性。我们在前面已经看到,亚里士多德的错误是大家都会犯的错误,他的"迷信"也是国家领导人和一般公民的迷信;但是社会学家除外;这种错误和迷信就是,认为人具有使其感到骄傲的作用,那就是人可以成为原因;这样一来,一切关

---

[17] 见于前文所引《孟德斯鸠与卢梭——社会学先驱》,第85页。

于人的科学都变得不可能了。但是为什么呢？因果关系的原则不是从两个方向上都有效的吗？科学难道不能从原因推导到结果，也从结果回溯到原因吗？事实并不是这样，社会学很清楚地明白这一点。如果人作为原因被提出，那他就可能成为很多可能的效果的原因，他将成为不确定的原因。这种不确定性使涂尔干不知所措，只有通过人的智慧和自由的调解，才能够消除不确定性，人的因果关系才能够成立。只要人的人性（humanité de l'homme）被放在了原因的位置上，用以观察人的世界，那么这就不是原因的观点，而是另外一种观点：人是面对未来的不确定性的代理人。从本质上说，这样的代理人是"实践科学"的对象，或者是一种"艺术"的对象。⑱ 它不能成为因果科学的对象，不能成为纯粹理论的对象。对于将采取行动的人，或者由于被认为是原因，所以从根本上有可能采取行动的人，我们实际上只能提供一些对情况了解程度不同的、合理程度和紧急程度不同的"建议"，而远远不能将人放在一条必然的因果链当中。相反，如果人被视为效果，那就不同了，那就没有实际上的不确定性，只有科学上的困难：由观察者，由旁观者，由学者清楚地指定原因，他可以让原因和效果同样清晰，让原因和效果的意义同样都是唯一的，或者也可以不一样。实际上，他可以随便指定任何事物为原因，但是有一个条件，那就是他指定的东西能够展开因果链的必然性，也就是提供这一必然性的表面现象。为了让人的现象能够成为科学的对象，社会学的规律一定要具有一般性和必然性，只要满足这个条件就够了。而规律的必然的、足够的条件，就是人不能成为源泉，不能自由地，不能按照天性自由地决定其行为和行为的结果，而是严格地按照必然性，该做什么做什么，该怎么样做就怎么样做。在社会学看来，人不是原因，而是结果；人不是导致结果的原因，而是原因产生的结果。

---

⑱ 详见本章第三节涂尔干语录末尾处。

六

正是在《论法的精神》当中，人第一次以这种面目出现。以下是孟德斯鸠的表达：

> 人受气候、宗教、法律、施政的准则、先例、习俗、风尚等多种因素的支配，其结果是由此而形成了普遍精神。
>
> 对于每一个民族来说，若一种因素的作用较强，其他因素的作用就会相应受到削弱。未开化人几乎只受大自然和气候的支配，中国人受风尚的支配，日本人受暴虐的法律的支配，习俗曾为斯巴达定下了基调，施政准则和古老的习俗则为罗马定下了基调。*

这些文字在《论法的精神》当中是单独成一节的，第十九章第四节，题为"普遍精神"。这些文字的确值得注意，甚至是不同寻常的。我们来看前面一些话，表面看起来没有什么，几乎是一些赘词："人受多种因素的支配"。从一开始，人便被说成是被动的，而不是主动的，人的行为是受支配的，而不是自由的。这种有意的、严格中性的说法表明，提到的每一件对人有支配作用的事，都具有平等的尊严，或者都没有尊严。⑲ 在列举当中，所有的事物都是放在同一个层面上的，气候与施政的准则在同一个层面上。它们都是支配人的因素。比如，我生活在十分寒冷的气候当中，我要辛勤劳作才能活下去：我是受气候"支配"的。但是，在某个阳

---

* 引文译文参见孟德斯鸠，《论法的精神》，许明龙译，商务印书馆2016年版，第356页。——译者

⑲ 我们知道，涂尔干认为，社会学的第一规则，最根本性的规则，就是要把社会的事实看成事物。详见前文所引《社会学方法的准则》，第二章。

光明媚的海岛上，政府命令我去收甘蔗，而举例说我是制作弦乐器的匠人，那我也得去，因为我是被"政府的行为准则"所"支配"的。孟德斯鸠在这里以基础的方式提出的前景，倾向于消除古人设想的政治秩序具有的特殊而杰出的作用，"法律"和"施政的准则"的作用，因为法律和施政准则只是"支配"着人的多种事物中的两种。社会学观点的基本特点被表现得令人感到吃惊，甚至带有挑衅的意味，我们在前文评论涂尔干的时候，已经强调指出了这一特点[20]：社会学的观点要断然无视现实中作为行为者的人。在孟德斯鸠开篇的阐述当中，这一特点甚至被夸大到了令人感到奇怪的程度，一个现实中作为行为者的人，一个活生生的人，接受气候的"命令"和接受政府的命令，或者从一般意义上说，接受一个人的或者人的团体的命令是完全不一样的，况且从气候那里接受的，根本就不是"命令"。因此，孟德斯鸠的第一个姿态，就是要消除对于人们来说最为重要的一个区别，也就是他们知道的，或者经过他们证实的，在有理解力和意志的人和没有理解力和意志的事物之间的区别。

各种"支配着人"的"事物"，我们今天可以更加抽象地说：各种社会学的参数，都被放在同一个层面上。它们的效果组合在一起，它们的影响混合在一起，其结果，就是在形成孟德斯鸠称之为"普遍精神"（esprit général）的同时，也确定了每个政治团体的特点。因为表面看来，在各种不同的"事物"之间，没有可供识别的自然等级，"普遍精神"便被确定为各种元素之间相对影响力的总和，或者占优势的比例力量的总和，或者也可以说是化学的混合。比例是在社会学分析之后得出的，比如说当社会学家能够得出结论，认为某个社会为宗教所支配，某个社会又被古老的习俗所主宰。

我们知道，恰恰因为这样的分析是社会学的分析，而不是哲学的分析，是科学的分析，而不是形而上学的或者教条的分析，所

---

[20] 详见本章第三节。

以它不会以宗教在人的一般生活中的地位作为判断的前提，更不以宗教的真理，或者某种特殊宗教的真理为前提，甚至从原则上，它是排斥这样的判断的。由于要求在科学上保持中性，科学家在这一点上遇到了困难，我们必须准确地划定这一困难的范围，这是很重要的。对基督教或者伊斯兰教的真理，不管是何种形式的真理，或者对一般意义上宗教在人类生活中占何种位置，社会学家不愿意表达并且认为无法表达任何意见；相反，对诸如加尔文主义在西方经济发展中所起的作用[21]，或者对什叶派在伊朗社会和政治历史中的作用，社会学家愿意得出并且认为自己能够得出科学的，也就是经过严格论证的结论。社会学家不想就普遍的事物或者一般的事物发表任何意见，他愿意并且认为自己能够就特殊的事物进行证明。这似乎是无能者多劳。或者应当认为，不以事先认识普遍的和一般的事物为前提，也可以认识特殊的事物，或者至少，特殊的事物和普遍的事物是可以同时认识的？人们会回答说，社会学家远不是只关注特殊事物，他也希望获得一般的知识，但是，他要了解的，是一种新型的一般性，而且正如我们在第五节所指出的那样，新型的一般性并不表现为普遍事物在特殊事物中的内在性，而是特殊的案例对一般规律的服从。但是，如何制定这样的一般规律，以达成这样的新的一般性呢？

我认为，我们可以按照下列方式，十分概要地介绍新的方法是如何诞生的。

在一个社会或者一个确定的政治团体里，我们可以观察到某种有效的宗教的存在。比如伊斯兰教，可以观察到某种家庭组织的存在，比如一夫多妻制，也可以观察到某种类型的政治权力的存在，比如专制主义。在另一个社会中，我们注意到另外一种有效的宗教，比如基督教，另外一种家庭组织，比如一夫一妻制，另

---

[21] 详见前文所引菲利普·雷诺，《马克斯·韦伯和现代理性的困境》，第31页。

外一种类型的政治权力,比如温和的君主制。上述这些观察自然而然地引起我们一系列的问题。"自然而然地",意思就是说,我们的精神自然而然地希望了解,[22]它自发地,也可以说不可抗拒地提出一些问题。这些向我们扑面而来的问题,就是古典哲学思想,或者也可以说是前科学思想提出的问题,只不过它们对问题的复杂性有着更多的意识。比如,伊斯兰教和基督教哪一个是真正的宗教?真正的宗教是第三种吗?或者任何一个都不是真正的宗教?一夫多妻制和一夫一妻制,专制主义或者温和的君主制,哪一种家庭组织或者政治组织是最适合天性、天命或者人权的?也许第三种才是最适合的?社会学家不会提出任何这一类的问题。他会提出另一种完全不同的问题,可以是这样的问题:在伊斯兰教,一夫多妻制和政治专制之间,有没有与基督教、一夫一妻制和温和的君主制之间,以及与第三种宗教、第三种家庭形式、第三种政治类型之间,以及在如此等等无限的因素之间,同样具有规律性的共存关系和适当关系,同样具有必然性的相互因果规律?如果有这样的关系,或者某些规律是切实可以观察到的,那我们就可以将人类世界的多样性排列出秩序,同时利用这些关系确定社会的"类型"。孟德斯鸠在《论法的精神》中就是这样做的。他是第一个采取这样的分析方法的哲学家。由此,他也是第一个社会学家。

伊斯兰教和基督教作为两种宗教,都声称能够通达上帝;一夫多妻制和一夫一妻制作为两种家庭组织,都能满足人的传宗接代的需要,都能回应男女对幸福的追求。然而,在我们以科学的方式,也就是以一切正当的方式关注我们观察的某个类型的社会在伊斯兰教、一夫多妻制和专制之间,在基督教、一夫一妻制和温和的君主制之间,在某种宗教、某种家庭组织和某种政治形式之间所特有的关系时,我们必然忽略,或者更准确地说,必然遮掩伊

---

[22] 亚里士多德,《形而上学》(*Métaphysique*)。

斯兰教和基督教这两种宗教,也可以说是两种生活和思想形式之间主要的、最天然的、最根本性的关系,同时也就从正当的科学调查中排除了这一关系;在一夫多妻制和一夫一妻制这两种家庭组织之间是这样,在专制和温和的君主制这两种政治形式之间——如果要对这两种政治形式进行比较,我们必然会提出关于公正的政治秩序的问题——也是这样。如果把注意力集中在关系上,精神就会被忽视,甚至忘记根本性的问题:每一个元素对于人来说具有何种意义,而这种关系的作用,本来是要把各种元素联系在一起的。而且在一种类型的内部,所有不同的参数在人的精神看来都是一个系统,所以每种类型最终都像是动物的一个物种,与其他的物种不同,而且与其他的物种之间没有真正的沟通。㉓ 社会学和人类学的趋势,一般人文科学的趋势的确认为,"社会",或者"文化"或者"文明",都是一些封闭的、本质上无从比较的整体。

上述分析进一步肯定了,甚至是加强了在第五节评论涂尔干赋予社会规模的作用时我们所指出的特点:社会学科学是研究差别事物的科学。因此,社会学是逆哲学的方向而动的,因为哲学是研究普遍事物的科学;社会学甚至是逆科学本身的定义而动的。我们刚才分析的例子甚至使我们提出这样的问题:我们刚才提出的保守命题——"社会学以人的人性为前提,但是并不探索人的人性是什么"——是不是太胆怯了,或者说太随和了。实际上,这一学科只顾为社会的类型分类,因此也就是只顾统计各种社会差别未确定的系列,所以我们可以也应该提出的问题就是:这一学科还有没有权利谈论"社会人",社会学所研究的各种社会还有没有这种共同点:社会是人的社会。也许以下说法是更为严

㉓ "的确,他(孟德斯鸠)令人佩服地明白,社会的性质和人的天性一样确实和不可动摇,而且要想让一个民族成为另外一种,并不比让一个物种变成另外一种更加容易。"(前文所引涂尔干,《孟德斯鸠与卢梭——社会学先驱》,第52页)

格并且唯一严格的说法：波斯人、西方人、原始人、专业工人、较低的中产阶级成员（Lower upper middle class）、国家科学研究中心的研究员、养老院的老人，如此等等，指的都是通过其差别而被研究的对象。那么，社会学家怎么样才能心安理得地把社会学作为人的科学来论述呢？

七

人们也许会说，我们太夸大困难了，社会学的概念性工具恰恰是为了掌握多样性，避免多样性真正变得不确定。一般性规律的目的，难道不正是为了完成这一任务吗？如果社会学家面对的是纯粹的多样性，又没有办法进行"一般化"的处理，那他会患上失语症和失写症；我们可以见证，实际并不是这样。社会学家懂得使用一些具有包容性的参数，比如收集大量事实，将其归在人口对经济的影响项下，或者归在政治、宗教对人口或对经济的影响项下，再或者归在经济对人口或对政治或对宗教的影响项下。作为哲学家和社会学家的孟德斯鸠在《论法的精神》当中，难道不正是这样做的吗？我们没有看到《论法的精神》当中有任何不能接受的东西，或者仅仅是让理性感到不知所措的东西。难道真的需要悲天悯人地提示说，社会学家一丝不苟的辛勤工作威胁到了人这个物种的统一？

我指出了哲学家的普遍性和社会学家的一般性之间的区别，这里就不再重复。我只提醒说，社会学的一般性的特点是，它作为原因的解释力较弱，因而对人的经验的综合能力也较弱。我们尽量更加明确地阐述一下社会学家工作的困难之处。

假设我们在某个特定的社会里观察到，多种社会学参数之间具有相互的因果关系，比如人口对宗教的影响，宗教对人口的影响；或者还有政治制度对贸易的影响，以及贸易对政治制度的影响。在所有这些关系，所有这些影响，所有这些因果关系当中，最重要、最具有决定性、最具有一般性的是哪一个,或者哪一些呢?社会学调查的自然运动,正如我援引涂尔干和孟德斯鸠的语录所表明的那样,就是寻找最具一般性的规律,也就是最能导致产生结果的社会原因。因此,社会学的自然趋势,就是提出"最终的"社会学决定因素。马克思主义就是这样一种典型的情况,我们知道,马克思主义把"生产力"和"生产关系"说成是一切社会生活和结构的最终的决定因素。很多社会学家责备马克思脱离了社会科学认识论的限制,用"教条哲学"或者"社会形而上学"代替了社会科学;社会科学只有而且只能有相互的影响,或者相互的因果关系,而没有最终的决定因素;"教条哲学"或者"社会形而上学"则声称掌握有人类生活和历史的秘密。反对的意见是系统性的,而且看起来也十分严谨,但是它遇到的障碍是,马克思在进行这样的分析并得出结论的同时,不仅将精神的自然运动进行到底,寻求"最高"的或者"最深刻"的原因[24],而且,正如我们刚刚提到的那样,也将社会学的运动进行到底,寻求社会现象的最一般的规律。的确,现代哲学告诉我们,对这种人类精神的"自然运动",我们应当保持警惕;这种运动也许完全是无辜的,但对于科学来说,它能以毁灭性的方式,带着人的精神超越"理性的极限"。而且在这一背景之下,人们一般不会忘记提醒说,康德最终让我们警惕,不能以"超验性的方式使用"知性的概念。[25] 我们不能肯定康德的批判是否适用于眼前的困难。最终的社会原因的问题与各种社会学参数的相对影响的问题是一致的。各种社会学参数的相对影响的问题没有任何超验性,如果真的存在一种社会科学,那就必须对这一问题给予某种程度上的回答。

* * * * * *

---

[24] 亚里士多德,《形而上学》,1003 a 26—32。

[25] 关于超验性辩证法,详见第二卷的引言和开始部分《纯粹理性批判》(*Critique de la raison pure*),A. 特雷梅塞盖(A. Tremesaygues)、B. 帕科(B. Pacaud)译,巴黎:法国大学出版社,1963 年,第 251—254、277 页。

无论如何,社会学家注重方法论的严谨,他们很愿意论述宗教对经济的"影响",或者经济对于宗教的"影响"。我们在这里不关心"影响"是如何准确定义的——在迈向本体论的台阶上,这是关系和原因之间的一个中间因素——,我们要指出的是,在评价一个社会学参数对另一个参数的影响之前,重要的是首先要将这些参数进行严格的区分。这就意味着,苏格拉底式发问是不可避免的:这是什么? 什么是宗教? 什么是经济? 如果拒绝这个要求,或者如果忽略这种预防措施,那么在对案例的分析当中,很可能将属于宗教或者经济的东西,与属于诸如政治之类的东西混淆在一起;甚至有可能在某些方面混淆宗教和经济,虽然表面看起来它们相距甚远。在此之后,你可以采取世界上一切严谨的方法,但那都像是用外科医生的器械、能力和巧妙的手法给人做手术,只不过是在黑暗中摸索着来做。社会学家这种区分和定义的工作,看起来与哲学家的工作是一样的。但事实上要困难得多。苏格拉底式的哲学家是在寻找和标记我们的经验的连接点,区分人的天性希望拥有的各种不同财富。但是这些自我理解的不同方面,欲望的不同对象,是共同存在的,甚至在统一当中互相属于对方,因为它们都与同一种有序的、分为等级的性质有关,而且首先是与人的天性,与人的心灵有关。天性和心灵一样,是思想的一个项,因为有了它,才有了人与世界的共同存在:它使得巴门尼德(Parménide)关于思想和存在之间的等式有了生命力[26]。它保证了人类世界的统一。在明确重言式的同时,我们可以说,我们冒了风险:古人认为,古典哲学认为,天性的人,心灵的人,是人类现象的原因。但是,一旦放弃了这种排序和整合的原则,会怎么样呢? 其结果就是,人类现象不再是统一的现象,反而成了纯粹

---

[26] 巴门尼德,片断3,见于柯克(G. S. Kirk)、雷文(J. E. Raven),《前苏格拉底哲学家》(*The Prosocratic Philosophers*),剑桥:剑桥大学出版社,1957年,第344页。

的多元性；成了社会的现象；而且这些现象当中的每一个，看起来都像是几种社会原因相遇而产生的结果——第二层次上的多元性。而且这些原因当中的每一种又导致产生了……如此等等。由于这些原因是各种各样的，是散乱的，也就是说：这些原因是组合不到一起的，如何评价它们相对的可能性，根据什么标准把它们排列在一系列相互关联的意义当中呢？有什么根据认为某个原因比另一个更加具有特殊的重要性呢？社会学参数在没有原则的多样性当中，相互之间必然都是相当的，或者它们只能根据社会学家的机巧，由社会学家安排发挥各自的作用。这种不确定性不仅仅是原因的不确定性；它也影响到每个参数的内容，甚至是参数的定义。如果没有秩序的原则，如果不把人类世界的各种元素"转换成最后的元素"（conversio ad unum），那么每一个元素都会变得不确定、不稳定。面对这一状况，怎么能说某个现象究竟是经济现象，还是政治现象或者宗教现象呢？但是，社会学家是根本不关注此类问题的；他只是不知疲倦地转动原因之磨，不管是社会学的规律还是影响，他根本不管如何明确定义什么是政治，什么是经济或者宗教，他甚至根本没有想到还需要考虑这类的问题。当然，他常常开始提出名义上的"定义"，或者是与标记所考虑的参数相关方面的"标准"；但是这一定义根本就没有实质的、实际的意义；这一定义只不过是一个用来为现象分类的"概念工具"。应当说，社会学家本来就是一个不提"本该提出的问题"的学者？但是社会学家也不能待在完全的不确定性之中。他不得不采用人类经验的统一原则，或者至少是与此类似的东西。他必须做不能做的事；他要像哲学家那样讲话，或者至少是以哲学家的方式讲话，他会把社会条件、社会的满意程度、社会的再现都当作单一的因素来看待；他尤其会把社会当成社会来研究。只要第一种决定的因素是一个社会的一种因素，那么这种因素在定义上的不确定性便是可以忍受的。比如，如果政治和宗教只不过是作为社会的两个方面、两个组成元素起作用,为什么还要仔细地区分这两者呢?它们不都是从社会中汲取营养和原因的力量吗?马克思明确的教条主义就是要提出最终的社会学的决定因素——也就是生产力和生产关系;社会学家从马克思的学说中否弃了这种教条主义,却不断地屈服于模糊的教条主义;这种教条主义也同样使人迷失方向,因为它要以最终的方式从事实上确定社会。

当然,社会学家知道自己是干什么的,也知道有哪些风险,他们会提醒我们说:把社会当成一个单一的社会来看待,这只是一种方便的办法,也是必然的、危险的办法;尤其是不能使这一概念"物化"。事实上,对于严谨的社会学家来说,"社会"只不过是其内部没有共同本质的差别的总和。

然而,正是由于社会学不断地提醒我们警惕思想天性的倾向性,社会学才得以成为科学。人类精神不可抗拒地"物化"概念,这对于社会学来说,是很令人高兴的事:"社会"因"实质"或者"天性"而或密或疏地变成了一张因果关系织就的网,现代社会学家的社会由此而类似于古典哲学家的天性;如果不是这样,那么社会学家所看到的,就只能是由未定义的、不确定的差别组成的一个集合体,这个集合体或者系列显然是不适合我们进行任何科学研究的。老实说,社会学家本人也不相信自己的科学,正是因为他对人的社会天性,对古老的自然(天性)保留着未明言的、模糊的信仰,他才能够相信自己。他自以为知道自己在干什么,因为他不知道自己该相信什么。学者在学术上的讲究,是与烧炭人的信仰联系在一起的。

八

现在,我们应该用一个实例来研究社会学进行证明的困难。

我们选择夏尔·佩吉（Charles Péguy）所说的"突出个案法"（méthode des cas éminents），"最高个案法"（méthode des cas culminants），来研究一下社会学最著名的作品《新教伦理与资本主义精神》（L'Ethique protestante et l'esprit du capitalisme）；这部作品分为两个部分，于1904年和1905年出版。

　　我们知道，马克斯·韦伯提出了一个假设，认为在一定的耶稣教和一定类型的经济活动之间，存在着精神上的亲和力。"加尔文派的信徒"越是不能相信自己的"行为"，就越是会明确地对救赎感觉到不安。这样，他的内心处境会变得不可忍受。他会按照心理上由此及彼的联系，而不是神学的联系，在"世界上"寻找自己是否被上帝选中的迹象。马克斯·韦伯肯定说，"加尔文派的信徒"终于在尘世的成就中，尤其是在经济的成就中，看到了自己成为上帝选民的证据。㉗ 根据他自己的招认，他所说的"加尔文教义"或者"清教主义"，已经不是真正的加尔文的宗教㉘。正如托尼（R. H. Tawney）所指出的那样，这种"加尔文教义"让宗教改革者加尔文本人及其最初的追随者感到恐惧㉙，这种"加尔文教义"已经与"世界"和解。根据具有启发作用的精神和情感逻辑来看，韦伯所描写的信仰和宗教力量向某种经济行为的变化——这种变化可以作为实际的例子，说明宗教对经济的影响——，可以从

　　㉗ 详见《新教伦理与资本主义精神》，J. 沙维（J. Chavg）译，巴黎：普隆出版社，1964年，第132—135页。

　　㉘ "正因为如此，对于个人如何能够确认自己是上帝的选民这个问题，实际上加尔文只接受一种答案：我们应当满足于知道上帝已决定，我们只要坚持对基督的毫不动摇的信心，而这种信心是来自于信仰的。从原则上说，他是否弃这样的假设的，也就是说，我们可以根据行为看到，别人被上帝选中了，而自己却被抛弃了，因为这就相当于极其冒失地猜透了上帝的秘密。在此生当中，上帝的选民从外表上与被上帝抛弃的人没有任何区别……当然，对假冒的人，那自当别论——西奥多·拜兹（Théodore de Bèze）已经这样认为，更何况一般的人群大众。"（同上书，第132—133页）

　　㉙ 《宗教与资本主义的兴起》（Religion and Rise of Capitalism），伦敦：约翰·穆莱出版社，1925年，1964年再版，第319—321页。

相反的方向，作为"世俗"态度对已经堕落的宗教产生压力的结果来研究。这样一来，如果我们假设韦伯的描写是正确的，对于过程的两面之间，对于宗教态度和经济行为之间可以理解的，或者"有意义的"关系，便可以有两种"社会学的"、"科学的"或者"因果关系"的解读，而这两种解读相互之间是不兼容的，甚至是完全相反的。韦伯保证说，他的论断丝毫无意证明，在解释社会和经济现象时，具体来说就是解释资本主义发展时，宗教是最终的原因，否则，那就是重新落入他责备马克思的形而上学的教条主义和单边主义[30]。事实上，韦伯这里远不是在批驳马克思，只要把他的科学理由稍做修改，他的作品就会成为单边的马克思主义论断，认为资本主义的积累精神对后来的加尔文伦理产生了决定作用。他的作品名称就会变成"资本主义精神和新教伦理"了。韦伯在科学上的声明没有让他的论述变得更加严谨，而是变得更加不确定，甚至变得完全不确定。谁从字面上理解他在作品最后表达的对方法论的保留，谁就只能得出这样的结论：《新教伦理与资本主义精神》不包括任何从本来意义上说的论断，不管是不是科学的论断。或者也可以这样来表达结论：耶稣教伦理和资本主义精神之间，或者资本主义精神和耶稣教伦理之间可能会有某种关系。

一项如此了不起的工作让我们沉浸在其让人不由赞叹的魅力之中，让人觉得那似乎是一堆噼噼啪啪地燃烧的篝火，照亮了周围的黑暗；如果我们只能从中得出如此贫乏，如此转瞬即逝的教益，那岂不是令人很扫兴的事。因为，在清理方法论的过程中，不管韦伯言辞多么激烈，我们对这些话是当不得真的，因为这些话本来就不是认真说的。当然，这些话是真诚的，应当说韦伯是一个"认真的人"。这些话不是认真说的，意思就是说：由于研究

---

[30] 马克斯·韦伯，《新教伦理与资本主义精神》，第 252—253 页。

还没有完成,暂时还必须有一些科学的防范措施,所以马克斯·韦伯提出的,是社会学方法内在的一种无能为力的状态。因为他拒绝,他不能勾画出哪怕只是大致的草图,无法说明一些参数在人的秩序当中的大致位置——这里指的是宗教和经济——,他怎么能对一个个案进行严谨的证明呢?㉛ 因此,让我们抛开科学的招摇,提出有生命力的天真的问题,这个问题不是"社会学家韦伯要严谨地证明什么?"或者"在何种条件之下,社会学的推论才能够得到结论?"而是更加简单的问题:"《新教伦理与资本主义精神》为什么是一本如此具有诱惑力的作品?"我想,对这个问题的回答包含在作品末尾处的一句话当中:"虽然现代人充满了良好的愿望,但他不能赋予宗教观念在行为、文化和民族特点上应有的重要性。"㉜再向前翻几页,在一个看起来不太起眼的注里,他提出了一个尖锐的、几乎具有侵略性的命题:"可是,宗教观念是不能简单地从'经济'条件中推导出来的;它们恰恰是——我们对此一点办法也没有——最为深刻地形成了民族心理的元素,它们承载着民族心理发展的规律,并拥有特别的强制力量。"㉝人们不大能够想象更加"一般化的"、"形而上学的"、"单边的"命题;没有任何简单的证明,你同意就同意,不同意就算了。如果说马克斯·

㉛ 我在前边已经提到过菲利普·雷诺对马克斯·韦伯的思想有一段很有见地的评论,他说:"马克思让经济扮演的角色,韦伯丝毫无意让宗教扮演,而是相反,他要通过西方资本主义发展的特殊性,利用无法以演绎的方式推导出来的东西,来解释这一发展的某些特点。"(详见前文所引作品《马克斯·韦伯和现代理性的困境》,第 31 页)我不明白他为什么说"而是相反"。用"而且"似乎更合适一些。解释特殊个案的前提,是要有总的命题,而且将总的命题应用于所考虑的个案,由推导得出这样的结果的情况是很少见的。如果不是"宗教"作用于"经济",我们看不出耶稣教何以会影响到西方资本主义的发展。菲利普·雷诺也许只是想说,事实上在这个案例当中,宗教是处在原因或者特别明显的影响的位置上,但这并不证明宗教永远具有这种原因的作用。当然,恰恰在这个案例当中,韦伯是不愿意肯定突出的因果关系的。(见于前文所引《新教伦理与资本主义精神》,第 252—253 页)

㉜ 《新教伦理与资本主义精神》,第 252 页。

㉝ 同上书,第 237 页,着重号是马克斯·韦伯加的。

韦伯的描写不断地让人感觉到，他将宗教参数视为原因，将经济参数视为结果，那是因为他认为，对于人来说，宗教比经济更值得关注，更具有根本性的意义。但是，这个对人的秩序本身的判断，是不能够赤裸裸、毫无遮掩地展示出来的，是不能够实话实说的，因为它的作用就是要对一切研究给予最初的启示。即使在一些他说的内心话当中，在我们刚刚援引的句子当中，他也是从历史的和社会学的观点表达的：宗教是重要的，也许是决定性的，但这并不是就宗教本身来说，或者为了宗教来说的，并不是对于从其本来意义上说的人是重要的，是决定性的，而是"对于文化和民族特点来说"，或者对于"民族心理来说"是重要的，是决定性的。科学的名誉被保住了！这种他没有权利提出的信念，这种他没有权利思考的想法，他用科学的或者说因果的词语表达了出来，让人觉得像证据一样，或者像可以证实的东西一样，但是实际上相反，他是不能这样做的，否则就会把未加定义的研究推迟到未加定义的终点。为了能够谈论他怀着激情关注的东西，韦伯不得不假装实行科学的纪律，假装相信这一幻想。在他的整个论述过程中，他必须掩饰论述的动机和推动力。于是他的论述从根本上便被歪曲了。世界上任何博学的学识都无法纠正、补充或者核实这般开展的研究活动。马克斯·韦伯声称不得不采用一种中性的办法，这种办法其实是与真正的科学相反的，因为它阻碍了精神向着目标的运动。这样一来，客体便承担起主体不由自主招认的东西，这难道还值得奇怪吗？从韦伯的论著当中，我们看到他的心里话是如此不由自主又难以抑制地表达出来。能做到这一点的思想性论著很少。

在阅读《新教伦理与资本主义精神》的时候，通过韦伯颤动的心灵，我们再一次发现了人，由我们组成的人群中的一个人，一个清教徒，对于他来说，身外之物只不过是"一件随时都可以脱掉的轻薄的大衣"，而且让我们觉得那就是奇妙的自由和人性，对于我们来说,这件大衣变成了"钢铁的囚笼"㉞。马克斯·韦伯使我们的宗教和精神历史当中的一部分,变得异乎寻常的现实和有生命力。我们应当为此而感激他;但是我们可以忽略他就一般情况和这一个别案例而对我们说的关于科学,关于他的理论的那些话。

九

在这一点上,有人表达反对的意见。有人会说,我们刚才所说的这些话,并不是说马克斯·韦伯不是学者,因为他建立、开展的社会科学是另外一种类型的科学,与涂尔干的"因果科学"或者"关于事物的科学"不一样:韦伯承认人类经验的"主观部分";他的科学要更加人道,但也一样是科学的。马克斯·韦伯的确是价值概念的推行者,价值概念是社会学和当代人文科学的中心概念,在当代的人文科学当中,价值的概念代替了规律的概念,成为具有组织作用的概念。然而,围绕着价值概念组织的"韦伯"社会学,与围绕着社会事物或者社会学规律组织"涂尔干"社会学并没有什么差别。价值的主观性和规律的客观性只在表面上才是对立的。实际上,在两种社会学当中,起作用的思想是一样的。我想证明这一点。

在每一个社会中,人们注意到的事实都是很平凡的。人们发现,社会的活动分成了某种既定的等级;正如我们喜欢说的那样,有些活动的"价值"比其他的活动"更大"。比如在价值更大的活动当中,贸易是很受人们赏识的活动,被认为是有益的,值得称道的,而有些活动则是受人蔑视的,从潜在的意义上是被禁止的,是只存在于地下的违法活动。社会学家作为学者,对价值等级划分所能够说的唯一的话,就是在某个社会当中,这种有等级划分的

㉞ 《新教伦理与资本主义精神》,第250页。

价值与在其他的社会当中是不一样的。他认为，断言一个社会——至少是一个能够持续运行的社会[35]——低于或者高于另一个同样是可持续的社会，这样的说法，纯粹是"武断的形而上学"：对不同的社会具有不同激励作用的价值，相互之间是不可比的，是没有共同的衡量标准的。对各种社会进行观察的社会学家，作为学者，是不能赋予价值以价值的，因此，他不能将不同社会划分出等级，虽然他要知道这些社会当中的每一个是以何种方式分配其特有的价值，并以此为参照的。社会学家应当"理解"他所研究的社会的价值，同时小心翼翼地不做出任何"价值判断"。这就是我们简单归结出的韦伯的观念。今天，这种观念在社会科学和人文科学领域广泛地占有主导地位。

当然，在社会学的参数或者孟德斯鸠和涂尔干所说的"事物"，以及韦伯所说的价值之间，是存在明显差别，甚至是对立的。社会学参数或者"事物"强调的是人的被动性，是人对社会学参数，对"支配"着他的"事物"的服从；相反，价值的社会学强调的是人的积极的甚至是创造性的作用：一种价值，是被社会增加了价值的东西，因此也就是增值的产物，它本身也是一种增值的活动，恰恰是因为除了人的增值行为本身之外，它并不是因其天性而存在的，而是一种没有"天性"价值的价值。因此，把人看作是服从社会原因和规律的，同时又认为人是"价值的创造者"，还有比这种事更加对立、更加不兼容的吗？怎么样才能够像我刚刚认为的那样，证明这两种论断是一样的，是相同的基本立场的不同表达呢？

让我们从以下这个决定性的问题出发：两种论断都有同一个

---

[35] 如果社会的制度导致犯罪率很高，因此也就是倾向于自我毁灭，那么这一条会使这样的社会失去价值论中性的好处。这种排斥作用从价值论上来说也是中性的：它指的只不过是当一个社会是真正的社会时的情况。当然，困难在于，某些犯罪的制度具有很大的可持续性。

敌人,两种论断都同样地拒绝接受关于客观等级的传统观念,而这种秩序是铭记在人的天性当中,甚至是铭记在世界的秩序、人的目的和财产当中的。孟德斯鸠将社会学参数和"支配人"的"事物"放在同一个层面上,而价值社会学则认为,所有的价值客观上都具有一样的价值。一种价值只能主观地通过提出和肯定这一价值的人的角度和意愿才成为价值,才有价值。这两种论断都是中性的,在判断上都是平等的。正因为如此,我们才能够从一种论断过渡到另一种,从孟德斯鸠或者涂尔干的学说过渡到韦伯的学说,从客观的社会学过渡到主观的社会学。

我在前面已经指出,孟德斯鸠和涂尔干,也就是从最初冲动来看的一般社会学,采取的都是旁观者的观点:只有通过旁观者的观点,才能够尽可能言之有理地说,气候"支配"着人和"政治行为的规则"对人具有支配作用一样。㊱ 从行为者,从有生命的人的观点来看,我们应当重复的是,各种"政体"的差别是如此之大,使用同一个词来指称是荒唐的,或者几乎是荒唐的。孟德斯鸠故意提出这样的模糊观念,因为要想建立社会学的观点,这种模糊性是必不可少的。社会学的观点一旦建立,社会学家便可以考虑他所面对的处境的困难;他需要极力考虑的事实是,社会学的参数只有事先在行为者的科学当中经过思考,才能够应用于人的世界,才能够是积极的和有效的。这些参数只能先成为动机,然后才能成为原因。但是,重新获得共同的经验,尤其是通过"在方法论上作为个体的人"(individualisme méthodologique)而获得经验,并不是那么容易的事;必须从十分遥远的地方回归现实。社会学家不能简单地让社会学参数成为人的行为动机,把那些与任何动机都不符合或者与任何动机都相反的参数,统统抛弃在"邪恶效果"的地狱中。从更加一般的意义上说,社会学是不能用动

㊱ 详见本章第六节。

机对社会领域进行一致性分析的。为什么呢？这一问题所涉及的，正是为什么社会学对社会领域的理解必然是残缺的和模糊的。

用动机来描述和解释人的行为，这就意味着把人的行为看成是经过深思熟虑的行为，至少从潜在的意义上说是这样。这一思虑的结果——有动机的行为——本身也是另一思虑的天性动机，而这后一种思虑所探索的，是最初的思虑是否有效——是否恰当，是否诚实，是否公正，是否高尚。区分动机，使动机产生影响的理性是上述第一和第二思虑的一般手段。理性在评价的过程中，必然会使用一种或者多种普遍性的标准，这些标准按照人的目的的天性等级，或者按照人所特有的精神规律，定义什么是诚实，什么是公正，什么是高尚。这样的分析在精神哲学的伟大作品当中得到了特别的展示；这些作品各式各样，甚至相互矛盾，比如亚里士多德的《尼各马可伦理学》和康德的《道德形而上学奠基》(*Fondements de la métaphysique des moeurs*)。但是，在我们考察人的行为的一般生活中，不管是在我们自己的生活还是在别人的生活当中，这样的分析已经隐约地、大致地、原始地存在了。

然而，从某种意义上说，哲学家和一般人所共有的这种活动，社会学家是不能有的。更准确地说，社会学家不允许自己从事这种活动。社会学家一旦理解了某一行动的动机，便自然而然地想探索这一动机是否有效，是否高尚或者是否公正；但是作为社会学家，他必须抵制这种诱惑。不管社会学家用来区分，然后又用来描写这一动机的精神多么尖锐，多么有力量，他必须戛然而止，让该动机从其天性的元素中摆脱出来——也就是从有可能孕育人的思虑的所有或者全部动机中摆脱出来，只让这一动机与行为人产生联系（他的行为只以此动机为基础）：这一价值只因行为者的行为才成为价值。动机的参照物已经不再是人的可能性组成的系列，而是行为者单独的选择。即使这一选择被假设为由无数人组成的社会的事实，这一选择本身也是单独的，因为它所指的，不是人的思虑所隐含的普遍性。从这一观点来看，十亿中国人的价值选择并不比我表妹的个别选择更有意义。想恢复行为者观点的社会学家，不能把社会学的参数或者原因改变成动机，也不能把动机改变成价值。

为了衡量社会学的观点和哲学家的分析之间的距离，或者和一般人的自发的态度之间的距离，应当指出下面这一点：不管社会学家是描述"与价值的关系"还是建立"规律"，他所声称的客观的、旁观者的立场，是与一般人无关的，而且这一立场是被哲学家所断然弃绝的，因为哲学家认为这种立场与人的基本处境相反。这并不是因为旁观者永远不能是完全"纯粹的"，或者"客观的"——社会学家也很愿意承认这一点——，而是因为从更加深刻的意义上说，人不能成为人的旁观者。

我在上面指出，一切对人的行为的观察，必然与处在这一行为源头上的思考有关，不管这一思考多么简短，有可能只是头脑一时冲动。因为思考是一个人的思考，作为观察者的另一个人会自发地、自然而然地认为这一思考是人的思考，也就是说，是他自己本来也可以有的思考。正因为他这样认为，所以他会自发地、自然而然地想，他是不是应该这样思考，并得到这样的结论。因此他想的是，面对另一个人时，假设他面对的是一个谨慎的人，一个能够判断人的行为的人时，他是否能够为这样的思考找出正当的理由。那么，要么他是个一般的人，会唯权威马首是瞻，因为他认为权威的人是谨慎的、公正的；根据情况不同，时代不同，这个权威可以是神甫、教师、议员、电视主持人；要么他是哲学家，会竭力按照贤者的方式行事，也就是说，他要判断人的行为，并根据天性中有的，或者根据理性宣称的普遍性标准采取行动。而社会学家不会采取这两种办法当中的任何一种；他不会遵从既定的权威,也不会把自己提升到高于权威的地位上,以达到因具有普遍性而公正的观点,以判断有关人的事物。社会学家不会追随人的天性运动去探索,社会学家会突然地、专横地中断这一运动:他不会做出判断,他"不会做出任何价值判断"——因此他是把普通人从别人那里拿来的、未加审查的判断和哲学家有根据的判断混合在一起的。

他观察这个人,他认为这个人作为行为者的观点有足够的权利,同时他注意到并肯定说,这个人的行为动力,是这个人选择或提出乃至创造的某种"价值"。事实上,社会学家在这里有理由颇为自得地考察自己:认为人有权利,承认人有能力"创造价值",这难道不是一种几乎算得上神圣的,或者也许不仅仅是神圣的慷慨吗?人似乎再也不能更加慷慨了。但是——作为这种极端慷慨的反面和条件——,社会学家使行为者和行为者选择、提出或者创造的价值,成了自足的整体或者全局,而不必与观察者所处的更大的全局发生联系。行为者和行为者所提出或者创造的价值不与人的普遍性的全局发生联系:他是纯粹的特殊性,是无数特殊性中的一个,是创造其他价值的所有其他行为者当中的一个特殊的行为者。实际上,这一点很重要,这一特殊性是社会学家的"研究主题",是社会学家无数的"研究主题"当中的一个。一旦把普遍性排除在外,特殊的全局的确可以组成完全外在于旁观者的客体:社会学家老练的目光便可以对它进行分析。

社会学根据价值来解释人的行为;这样的社会学仍然受旁观者的观点所支配。只是在这种支配的严格限制之下,社会学才赋予行为者的观点权利。更加准确地说,正是为了保障旁观者的观点具有至高无上的权力,社会学才武断地强化了行为者的价值选择,或者价值"创造"的武断特点。如果行为者所说的话,或者所做的事得到承认，成为理性讨论的可能客体，也就是说，与行为者所说的话，或者所做的事有关系，是一系列有规则的动机之一，而不是不确定的无数价值之一，那么社会学家就必须放弃他的旁观者立场，放下他的至高无上的权力。说到底，价值的社会学遵从的是社会学方法的规则，很大程度上并不反对涂尔干的禁忌：在社会学家的科学当中，人的理性仍然是集中存在的，这与人的价值，尤其是与理性没有任何共同之处。我们甚至可以认为，价值社会学代表了社会学方法的规则向着很多新的领域的扩张：很多不能用规律来解释的社会现象，可以通过价值来理解，至少这种理解是有道理的。但是，这实际上是同一门科学，只不过，涂尔干的文笔清新、有力，而其他社会学家的作品笔调发生了改变，或者说笔调变得比较夸张了。

韦伯的人可以自由地选择把自己的生命贡献给什么样的价值，而且最高的选择权属于这样的人；韦伯的人与涂尔干的人一样，也服从于原因的必然性，服从于社会学的规律，人的意志对于这种必然性和规律无能为力。这是两张被社会学的目光剥夺了理性的人的面孔，这两张面孔虽然是颠倒的，但还是可以互相重叠。为了让社会科学、人文科学成为可能，必须从真实的、集中在作为学者的旁观者目光中的人的行为中，将理性驱除。就这样，不言自明的共同的思考就像一块布一样被撕裂了，而这种共同的思考是将一切人与他要理解的所有的人联系在一起的。

人的定义有两种：人像事物一样是由某种原因导致产生的，或者人是像神一样的创造者——人是神，代表他的只是其意志，没有任何智力的因素。如果一个知识学科在解释人的世界的时候，毫无区别地采用这两种人的定义中的一种或者另一种定义，或者两种都用，那么无论其方法论多么细致，也没有办法让这一学科变得卓有成效。

十

因此,价值社会学认为行为者的观点是有效的观点,但它并不能因此而伤害旁观者发表观点的至高无上的权力。旁观者的观点的确是社会科学的组成因素。因此,我们现在应该仔细地考察这一至高无上的权力。在这个问题上,孟德斯鸠显然是最能让我们迷失方向,也是最能挽救我们的现代哲学家,让我们以孟德斯鸠为向导吧。

不了解《论法的精神》的人,至少知道孟德斯鸠在这部作品当中谈到过气候,并认为气候具有很大的作用。在这一点上,公众的选择是我们要追寻的迹象。的确,这种气候的理论可以使我们以特别直接的方式进入社会学的观点。如果科学可以用天真来形容的话,我们很想说,这是最为天真的表达。我们已经指出,孟德斯鸠把气候归为"支配着人"的"事物"之列。而且是把它排在最前边,把它摆在首要的位置上。在别的地方,他又确认了这一点:"气候的支配在所有的支配当中是排在第一位的。"[37]然而,在所有的社会学参数当中,这是唯一非人的参数。让气候承担这种夸张的作用,意味着什么呢?

在排除了可能的,也是经常发生的误解之后,我们现在就可以理解这一"支配"的意义了。气候的权力并不能消除人的自由;相反,好的立法者的特点之一就是,他知道如何应对气候的不利效果。[38] 宣布这一支配的存在,就意味着人的天性,而不是他的自由,最终地丧失了其权力(diminutio capitis)。

像气候这种完全属于非人的因素之所以对人具有如此大的

---

[37] 《论法的精神》,第十九章第十四节。
[38] 同上书,第十四章第五节。

权力,那是因为,人的天性,可以说是人的人性,还不足以决定人的行为,还不足以成为人的行为的原因。人在行动的时候,并不仅仅是人的天性或者人性在行动,而是行动的人再加上气候的因果关系。人的天性仍然是未定的,或者是尚不足以确定的。气候及其差别代表了在确定人性当中所缺乏的东西,只有补足了这一欠缺,社会的世界,人的世界才能够成其本来面目。理解并揭示气候对人性的确定作用,作为学者的旁观者才能表现出他比行动的人更加高明,才能完成这一高明。

因此,社会学家与人的天性之间的关系,是与作为哲学家特点的关系有着很大的不同的。关于哲学家,我们可以说:他揭示了天性的崇高力量。他比其他的人唯一的高明之处——而且这一高明之处是真实的,所以哲学家才会感到骄傲——就是:只有他才理解天性比习俗高,最终的财富比附属的财富高;而一般人会把天性与习俗混淆在一起,会仅仅满足于附属的财富。当然,他的思想不会只走天性之路。他可以认为,谁把人作为天性来思考,即使是把人从理性上或者是以不同的方式作为"高明的"天性来思考,谁就会看不到人性的特别之处。在我们的背景之下也是这样。哲学家与社会学家的区别仍然没有变化。作为哲学家,他竭力揭示人的存在所特有的东西,但是他不能混淆、奴役、异化和遗忘,从而歪曲人的面目,使人对自己感到陌生——人所特有的东西,或者,要想把哲学和思想的所有事业都包括在内的话,也可以说,最常用的名字就是被称之为人的那个家伙所特有的东西。而社会学家所探索的,不是人所特有的东西;事实上,他对这一点毫不关心。这样的漠不关心一开始是很难理解的。把人特有的东西排除在其考虑的范围之外,那还怎么能够是"人的科学"呢?的确,社会学家提出了各种理由。有时候,他以严格科学的名义排斥这样的问题,认为它是"形而上学"的,认为这样的问题是"不会提出"的,它只是人的精神有幸超越的一个阶段残留下的可怜而可笑的东西而已。有时候，社会学家又不那么明确，但仍以科学的既定成果为基础，仿佛带着遗憾承认，关于人的科学取得的进展还远远不够，今天还不能回答这类问题：先要由不同的人文科学组成研究团队，采用现在一切信息存储和处理的手段，经过漫长的跨学科研究，之后才能为这一类的问题带来答案。这些理由，以及社会学家所援引的其他理由，并不能让人感到信服。既然我们对作为个体或者群体的人无话可说，既然人并不是回答这类问题的一个开始，那么所有这一切都不过是徒然的、花样翻新的借口。实际上，社会学家在心中已经回答了这个问题。不管他是狂妄的还是谦虚的，不管他认为问题并不存在，或者已经不存在，还是现在尚不存在，他都已经回答了这个问题。更加准确地说，他是站在了与问题相对的某个立场上，站在了从根本上更高的立场上，孟德斯鸠的气候理论刚才已经向我们揭示了这一立场的机制。社会学家作为学者和旁观者所肯定知道的，是我们的天性的决定性，或者因果关系。他知道，他的任务是了解有哪些因素对未确定的，或者尚未足够确定的现实具有确定性。所谓未确定的，或者尚未足够确定的现实，就是指人的天性，人的人性。他很愿意忽略什么"是"人性——他的科学信用就是因此而建立起来的，他也因此而清除了一切"教条主义"或者"形而上学"的干扰——，因为他还知道更多的东西：他知道比天性更加强大的东西、决定天性的东西，因此，他虽然不知道什么是人，但是他知道的东西比人本身更多。况且，除了社会学家久经考验的眼睛才能梳理的决定性因素的总和之外，人还能是什么，人还能够是其他的什么东西吗？社会学家看着人被气候这种非人的"事物"所"支配"，或者被宗教这种人的"事物"所"支配"，他简直高于一切人的事物！人们会说，他在思想上列数社会学的参数，列数对人性具有决定性的因素，并把所有的参数和因素加在一起，也就组成了，也就建立了，从某种意义上说，也就创造了人性。骄傲的哲学家高于其他的人,而谦逊的社会学家则高于人的人性。

假如人的人性是一个未知数 x,并且这个 x 只能通过无限数量的社会学决定因素来确定,那么社会学家具有至高无上的权力选择"观察"社会学确定因素的角度,以确定这个 x。天性的一切方面,不管是人的还是非人的,只要是现时的调查或者历史所涉及的,都可以成为社会学的决定因素,都可以用来观察对人的天性的其他方面的作用;这些方面在未加确定的时候,是苍白的,现在则成了未知的 x,而我们知道这个 x 是需要得到确定的;但是,人类境遇的一切方面——在这里,非人的天性超出了这个范围——都可以成为需要确定的未知数 x,为了确定这一因素,所有其他的决定性因素都是可以使用的——只是其中的某几个每次都会实际被用到。比如,对于家庭,可以用两种方式来做社会学的研究:要么把家庭当成是对宗教、经济和政治具有确定性作用的社会原因;要么把家庭当成是由宗教、经济和政治所确定的社会效果。两个分析的方向都同样是科学的,因为在两种情况之下,社会学家所阐明的,都是"决定因素"和"被决定因素"的序列。两种过程的混合也照样是科学的,从因果关系或影响出发,这种混合具有"相互性"。唯一必然的东西是,在每一个点上,人都是由一定的原因导致产生的结果。㊴ 所有的组合都是可能的,唯一的组合原则就是永远不要停止。谁停止下来,谁声称说社会的人是由这个社会原因所导致的,谁就是在声称最终地、完全地确定了未定的 x。的确,人仍然是"由一定的原因导致产生的结果",但是得到确认的和稳定的原因便开始类似于天性:社会学家没有回答问题,却达到了哲学家可以表达、可以触及的高度。于是他学会了不屈服于这种诱惑,虽然在学科起步的时候,这种

㊴ 详见本章第五节。

诱惑的力量是非常大的。㊵ 现在,已经延续了几代人的工作,使得社会学有办法向人们展示毋庸置疑的组合:人类现象的无数方面呈现出来,然后又变得苍白,先是作为决定的因素出现,继而又作为被决定的因素出现,而社会科学的万花筒则永远不停地转动着。㊶

十一

对从本义上说的人不评论,不深究——只关注作为社会原因在具体地点和具体时间所导致的具体结果的人,这样做似乎会使人的科学失信于人;所以,人的科学才有所顾忌,强迫自己不这样做。但是我们知道,事实上并非如此。人的科学的声誉与其研究结果一起不断增长,以至于社会学的语言从某种意义上说,变成了现代民主的官方语言。我们的体制的特点,就是天性丧失了权力,而社会学在天性权力丧失的过程中,起到了决定性的作用。在支配人的事物当中,孟德斯鸠连提也没有提到人的天性,哪怕只是作为原因之一;这难道不是在最高的程度上揭示了天性对社会学的意义吗?在社会学产生的同时,也产生了一种信念,那就是人的真正的天性,就是自由。声称对"人"不评论,也就意味着想把人定义为自由。这些话也许太漫无边际,更准确地说,当自

㊵ 详见本章第七节。
㊶ 雷蒙·阿隆形象地描述过社会学分析的循环特点:"在最初的意义上,社会是被定义为社会环境,并被视为是确定其他现象的。但是,环境是由什么来确定的呢?涂尔干不无理由地强调说,是由各种制度确定的,家庭、罪行、教育、政治、道德、宗教都受到社会组织的限制。每一种社会类型都有其典型的家庭,典型的教育,典型的国家,典型的道德。但是,他倾向于把社会环境当成了一种完全的现实,而社会环境只是一种分析的类别,而不是最后的原因。所谓社会环境,即与特殊的制度有关的原因,从另外一个角度来看,只是社会环境应当解释的全部制度。"《社会学主要思潮》(*Les Etapes de la pensée sociologique*),巴黎:伽利玛出版社,1967年,第389页,着重号是本文作者加的。

由的概念变成人的世界的主要联系,并成为这一变化的决定性理论表达时,社会学的观点也就形成了。

在人的自由观念和社会学决定论的观念之间,有着十分突出的矛盾;如果把注意力集中在这一矛盾上,那的确是有欺骗作用的。当然,这个问题触及的似乎并不是一般的常识:假如人类世界的核心科学所假设并想要证实的是,人的行为由一些必然的规律所主宰,或者至少只能作为社会原因所产生的结果来理解,那我们颂扬人的自由,把自由看成是人所特有的东西,正如我们两个世纪以来始终喜欢做的那样,那还有什么意义呢?

我们首先需要说明一点。这也是出于常识的说明。尽管自由意志和社会学观点的共同存在甚至互相深入,的确是现代人类境遇的一个重要特点,这两个方面也不会是真正矛盾的,或者不会仅仅是矛盾的。我们不用假设社会是一个严密的系统,而仅仅因为人是一个有思想的存在,很可能社会的精神,社会规律的精神——让我们大胆地使用这些宏大而美好的社会学表达吧——不会持久地将注意力和意愿指向两个真正矛盾的方向。我们刚刚再次提到,社会学的观点和现代的自由意志都同样地以贬低天性为前提,但是,这无异于把这些令人敬畏的概念当作让人四处移动、随意摆弄的筹码和积木;而且,即使我们这个说明是正确的,那从根本意义上说,它也是静态的,而实际上我们要解释的,是人的精神的基本运动。似乎现代人有一天早晨,突然随兴之所至,要解开这样一个人类几何学的难题:假设自由、社会和天性,在什么条件下可以同时使自由是纯粹的和完全的,使社会是由必然的规律支配的,使人的天性是顺从的,也就是说,使人的天性只能被确定,而不参与对其他事物的确定!

实际上,我们已经多次从对问题的解释旁边经过,因为我们反复读过孟德斯鸠的这样一段文字:"人受多种因素的支配……",这是对决定论的肯定,同时也是对多种决定因素的肯定。我们这里说的决定论显然是多元的决定论,而且表达得很是夸张。然而,提出多元性,就是提出各种区别;提出各种区别,也就等于要人们尊重这些区别,要人们不要混淆由此而区别开来的事物。尊重影响人生活的多元的决定因素,这难道不正是现代自由的计划吗?至少这是孟德斯鸠的计划。

比如,我们可以看一看第十九章第十六节。这一章的标题是:"某些立法者如何混淆支配人的诸原则。"其中特别提到古希腊的立法者,比如混淆了"法律、习俗和风尚"的莱库古。然而,孟德斯鸠在后面将说明,这些事物"天然就是有区别的",虽然它们"之间并没有很大的关系"㊷。我们可以顺便指出,天性的权威只用来分别人的事物,而从来不用在将人的事物集合在一起。最重要的区别是法律和习俗之间的区别,这种区别是存在的,也是人们应当任其存在的:"法律与习俗的区别在于:法律着重规范公民的行为,习俗着重规范人的行为。"㊸

这句话之所以吸引人们的注意,是因为孟德斯鸠的话说得比平时更加平静和简单;但是总有一种说不清楚的宏大和寂静的东西使我们感到心惊:那是整个世界在枢轴上转动。

社会学观点挑起分离,也以这样的分离来养育自己;在分离当中,人和公民之间的分离是决定性的。它导致了人的世界的分裂,导致了统一的分裂,同时为这一分裂祝圣,并赋予了它意义。当然,古典哲学也区分人与公民;古典哲学并没有把两者混淆起来。它甚至特别关注"好公民"和"善良的人"之间表现出的张力,关注对于制度来说的"好人"和绝对的好人之间的张力;只有在最好的制度之下,这两种人才能混为一谈——这也就是说,在一般

㊷ 《论法的精神》,第十九章第二十一节。
㊸ 同上书,第十九章第十六节。

情况下，这两种人是不一样的。㊹ 但是，说到底，在把人定义成政治动物的同时，古典哲学家把城邦看成是一切，人的人性从中得到它应有的所有财富：人只有同时是公民，才能真正是一个人。然而，只有遵守城邦的法律，他才是公民，他才能与不是同胞的人区别开来。不管法律是一个人制定的，还是少数人制定的，是大多数人制定的，还是所有人共同制定的，可以说，它都集中了城邦的积极真理，因此也就是集中了人性的积极真理。社会学只是让政治法律成为众多支配人的事物之一——所有支配人的事物中的一种，并与其他支配人的事物平等——，并由此而消除了法律，因此也就消除了城邦的统一和整合作用，与此同时，社会学将自己安置在一个被肢解了的人的世界上，或者说：社会学肢解了人的世界，以便能够自在地将自己安置在其中。

在将习俗的"支配"和法律的"支配"分别开来的同时，孟德斯鸠解放了习俗：他让习俗变得自由了。事实上，我们只能对"自由的"习俗"进行社会学研究"。习俗即便不是自由的，也是政治团体法律的一部分，它可能极为特殊，但一定是其中的一部分。然而，我们只能对属于政治法律——这里指的是这个词强烈的和完全的意义，是其最初的意义——的东西进行"社会学的研究"，因为政治法律是起支配作用的。

对法律有效的东西，对从其本义来说的政治空间也是有效的。政治行为者是其行为的原因。有时候，这种因果关系和最为盘缠交织的社会动态因素一样让人看不透，一样复杂，但是我们的困惑来自人的动机和目的的不确定性：在所有情况下，行为者都是可以导致结果的原因，而不是由原因所导致的结果。渡过卢比肯河（Rubicon）的恺撒是终极的原因；因此，对于社会科学来

㊹ 亚里士多德，《政治学》，1276 b 15—1278 b 5 ；1288 a 37—1288 b 2 ；《尼各马可伦理学》，1130 b 26-39.

说,他是根本不值得关注的。但是,最先表示顺从的元老院议员卡于斯·普拉西杜斯(Caïus Placidus)也一样是原因,对社会科学来说也同样是不值得关注的。受政治法律支配的世界只知道人对人所施加的行为。在这个世界上,一切都是原因,服从的人和支配的人都是原因,虽然他们的权力是不平等的;这个世界上的一切都有赖于人的意志,正如涂尔干在本章开始时提到的那篇文章中非常清楚地表达的那样。

有人会说,这样建立起来的对照是武断的,是不顾事实的,因为事实上,有一种"政治社会学";而且孟德斯鸠也对政治法律做过很详细的阐述,也把政治法律归在支配人的事物之列。政治法律是社会原因之一,那它为什么不属于社会学呢?这些意见是合理的,但是只有当人的世界被肢解之后,或者只有在政治法律被贬低之后,也就是当社会与国家分离之后,或者正在分离的时候,这些意见才是有根据的。

当政治法律不再支配世界的某个基本部分的时候,世界仍然会沿着其轴线转动;这时候,这一部分不会陷入混乱,而是会服从另外的法律,服从另一种法律,也就是社会学的法律。当政治法律的限制最终被释放之后,人的世界会一部分一部分地放弃支配它的清晰的话语,转而服从社会原因在暗中的支配。因为这种支配是在天性政治所照亮的区域之外起作用的;所以只能通过特殊的观点作为工具,也就是只能通过社会学的观点,我们才能看到这种支配作用,才能理解它的运行方式。当宗教摆脱了政治法律,或者与政治法律脱离开来的时候,关键的时刻便到来了。

十二

孟德斯鸠是这样看待宗教和法律的关系的:

> 人类的法律是用来指导精神的,所以,法律应该给予人们以戒律而不是劝导。宗教是用来指导心灵的,所以宗教给予人们的劝导应该很多,而戒律则应该很少。
>
> 比方说,宗教设定一些规矩,不是为了好,而是为了最佳,不是为了善,而是为了至善,因而,只有当这些规矩是劝导而不是戒律时方才合适。因为,不能指望每个人和每件事都能达于至善。况且,如果这些规矩是法律而不是劝导,那就需要许许多多其他法律来保证这些法律得到遵守。基督教劝人独身,当这种劝导成为某一类人必须遵守的法律后,就得每天制定新的法律,迫使这类人遵守独身的法律。立法者如果把热爱至善的人眼中的劝导当成戒律来实现,那他就不但会使自己疲惫不堪,也会让社会不胜其烦。㊺*

这一段文字说的是天主教神学在戒律和劝导之间传统的区别。孟德斯鸠以看起来既合理又符合宗教正统的方式,从中得出政治的结果:劝导不能变成必须执行的规则,只能作为适当的东西推荐给人们,因此是不能成为政治法律的。同时,孟德斯鸠将强调的重点进行了巧妙的安排,将我们引向一些不那么传统的思想。如果要放弃至善的劝导,从更加一般的意义上说,就是放弃宗教所特有的追求最佳的想法,让喜欢至善的人可以随意执行这样的劝导,那么,不仅需要将宗教和国家分别开来,也要废除宗教等级对神职人员的权力,尤其是要求和强迫人们保持单身的权力。

话语在形式上是正统的,却因讲话的调门而巧妙地,也是深

㊺ 《论法的精神》,第二十四章第七节。
* 引文译文参见孟德斯鸠,《论法的精神》,许明龙译,商务印书馆 2016 年版,第 529 页。——译者

刻地提出了异议。作者看起来是选择了至善的道路,而实际上是让人们不要走上这条道路,似乎是在表达个人的兴趣,似乎是在选择去海边还是进山里,摆出一副可爱的真诚的样子,丝毫没有焦虑的神色,也不是在谈论庄重的大事。无论如何,获得至善似乎不应当让喜欢至善的人感到"厌烦"!孟德斯鸠狡黠地肯定并夸大说,获得至善是很容易的,是自发的,同时也将喜欢至善的人和所有其他人分离开来,而这"所有其他的人",简单说,就是不喜欢至善的人;由此,他也将法律和劝导分离开来,他没有提是什么东西将法律和劝导密切联系在一起的。正是通过不提,他消除了这些东西:服从法律就是为至善做准备,甚至是至善的一部分,实际上,只有以至善为前景,对宗教来说服从法律才是有意义的。在这里提到的基督教为自己制定的使命,或者自认为承担的使命就是引导人们,引导所有的人走向至善。⑯ 然而,如果教会将自己的教导完全与庄严的法律分离开来,那么它还有什么常用的、有规律的手段说服我们相信这一使命的紧迫感,如何完成这一使命呢?有人会说,唯一正当并且真正具有说服作用的,是圣人的话语,是圣人的行动产生的作用。就算是这样,假如有的人一路上从来没有遇到过圣人,或者是与圣人背道而驰的,那他们就永远不能听到上帝的话了吗?不管怎么说,对某些人自发地喜欢至善,孟德斯鸠似乎表现得很有信心。但是教会从来不曾有过这样的信心:教会相信所有人的天赋使命。正因为如此,教会在小心翼翼地保持着法律和劝导的区别的同时,不断地强调说,教会有权在某些重大问题上发号施令,并不断要求宗教法律应当成为政治法律的一部分,至少部分地应该是这样。

---

⑯ "你们要做完美的人,因为你们的在天之父是完美的。"《马太福音》,5:48。亦请参见《彼得前书》,1:15—16;《雅各书》,1:4。

孟德斯鸠在这里提出的分离，具有十分严重的后果。对于基督教神学和古希腊哲学来说，存在的至善是人类每一个人生活并达到最终目标的理由，不管这一目标多么遥远，也许是永远也达不到的。基督教神学和古希腊哲学都肯定地认为，一般的天性，甚至堕落的天性，和最高尚的目标之间是连续的。今天在加扎的磨坊(moulin de Gaza)里干活的瞎眼奴隶，明天会成为极其明智的哲学家或者完美的圣人。孟德斯鸠引入的分离打破了这种连续性。谁会想到呢！连专制主义都奉若神明的存在的微妙联系，却受到现代自由的粗暴对待。

十三

就这样，在社会学家的分析当中，社会的国家与教会的国家分离开来。由旧的法律维系成一个整体的政治团体被肢解成了三个大的部分，每一个部分又都可以被分成更小的部分：国家有了划分，按照"权力的分离"进行组织；教会也分成了教派；而社会也是由无数的"团体"组成的。从今往后，我们生活在"分离的时代"了。[47]

但是，社会学为什么敢于将政治法律和其他"支配"分离开，使整体成为一个部分，成为高于其他点的一个点呢？我们认为，总而言之，社会学只是意识到了欧洲政治的发展，只是反映了这一发展。无论如何，孟德斯鸠建立并提出了当代历史时刻的权威，在解释这一时刻，在解释引导这一时刻出现的历史的基础之上，建立了社会学的观点。

---

[47] 亚当·弗格森(Adam Ferguson)，《公民社会之历史》(*An Essay on the History of Civil Society*)，爱丁堡：爱丁堡大学出版社，1966 年首版，1967 年再版；法文版 *Essai sur l'historie de la sociéte civile*，巴黎：法国大学出版社，1992 年，第 280 页。

我们知道他的诊断是什么:欧洲大陆的君主制会不可抗拒地走向专制。㊽ 但是,这到底意味着什么呢？在这个问题上,我们一定不能犯错误。这意味着国王的权力一旦变成特别的政治权力,就会越来越脱离习俗和宗教。在此之前,欧洲的人民是受习俗支配的,而且,在他写《论法的精神》的时候,欧洲的人民仍然是受习俗支配的。㊾ 这就是分析得出的关键点:国王将法律与习俗和宗教分离了开来。

欧洲的人民虽然知道在法律和习俗之间存在着某种区别,但是传统上所谓的政治法律对他们的影响并不大。这并不意味着政治法律是次要的法律,或者是附属的法律,只是意味着,在他们要服从的命令当中,只有很小一部分是特别地或者专门地属于政治法律的。其他的部分,也就是基本的部分,则与习俗混合在一起。专制主义的发展就在于将王权相对的范围和习俗以及宗教的相对范围颠倒了过来。欧洲人受到王权的支配越来越多,受到习俗和宗教的支配越来越少。因此,欧洲的人民处在一种绝对史无前例的境况当中,与孟德斯鸠描写的本来意义上的专制主义相比较,与东方的专制主义相比较,这种境况让人感到胆战心惊。在专制主义制度当中,宗教和习俗,或者习惯,有一种巨大的力量。㊿ 东方的专制主义与习俗是友好的,而正在走向专制主义的西方的君主制度与习俗是敌对的。欧洲人是人类中最先领略到下面这种情形的,专制主义倾向的政治权力在增长,同时习俗和宗教的权力在下降。

因此,一方面,孟德斯鸠要求宗教的"劝导"要与法律明确地区别,甚至分离开来;另一方面,他对宗教的政治权力的衰落感到

㊽ 《论法的精神》,第五章第十一节,第十四节;第八章第六、七、八节;第十三章第十一节。
㊾ 同上书,第八章第八节。
㊿ 同上书,第二章第四节。

遗憾,因为这种权力虽然本身很糟糕,但聊胜于无,也算得上是一道防范专制主义的屏障。㉛ 这种表面上的矛盾只意味着,在大陆君主制的宗教和习俗框架内,对于王权专制政体的增长,也就是特别的政治专制政体的增长所提出的可怕问题,没有解决的办法。然而,在我们刚刚提到的那一段文字当中,孟德斯鸠提出了这样一个说明:"英国人为了强化自由,把组成君主政体的一切力量都废除了。他们保护自由,这当然做得很对,如果失去了自由,他们就会成为世界上受奴役最深重的民族之一了。"最后一句话显得很奇怪,让人觉得从中透露出对英国人憎恨,或者是不大尊重的背景;实际上正相反,这句话意味着英国人成了一个特殊的个案,他们成功地摆脱了欧洲君主制。的确,他们把君主专制主义的逻辑,也就是把政治上的专制主义的逻辑推向了极致;因此,他们以更加合乎逻辑的方式比法国人走得更远,因为他们消除了中间的权力——封建的法律,宗教和习俗的权力——,但是,他们是在政治基础上这样做的——将权力进行分离或者分配——,结果就是,他们以极其可靠的方式,达到了人从未有过的最大自由,而不是预期的奴役。

我们在这里并不是要考察孟德斯鸠如何理解和描写英国制度。㉜ 相反,我们认为重要的,是要领会当时动态的历史,那是他思考的基础。欧洲的君主专制政体明显没有从本来意义上所说的专制政体,也就是东方的专制政体那样的不人道,但是欧洲的君主专制政体要强大得多:它会摧毁,或者会无情地磨蚀东方的专制主义小心维系甚至是带着喜爱之情所保持的东西。东方专制政体的历史,是人的天性遭到虐待的历史,而欧洲君主制度的

㉛ 《论法的精神》,第二章第四节。
㉜ 我在《自由主义思想历史(十讲)》(*Histoire intellectuelle du libéralisme. Dix leçons*,巴黎:卡尔芒-莱维出版社,1987年,第119—142页)当中大致介绍了他对英国制度的解释。

历史则是一个有规律的过程，使欧洲人的境遇发生了连续的变化，而且变化越来越大；现在，这种过程和变化使欧洲人面对两条道路的选择，一条路是奴役，另一条路是自由；这两条道路都是史无前例的，都是极端的。

当然，其他的习俗、其他的宗教也衰落甚至消失了；但是，那是因为政治团体没落了，习俗和宗教便与政治团体一起消失了，或者是因为原来的宗教让位给另外一种宗教，后者从今往后被认为是真正的宗教，也就变成了习俗的主宰。在欧洲历史上，这是第一次宗教长期没落的同时政治团体变得越来越强大，而且没有出现任何新的宗教来代替原来的宗教。

在孟德斯鸠的心目当中，英国人有极端的政治自由，而欧洲人，尤其是法国人，在享有充满快意而节制的自由的同时，却受到极端奴役的威胁。在两种制度之下，宗教都是附属的，虽然附属的程度和方式不一样。宗教所保留着的强制性权力，不管是在英国还是在法国，都是从国家的最高主权或者专权借用的。从今而后，宗教已经不是法律的一个主要部分，而只是国家手中偶尔一用的工具，国家以决定性的方式上升到了高于宗教的地位。当然，宗教还存在，比如天主教、英国圣公教（anglicanisme）或者是某种新教，但是宗教已经不再是从其本义上说的发号施令的机构，而只是一个重要的事物，或者就是一个简单的事物，推动着人们的行为，或者说推动着绝大部分人的行为。

欧洲人在人类编年史上观察到这样一件前所未闻的事：他们的生活正从一个根本性的方面摆脱法律，因为法律变成了纯粹政治上的法律，同时令人不可抗拒地上升到了高于生活内容的地位上。

但是，人们会问，为什么政治法律的上升，在社会学意识、在社会学的自我的意识当中，要通过贬低政治机制得到反映，或者得到表现呢？政治机制只是很多因素当中简单的一种啊。那是因为，新的制度迫使我们以另外的眼光看待所有其他的制度。政治机制在其中的地位如此之高，如此与众不同，因此也就在思想上如此鹤立鸡群，使所有其他的制度似乎都因此而陷入了某种混淆：从那么高的地方看去，斯巴达和中国显得都差不多。[53] 每一种其他的制度似乎都被与政治法律"混淆在一起"的东西所支配，斯巴达被习俗和行为方式支配，中国被行为方式和习俗支配。法国
123 和英国是两个处在欧洲发展尖端的国家，政治在这两个国家是如此"与众不同"，完全没有别的地方那种"混淆"的状态，因此，支配其他制度的，似乎是别的东西，而不是政治法律。这种观察角度的效应与社会学的观点是分不开的，这两者混淆在了一起：政治法律只不过是支配人的事物之一。在这一点上，我们谈到的历史时刻与政治机制（instance politique）实际的上升联系在一起，导致政治机制在理论上被贬低。政治机制在数百年间连续的上升，使政治法律走向了这种屈辱的地位。

责备孟德斯鸠在关于法律的概念上保持了模糊的立场，这是不公正的。有时候，我们觉得他在"法律"这个词所具有的两种不相兼容的意义之间摇摆不定，在作为纯粹的政治命令的法律，和作为纯粹的社会学规则或者必然性的法律之间摇摆不定，那是因为他在描写和认可**法律正在发生的新变化**。

传统的法律，不管是基督教的法律还是古希腊的法律，都是以命令的模式表达某些生活内容；都是根据对人的天性的某种解释，根据对人的天性的目的所做的"必然的"思考。法律对心灵具有改变的作用。法律发生的变化，孟德斯鸠所描写并得出结果的变化过程，是法律如何从与天性的混淆当中挣脱出来，同时自己又是如何发生了分裂的。一方面，对于法律本身的一半来说，它与天性分离，从天性当中解放出来，上升到高于天性的所有组成

---

[53] 《论法的精神》，第十九章第十六节。

成分的高度上,变成了从其本义上说的绝对至高无上的东西,以至于根据情况不同,它可以专制地支配天性,或者威胁说要支配天性,像在法国那样;也可以让天性具有极端的自由,像在英国那样。另一方面,对于法律的另一半,它把自己消融在人类的物质当中,一旦被政治命令(commandement)所抛弃,人类的物质便变得浓稠和不透明:它变成了社会的因果链,只能通过社会学家的观点才能够理解,一条拦阻和捆住自由个体的链条,现代的小说家为我们描写了被捆住的个体是如何受到磨难和奴役的。旧的法律分裂成两极,其中的每一极都可以通过另一极被领会。我们可以用命令的语言说,不同的社会学参数支配着人;而从承受着必然性的物质来看,政治法律是一种社会"事物",与其他的社会事物一样。支配人的,是多种事物。

第三章　经济系统

一

亚当·斯密和孟德斯鸠一样,十分明确地感觉到英国的经验很有前途。但是,孟德斯鸠证明这是一种新的权威,并以极其少见的巧妙小心翼翼地提出了证明;亚当·斯密则很随意地把英国的经验当作一种权威来接受或者说接收了。① 不管是在谈到产权还是自由时,他总是以他所说的"这个词现在的意义"为前提。② 孟德斯鸠用复杂的辩证法描述和解释贸易的良好效果,亚当·斯密则代之以对直线性进步的肯定,用一个词来概括,那就是他的伟大作品中反复出现的"improvement",意思是"进步"或者"改良"。

---

① 他的随意性导致白芝浩(Bagehot)在为《国富论》做摘要时说了一句俏皮话:"一个野人怎么长成了文明的苏格兰人。"
② 我用的是坎南出版社(Edwin Cannan)出版的《国富论》(*La Richesse des Nations*)这一版本(带有乔治·J. 斯蒂格勒[George J. Stigler]新写的前言,两卷为一册的版本,芝加哥:芝加哥大学出版社,1976 年),后文中一律标注为《国富论》,即《国家财富的性质和起因的研究》,第三篇第三章,第 423 页。

他认为，现在这个时代最具权威性的东西，就是经济的增长，正如在英国和苏格兰所表现出来的那样，尤其是复辟以来。亚当·斯密与孟德斯鸠不一样，但是他很直接地预示了贡斯当的思想，③用普遍性的心理因素，用组成人的天性的重要元素，来解释这种"进步"（improvement）："改善自身状况的愿望。"人改善其境遇的愿望永远起作用，不管人处在什么样的历史境况当中，不管是在什么样的政治或者经济体制当中。"政府的荒诞"以及"行政管理中的最大的错误"无疑可以延缓"事物的天然进步"，但是不能阻止进步④。进步是历史的一般规律，至少是英国历史的一般规律。⑤ 亚当·斯密一般是很谨慎的，总是想着如何用资料来支撑自己的经济论断；但是，他对"进步"的不可抗拒充满信心，即使在无法直接研究的一些时期，他也认为有"进步"的推动。他认为可以"肯定"的是，英国在"撒克逊七王国"（Heptarchie saxonne）时代比在尤利乌斯·恺撒时代发展得更好。⑥

但是，亚当·斯密认为，政治体制可以对进步形成限制。⑦ 事实上，政治体制的作用纯粹是负面的。政治体制所能做的最好的事，就是不要阻止产权的自由使用，或者影响产权的安全，从而妨碍这一具有普遍推动力的作用。因此，我们需要指出的是，亚当·斯密并没有停止在令人不知所措的事实上，休谟和孟德斯鸠都曾明确地强调和评论过这些事实，产权的安全在法国和在英国几乎一样重要，而经济发展在英国比在法国要更加明显。⑧ 这样

---

③ 详见本书前文第一章第十四节。
④ 《国富论》，第二篇第三章，第 364 页。
⑤ 同上书，第 367 页。
⑥ 同上书，第 366 页。
⑦ 比如可以参见他讲中国的一些话，同上，第一篇第九章，第 106 页。
⑧ 休谟，"论公民的自由"（Of Civil Liberty），载《道德、政治和文学论文集》（*Essays Moral，Political and literary*），牛津，牛津大学出版社，1963 年，第 94 页。孟德斯鸠，前文所引《思想笔记》，手稿 32 和《论法的精神》，第二十章第四节。

一来,进步就像简单的加法一样好理解了:进步就是同一个原因所产生的相同效果的增加之和。对于新事物的解释,不可能更加简单了。

二

改善境遇的欲望是经济进步的有效原因,也形成了人的天性的基本推动力。可以说,这种愿望集中了天性和历史。对于孟德斯鸠的辩证分析所排斥的东西,亚当·斯密认为是可以接受的:可以用直线性的方式从"天性"当中推导出"历史",也可以通过分析,将"历史"包含在"天性"当中。

作为道德哲学家的亚当·斯密越过孟德斯鸠,与道德学家霍布斯站在了一起:他阐明了人的基本欲望,这种欲望决定了人的问题是什么,以及如何解决。在说明人改善境遇的欲望时,他使用的语言似乎与霍布斯用来描写权力欲望的语言遥相呼应。在谈到人改善境遇的欲望时,亚当·斯密说,那种"欲望虽然一般来说是平静的,是不带激情的,但却是我们生来就有的,等我们到了坟墓才会离开我们",他还补充说,"在生与死之间,人一时一刻也不会觉得自己的境遇是完美的,是完全值得满意的,所以变化或者改善的欲望一时一刻也不会停止"。⑨ 霍布斯在肯定人的权力欲望时,说得更加简短:"因此,我放在首位的,是永远无休止地争取一个个权力的欲望,只有在人死亡时,这种欲望才会停止,这是整个人类普遍性的倾向。"⑩我们很想说的是,改善生活境遇的欲望是一种权力欲望,但是,这种欲望是"不带有激情"的。事

---

⑨ 《国富论》,第二篇第三章,第 362—363 页。

⑩ 《利维坦》第十一章,前文所引译文第 96 页。关于霍布斯的"权力欲望",请见本书第四章第二节。

实上，霍布斯画上了一条等待线，等着亚当·斯密进行修改："人之所以有倾向于和平的激情，是因为人对死亡怀有恐惧，对舒适生活所必须的事物有追求的欲望，有通过机巧获得这些事物的希望。"⑪在这一背景之下，亚当·斯密也明确地参照了霍布斯的思想："正如霍布斯所说的那样，财富属于权力范围。但是一个人获得或者继承了一大笔财产，并不一定因此而得到政治权力，不管是民事权力还是军事权力，也不能继承这样的权力。人有可能借助财产，能够取得民事和军事权力，但是简单地拥有财产，不会必然地为他提供民事和军事权力。拥有财产使他立刻和直接拥有的，是购买权——the power of purchasing；是对当时市场上的一切劳动，或者一切劳动成果的某种支配——a certain command。"⑫

从霍布斯到亚当·斯密，权力欲望变成了购买权的欲望，购买的对象可以是劳动产品或者劳动本身。表面上看，这是对霍布斯论断的一个修正，但实际上亚当·斯密延申了霍布斯的论断。霍布斯本来说得很简单的东西，在亚当·斯密的笔下又进一步简化了。人的天性及其动力，历史及其过程，都浓缩在欲望当中，这种欲望有其名称，而且不会让人感到害怕。现在，人的基本欲望与人改善境遇的欲望融合在一起，改善境遇的欲望又与提高购买的权力的欲望融合在了一起，天性和历史在人们开始称之为经济的东西当中融会在一起。

然而，亚当·斯密不相信我们能通过经济的计算得到人的世界的秘密。正像我刚才强调的那样，这一切都是极其简化了的，就在处于中心地位的欲望内部，他再一次看到了人的问题的复杂性。仔细地探索这一复杂性是很重要的，因为对改善境遇的

---

⑪ 《利维坦》第十一章，前文所引译文第 127 页。
⑫ 《国富论》，第一篇第五章，第 35 页。

欲望进行分析,会将我们引向所有存在当中最平淡无奇的存在隐藏着的无底洞的边缘,那就是"经济人"(homo œconomicus)。

三

在亚当·斯密的两部重要的作品——1759 年的《道德情操论》(Théorie des sentiments moraux)和 1776 年的《国富论》(Richesses des nations)——当中,关于改善境遇的欲望的说法,有很大的差别。

我们先看《道德情操论》中一段重要的文字:"……人生的伟大目标,即改善我们的条件而谋求的伟大利益又是什么呢?引人瞩目,被人关心,得到同情,自满自得和博得赞许,都是我们根据这个目的所能谋求的利益。吸引我们的,是虚荣而不是舒适或快乐。"⑬*

我们再来看《国富论》中相应的段落。这些段落在第二篇第三章,题为"论资本的积累,或者生产性和非生产性劳动"。这一章的组织方式是将挥霍和节约分开,并将两者进行对照。挥霍是把资本用于轻率的开支,因此转移了资本的本来用途;而节约是节省,是积累资本,以生产性的方式使用资本,或者允许和适合于这样使用资本。合理地,也就是以生产性的方式使用节省的资本、储蓄的钱,也就是倾向于储蓄,倾向于每年都有一些节省,这是由于"一种非常强有力的原则引起的,也就是每个人明确而明显的利益"⑭。挥霍者的开支是由虚荣推动的,会受到上天的谴

---

⑬ 亚当·斯密,《道德情操论》(Indianapolis, Liberty Classics),第三篇第二章,第 113 页。

* 译文参见亚当·斯密,《道德情操论》,蒋自强等译,商务印书馆 2014 年版,第 61 页。——译者

⑭ 《国富论》,第二篇第三章,第 360 页。

责:"[挥霍者]不量入为出,从而损害了资本。正如一个人将宗教基金会的收入挪作世俗用途一样,他用这笔钱使自己可以游手好闲,而实际上这笔钱是他的祖先节省下来,本应当用于维持工业的。"⑮ 但是,像这样的挥霍行为还是很少见的。绝大部分人是节约的,因为节约是改善境遇的"最一般,最显著"的办法。⑯ 人对境遇感到不满足,因而会在经济上进行算计,这与虚荣没有什么关系,因为财富积累的增多是"逐渐的"和"默默的"⑰,因此,也就不大可能吸引外人的注意。

引起挥霍的虚荣是不好的,而且,可以说是大逆不道。追求利益导致节约和积累,这是合理的,是好的。我刚才已经说过,人类经济之所以进步,公共繁荣的不断发展之所以不可抗拒,是因为虚荣的人,或者由虚荣引起的行为,比节约的人或者追求利益导致的节约行为要少得多。⑱

在《道德情操论》和《国富论》当中,作者都表达了同一个信念:改善境遇是人的大事。但是,在两本书中,对人的欲望的解释则相差很大。在《道德情操论》当中,人之所以有欲望,从根本上来说,是由于人是虚荣的;在《国富论》当中,人的欲望来源于人的不满足感和利益追求,但是人的不满足感和利益追求并没有明确地或者隐含地与虚荣联系起来。这一变化很大。虚荣包含了与其他因素的关系;整个虚荣不过就是这样的一种关系。导致储蓄和合理经济行为的不满足感本身,并不包括也不牵涉根据其他因素定义的关系。改善境遇的欲望第一种说法直接就是社会的和道德的;它假设人与人之间存在目光交叉的联系。第二种说法没有考虑满足感的性质,而满足感是合理储

---

⑮ 《国富论》,第二篇第三章,第 360 页。
⑯ 同上书,第 363 页。
⑰ 同上书,第 367 页。
⑱ 同上书,第 363 页。

蓄行为的目标和感受；第二种说法使欲望的社会和道德内容处在未确定的状态，但是这一内容仍然是人的天性和历史的推动力。经济人之所以想发财，是为了受人赞美还是为了生活越来越舒适？用卢梭的语言来说，经济人是"思考"的人，还是"感觉"的人呢？亚当·斯密的伟大作品——政治经济学的第一座丰碑——远没有回答这些问题，似乎根本就没有提出这些问题，因而让社会联系的性质和内容停留在完全未定的状态。

人们会说，人与人之间是通过各种不同形式的交换联系在一起的。但是交换的概念本身并不包含其动机的观念。人们为什么会交换呢？亚当·斯密只是回答说：因为他们有交换的天性倾向。[19] 这无异于将新的科学，或者新社会的科学建立在鸦片让人昏昏欲睡的作用基础之上！然而，政治经济学怎么可能建立在如此脆弱的基础之上呢？我们应当在更加宽广的范围来看待亚当·斯密的分析。

人想改善境遇的前提，是他能以某种方式想到，想象到更好的境遇，他想得到这种境遇，想让这种境遇成为真实的。让欲望担当重任，似乎必然意味着，让想象具有决定性的重要意义。亚当·斯密首先就是这样做的：想象在《道德情操论》中占有中心的地位。让我们仔细看一看下面一段文字：

> 我们的想象……会扩展到自己周围的一切事物身上。于是，我们为宫中盛行的便利设施具有的美和显贵的安排所深深吸引；欣羡所有的设施是如何被用来向其主人提供舒适，防止匮乏，满足需要和在他们百无聊赖之际供他们消遣。如果我们考虑一下所有这些东西所能提供的实际满足，仅凭

---

[19] 《国富论》，第一篇第二章，第17页。

这种满足本身而脱离用来增进这种满足的安排所具有的美感，它就总是会显得可鄙和无聊。但是，我们很少用这种抽象的和哲学的眼光来看待它。在我们的想象中，我们会自然而然在把这种满足与宇宙的秩序，与宇宙和谐而有规律的运动，与产生这种满足感的安排混淆在一起。如果用这样复杂的观点来考虑问题，财富和地位所带来的愉快，就会使我们把它们想象成某种重要的、美丽的和高尚的东西，值得我们为获得它们而倾注心力。

同时，天性很可能以这种方式来欺骗我们。正是这种蒙骗不断地唤起和保持人类勤劳的动机。正是这种蒙骗，最初促使人类耕种土地，建造房屋，创立城市和国家，在所有的科学和艺术领域中有所发现、有所前进。这些科学和艺术，提高了人类的生活水平，使之更加丰富多彩……⑳ *

如此说来，正是一种美好的形象，一种无关利益的想象，激励了我们对金钱和权力的关注，也同样激励了我们对科学和艺术的关注。道德哲学家亚当·斯密认为，当我们追求实用的东西的时候，实际上是虚荣在推动着我们，当我们屈服于虚荣的时候，实际上是美好的事物在推动着我们。

但是，想象还有其他的权力。它让一种社会的安排成为可能，虽然这种安排不是建立在正义之上的，但它至少能够产生某些正义的效果。从《道德情操论》开始，在对想象的权力进行分析的框架之内，亚当·斯密便引入了看不见的手这个主题，对于政治经济学的建立来说，这是一个决定性的主题：

---

⑳ 《道德情操论》，第四篇第一章，第 303 页。

* 译文原文参见亚当·斯密，《道德情操论》，蒋自强等译，商务印书馆 2014 年版，第 230—231 页。——译者

骄傲而冷酷的地主眺望自己的大片土地,却并不想到自己同胞们的需要,而只想独自从土地上得到的一切收获物,是徒劳的。眼睛大于肚子,这句朴实而又通俗的谚语,用到他身上最为合适。他的胃容量与无底的欲壑不相适应,而且容纳的东西绝不会超过一个最普通的农民的胃。他不得不把自己所消费不了的东西分给用最好的方法来烹制他自己享用的那点东西的那些人;分给建造他要在其中消费自己的那一小部分收成的宫殿的那些人;分给提供和整理显贵所使用的各种不同的小玩意儿和小摆设的那些人;就这样,所有这些人由于他们生活奢华和具有怪癖而分得生活必需品,如果他们期待他的友善心和公平待人,是不可能得到这些东西的。在任何时候,土地产品供养的人数都接近于它所能够供养的人数。富人只是从这大量的产品中选用了最贵重和最中意的东西。他们的消费量比穷人少;尽管他们的天性是自私的和贪婪的,虽然他们只图自己方便,虽然他们雇佣千百人来为自己劳动的唯一目的是满足自己无聊而又贪得无厌的欲望,但是他们还是同穷人一样分享他们所做的一切改良的成果。一只看不见的手引导他们对生活必须品作出几乎同土地在平均分配给全体居民的情况下所能作出的一样的分配,从而不知不觉地增进了社会利益,并为不断增多的人口提供生活资料。㉑*

　　我们立刻把这一段文字和十七年后《国富论》中提出的看不

　　㉑ 《道德情操论》,第四篇第一章,第 304 页。我们需要指出的是,亚当·斯密这时还没有区别生产性劳动和非生产性劳动。详见《国富论》,第二篇第三章。

　　* 译文参见亚当·斯密,《道德情操论》,蒋自强等译,商务印书馆 2014 年版,第 231—232 页。——译者

见的手的版本进行对照：

> 人……本来就无异各尽所能，尽量使社会的收入加大。固然，他们通例没有促进社会利益的心思。他们亦不知道他们自己曾怎样促进社会利益。……他们所以会如此指导产业，使其生产物价值达到最大程度，亦只是为了他们自己的利益。在这场合，像在其他许多场合一样，他们是受着一只看不见的手的指导，促进了他们全不放在心上的目的。[22]*

在两个版本当中，"看不见的手"的定义从形式上是一样的。指的都是社会人产生好的结果的过程，而这种结果的产生与人的主观愿望没有关系，通过这一过程，每个人自私的愿望、激情和行为在客观上共同促进了公共利益。但是两个版本的内容有很大的差别。在《道德情操论》中，想象和虚荣形成了人的行为动力；在《国富论》中，想象和虚荣不见了，人的行为只是由收益或者利益确定的。在《道德情操论》中，看不见的手的作用直接源于社会分工；其过程是大人物或者有钱人的想象和虚荣导致产生和维持的；而根据《国富论》的分析，看不见的手的基础，是不加区别的所有经济行为者的行为。在两本作品当中，"看不见的手"的基础，从充满魅力的想象，过渡到了对收益的合理追求，前者是不平等的，而后者是平等的。

在同样的表达之下，我们发现了差别很大的两种社会过程，两种道德背景。那么，看不见的手是统一了人的世界的多样性？还是更准确地说，两个版本的"看不见的手"之间的差别如此之

---

[22] 《国富论》，第四篇第二章，第 477 页。

* 译文原文参见亚当·斯密，《国富论》下册，郭大力等译，译林出版社 2014 年版，第 24 页。——译者

大，只能说明亚当·斯密没有办法将古与今，将原来的（ci-devant）不平等的社会与新的平等的社会放在一起来思考呢？"看不见的手"是包含了现代差别的秘密，还是反而背叛并抹杀了这一差别呢？"看不见的手"是不是现代思想在肯定"今"的同时，又否认"今"的一种前兆和响亮的说辞呢？

我们应当在《国富论》著名的一章中去寻找对问题的解释。在这一章中，亚当·斯密描写了不平等的社会向平等社会的过渡，正是在这一历史过程中封建主义让位给了贸易社会（commercial society）。

四

这一段描写十分著名。[23] 从某种意义上说，这段文字是"天赋学问"（science infuse）的一部分，或者，也许可以说是自由社会黄金传说的一部分。下面是我对这一描述的综述。

封建领主是一个大地主。在耕种他的土地的人们生产的过剩产品中，他自己只能消费很小的一部分。剩下的，也就是其中的大部分，他只能在更大的范围内发挥好客的精神，送给别人，并因此使自己有了很多的顾客——侍从和仆人——，这些顾客由他养活，所以也必须服从他。封建社会的这种组织本身看来似乎极其稳定。即将导致变化的，是"国际贸易和制造业在暗中潜移默化的影响"，[24] 由于有了国际贸易和制造业，领主（landlord）可以把从前不得不与顾客分享的剩余产品，完全用于自己的消费。亚当·斯密评论说：

他们从前的剩余粮食，如足养活一个人一年，他们就只

---

[23] 详见第三章第四节："城市的贸易是如何为乡村的进步做出贡献的"。
[24] 《国富论》，第四篇第二章，第437页。

把这粮食用来养活这一个人。现今,却不然了。他们会宁愿把这一个人的粮食或其价格,用来购买一对金钢石的钮扣,或其他珍贵物品。他们毫不迟疑地,与其保留旧有的威权,而与人共享,就宁愿逐渐舍此威权,转图此等儿戏最平凡最下贱的虚荣心的满足。㉕ *

就这样,在这本巨著当中,在这本气势宏大、论述口吻平静的杰作当中,亚当·斯密对封建社会向商业社会过渡的解释,因此也就是对现代社会诞生的解释,是以一句题头辞为基础的。㉖ 历史是不是就在这样一个细小的铰链上被推着转向了呢?

五

亚当·斯密通过"看不见的手"这个主题,竭力让自己的解释变得可信,但是在这一段文字当中,他并没有重复这个说法:

对于公众幸福,这真是一种极重要的革命,但完成这种革命的,却是两个全然不顾公众幸福的阶级。满足孩稚的虚荣心,是大领主的唯一动机。至若商人工匠,虽不像那样可笑,但他们也只知道为一己的利益。他们所求的,只是到有一个钱可赚的地方去赚一个钱。大领主的痴傻,商人工匠的

㉕ 《国富论》,第四篇第二章,第437页。
* 译文参见亚当·斯密,《国富论》上册,郭大力等译,译林出版社2014年版,第355页。——译者
㉖ 两页之后,作者又重复了这段题头辞的文字:"他们那与生俱有的权力,于是出卖了,然而出卖的目的,不是像伊骚那样为了饥饿,为了必需,却仅仅为了耳目玩好,仅仅为了儿童所乐玩,非成人所宜求的宝石钻戒。因此,他们与城里的市民商人较,是一样平庸了。"(译文参见亚当·斯密,《国富论》上册,郭大力等译,译林出版社2014年版,第357页。——译者)

勤劳，终于把这次革命逐渐完成了。但他们对于这次革命，却是始终未曾了解，亦未预先看到阿。㉗ *

因此，正是具有很大差别的两种人的两种态度、两种行为的相互作用，在西方人的生活当中慢慢导致产生了决定性的革命：一种是地主的虚荣逻辑，而且这种虚荣还是很"幼稚"的虚荣；另一种是商人和手艺人的利益或者收益逻辑。如果说商人和手艺人的利益或者收益逻辑是《国富论》中假设和肯定的逻辑，那么，地主的虚荣逻辑是《道德情操论》中描写的逻辑吗？似乎并非如此。

《道德情操论》的推动力是虚荣和想象，但是，这种心理似乎并不能解释为什么封建领主为了满足幼稚的虚荣心，甘愿放弃荣耀的地位。这种心理所能说明的，应当是领主们会拼命捍卫自己的地位，因为这种心理是把虚荣与想象，以及与获得荣耀的欲望密切联系在一起的。当然，在这部作品当中，沉湎于虚荣的行为，是遭到哲学家谴责的；但是，哲学家也注意到，这种虚荣，以及与虚荣密切联系在一起的想象，是人类生活中一切代价的源泉，由于虚荣和想象，人们能够因一些华丽的小玩意儿而得到快乐和满足，但是虚荣和想象也能启发人类最为严肃、最为高尚的活动。㉘ 实际上，权力和财富的欲望所追求的，虚荣和野心所追求的，是一种观念："某种人为的和优雅的娴静观念"，人们特别想得到这样的娴静，因为它似乎是"优越阶级的生活"的标志。㉙

然而，如果人类的想象就是这样，那么封建领主为什么会更

㉗ 《国富论》，第四篇第二章，第 440 页。

* 译文参见亚当·斯密，《国富论》上册，郭大力等译，译林出版社 2014 年版，第 358 页。——译者

㉘ 详见本书前文第 131 页的引文；亦请参见《道德情操论》，第四篇第一章，第 299 页。

㉙ 同上书，第 300 页。

喜欢几颗钻石，而放弃对广大领地和众多人口的权力，放弃与此必然相关的声誉呢？因为钻石可以只属于他，可以完全属于他，而土地的剩余出产一定会被分配给别人吗？不过，这无疑是在假设虚荣变成了想象的对头，差不多完全吸收或者消除了想象：地主的想象已经不再包括芸芸众生，已经不再关注让自己的生活与普通百姓的生活完全不一样，而是仅仅局限在、仅仅集中在自己身上，所谓想象，只是想以最昂贵的方式把自己一个人装饰起来。

实际上，亚当·斯密在这里向我们描写的封建领主的心理不大可能是真实的，不，应当说，这种心理是完全不切实际的。亚当·斯密是在随意地形容越来越大的义愤情绪，提出这种情绪的特点㉚，借助对这种情绪的描写，他想让自己的不确定性蒙混过关，也想迷惑我们的警惕性。他把自己知道的关于想象力的一切放在一边，那是他在《道德情操论》中以超凡脱俗的方式描写过的，他掩饰了地主在堕入"荒唐的虚荣"之前心中的感受。在他的描写中，似乎地主的杰出地位，似乎"封建"权力在他们的意识中没有参照物，他们也没有思考过这些。他们骄傲的心中似乎根本就没有那些依附于他们的人，他们只是"赡养"了这些人；而且总而言之，他们之所以把这些人召集来，似乎只是为了处理他们不知该如何处置的剩余产品。

如果使用熟悉的抽象语言，我们会说，在这一段介绍当中，养活附属农民的经济剩余产品，并不是政治体制或者"封建权力"不可或缺的手段，或者不可避免的结果；在一定的情况之下，政治体制是剩余产品唯一可能的用途。证明就是：剩余产品一旦有了更称心的用途——因为更能满足私欲，地主会毫不犹豫地偏爱新的用途。亚当·斯密有个十分明显的愿望，那就是从经济条件推导出政治体制，所以他肯定说，封建地主向农民发号施令，因为是他

㉚ 详见本书前文第 134 页。

养活着他们；相同的推导也会让我们得出结论说，封建领主会听命于农民，因为是农民们养活了他。

人们会说，政治体制是不是经济体制的工具，或者经济体制是不是政治体制的工具，这个问题人们已经讨论过了，而且显然，两种情况都同样是可能的；甚至两种论断并不互相排斥，因为两者可以"互为因果"。我们在这里试图解决的问题，导致我们肯定了前一章提示的东西：语言是多么空洞和徒然啊！我们面对的两种论断，并不是因为同样科学，所以应该同样受人尊敬；其中的一个是"伪造的"，另一个则需要"证实"。经济体制第一的论断不是真的，但它也不是假的；它只是不可想象的。我们无论怎么想象，也无法设想封建地主心中的想法，他为什么把成千上万的附属农民当负担揽在自己身上，却又不知道该怎么看待，怎么对待这些人。天哪，他为什么要养活这些人呢？要不是为了养活这些人，他要那么多剩余的羊和小麦干什么呢？看来，亚当·斯密笔下时髦的封建地主的地位，是任何有常识的人都不愿意要的。

不可想象的事之所以有了某种可信性，是因为亚当·斯密向我们介绍的事似乎是在说，封建领主之所以养活这群人，是期待以后再用剩余产品购买他狭隘的心灵真正想要的东西。但是，不用说，这只不过是我们回顾历史时的幻觉。封建领主并不知道，由于"贸易和制造业的进步"，他很快或者以后将可以得到一些很诱人的财产，比如钻石的别针或者丝绸的长筒袜。只有说清楚封建地主为什么占有剩余产品，为什么养活附属的农民，对"封建"的解释才具有可信性，或者才能是真的：封建领主的想法和感情必须与他扮演的角色一致。

六

亚当·斯密是个深刻而巧妙的心理学家；但是他的心理分析

与他的政治和经济论断之间的关系仍然是未确定的。两者之间不可能一一对应，所以，我们刚才已经看到，在《国富论》中，为了解释欧洲历史的重大联系——从封建社会向商业社会的过渡，亚当·斯密必须放弃他在《道德情操论》中出色地阐述的关于想象和虚荣的学说，这一学说有力地帮助他说明了封建秩序的内在生活。他讲了一段历史，也就是进步的历史，是商业社会进步和胜利的历史，但他未能同时讲与人的激情和观念相应的历史：进步的历史已经不再真正是人的历史。亚当·斯密的确指出了人是如何推动这一历史前进的，那就是每个人都有改善境遇的欲望。人的境遇之所以得到了不可抗拒的改善，是因为人有不可抗拒的欲望改善其境遇吗？就算是吧，但前提是人们知道自己想要什么，能够实现自己想要的东西，而且切实地实现它：那为什么要谈到"看不见的手"呢？

亚当·斯密承认并且赞成，他在颂扬新社会，颂扬现代制度。进步的不可抗拒的阶梯，就是这一"切实的真理"，它能让所有其他的思考变得苍白无力。这样一来，进步，也就是现代制度的根本，就必须扎在不可抗拒的欲望之中，其原因就必须是人的天性。同时，他还感觉到，在这种有规律的量化进步当中，也包含着一些质的变化，一种连续的方法将新社会和之前的社会分离开来。让人感到震惊的是，人的天性一定发生了什么事，或者正在发生什么事。但是，如何支持这样的矛盾呢？孟德斯鸠解决了或者回避了这个困难，他没有明说人的天性中有一种基本的感情，正是这种感情将人类从斯巴达的道德引导向英国的自由。我们已经看到，他把人的天性说成是统一人类现象的原则，从而不必再对多种社会学参数进行区别，而多样性的社会学参数的统一，是通过社会学家的观点来实现的。他还在两种人类行为的制度之间进行对照，其中一个以逃避糟糕生活的必然性为基础，是商业的推动力。亚当·斯密本来很佩服孟德斯鸠，但是他并没有采用孟德斯鸠的神奇发明。我在前边已经提示过,这大概是因为,亚当·斯密是那个世纪晚期的作者,而且心灵也不如孟德斯鸠的坚强,他被商业权威所迷惑,因此无法抵御地受到诱惑,想在商业和人的天性之间建立平等的联系。由此,还有一个原因就是,"利益"的概念已经明确地存在于法国哲学家孟德斯鸠的思想当中,而且在很大程度上已经具有解释的作用,在这种抽象而一致的灰色调当中,品质上的差别也就丧失了其特点和颜色。

事实上,如果说封建领主的心理对他的封建作用是不确定的,或者干脆就是没有作用,那么,利益的概念——虽然作用范围大,使用频率高——也隐藏了另一种没有确定的东西。手艺人和商人以金钱作为交换,向领主提供奢侈物品,这种事平淡无奇,也很合理;他们为什么要这样做呢?是出于收益的诱惑,是因为这样做符合他们的利益吗?就算是吧,但是,他们是想挣钱,好过上舒适生活,或者为了有钱以后也虚荣地花费呢?还是为了把挣来的钱投资,以挣更多的钱呢?对此,我们一无所知。亚当·斯密不得不简单地勾勒一下我们的天性,或者说我们的心灵,在我们的天性或者心灵的历史上,心理状态真正明确的唯一时刻,人类活动的意图真正清楚明了的唯一时刻,就是领主屈服于所谓"幼稚的"虚荣,更喜欢奢侈而不是权力的时候,况且他也从来没有说过封建领主曾经喜欢权力。

从亚当·斯密在《国富论》中展示的历史来看,人的心灵只在消极的时刻,或者在毁灭性的时刻,才有所表现,才真正起作用,以摧毁封建世界,而不是为了支持封建世界,也不是为了取而代之。因此,对这种作用的描述只能是讽刺性的,只能当作讽刺诗来看待:领主,从其天性和感情来看,在舞台上只能是昙花一现。在此之前,封建领主只是剩余产品的被动工具,既没有感情也没有野心,只是在即将消失的时候,才作为封建领主,带着人的特点,带着幼稚的虚荣出现在我们面前。只是在这一时刻,亚当·

斯密才提到他从前的"权力"和"权威",而且也只是为了说他拿这"权力"和"权威"换一对钻石别针。

另外,人们也不大理解为什么亚当·斯密的文字带有那么浓重的嘲讽意味。他自己对我们说,到头来,领主就像一个有钱的资产者或者商人。他把荒诞的封建领主的处境"换成"了另外一种社会地位,使领主终于可以合理地做人做事。领主的行为实际上既符合自身的利益,也符合一般的利益。与其嘲讽,亚当·斯密本可以庄严地颂扬这一幸福时刻,因为从这一时刻开始,领主拥有的不再是人,而是价格昂贵的饰品饰物。

尽管亚当·斯密对理性或者体面的东西有着正式的学说,但对于放弃了自己的领主地位的人,他是蔑视的。因此,他同意,封建领主后来变成了有钱的资产者,但是领主比资产者更伟大,他还说,有钱的资产者是"无足轻重的"。但是,他无法下定决心进入领主的心灵,因为他觉得领主的心灵与商人,也就是与理性和体面的人差别太大。因此,只有当领主的行为与普通商人一样的时候,不,应当说是与庸俗而轻佻的女工一样的时候,他才愿意将领主指出来给我们看。

尽管他严肃地考察领主的心灵,但他明确指出,领主是在中央王权的迫使之下,是在君主的迫使之下,被逼无奈才将权力和声誉"换"成了红宝石和高级皮鞋。领主是被比他更强大的人,也许是更聪明的人驯服了!他所谓"幼稚的"虚荣,只是随着权力的下降才增长的;虚荣远没有导致领主权力的丧失,而只是权力丧失的结果。领主是在最狭隘、最简单和最"可笑"的心理视角之下被考察的,因为他不是从政治视角被考察的。

七

但是,当需要将旧与新放在一起思考时,亚当·斯密为什么不能使用关于想象的观念呢,这种观念看起来不是很适合这一任务的吗?他在《道德情操论》中阐述的想象,的确可以说是"创造性的"或者"建设性的"。那么,我们很想悄悄对他说,为什么不把经济阶段的接续与人的心灵情绪的历史联系起来,为什么不把经济历史描写成特别具有人道的历史,把经济的每一个阶段都说成是想象的一种状态呢?为什么不能认为各种状态之间的区别是想象产生的结果,今天的人们不是常常在这样做吗?我们需要重新考虑上面的说明,以更加仔细地考察想象的组成。

奢侈品的实用性,奢侈品让人感到的惬意,以及人们觊觎奢侈品的心情,这几种因素之间是不对称的,这使亚当·斯密感到吃惊。在解释这一奇怪现象时,他指出说,奢侈品之所以吸引我们,并不是因为它的真正的实用性,而是实用性的观念,更加准确地说,是生产奢侈品的"系统的秩序,是其规则而和谐的运动,其机器或者结构"。[31] 在我们的欲望中,我们是被一种美学思考驱动着,亚当·斯密认为自己首先准确定义了这种美学思考:"任何艺术品所具有的这种适宜性,这种巧妙的设计,常常比人们指望它达到的目的更受重视;采取和变化方法来获得便利或愉快,常常比便利或愉快本身更为人们所看重,似乎想办法获得便利或愉快的过程才是全部价值所在,据我所知,这还没有引起任何人的注意。"[32]* 比如,人们根本用不着对时间进行准确测量,可为什么还是想要一块尽可能准确的手表呢?亚当·斯密回答说:"[他们]感兴趣的,并不是特别的知识,而是可以得到特别知识的机器。"[33]

我们现在可以从根本上了解亚当·斯密对想象的设想了。

---

[31] 详见本书前文第 131 页。
[32] 《道德情操论》,第四篇第一章,第 298 页。
　　* 译文参见亚当·斯密,《道德情操论》,蒋自强等译,商务印书馆 2014 年版,第 226 页。——译者
[33] 同上书,第 299 页。

从根本上来说，让我们对财富和权力产生欲望的想象，让我们希望得到与一般人不同的生活、希望活得像神仙一样的想象，与让我们觊觎高精度手表和一些饰品饰物的想象是完全一样的；在亚当·斯密的时代，人们所说的饰品饰物，其实就是我们今天称之为的"无用的小玩艺儿"（gadgets）。权力欲望、财富欲望和想获得精巧技术产品的欲望共同的温床，是一种美学观念；这种美学观念确保将人类的各种活动统一在同一种进行沟通和度量的环境当中，统一在同一种社会和精神的生活当中。实用性当然是一种标准，但是事物的价格是由想象确定的，想象使得各种事物或多或少地成为人的欲望的对象，使得各种事物在人们的欲望当中各就其位。

因此，对权力的欲望——特别的政治欲望，伟大的欲望——和对无用的小玩意儿的喜爱，是同一种美学温床，同一种想象能力的两种表达。伟大的欲望也必然源于这一温床：从内在本质上说，伟大的欲望比导致产生这一欲望的东西更弱。而且，如果说伟大欲望与庸俗欲望的动力相同，如果我想得到光荣和得到一块手表是出于相同的欲望，那么，根据想象的倾向性和真理，社会最终必然会与我们的想象相对应。既然想象实际上是一种美学能力，能够在凝视制造得越来越巧妙的物品和设计得越来越精致的服务中得到最大的满足感，那么，如果社会能够让人们得到满足感，人们便不再有追求权力和光荣的野心，而是越来越多地想获得越来越完善的产品。人类工业可能因为人们对无用的小玩意儿的欲望而产生需求，这种欲望可以与对权力或者对原始财富的觊觎相同，或者更准确地说，更大，更加合理，因为原始财富并不需要多高程度的技术加工。

在《道德情操论》中，人的舞台被亚当·斯密描写成是由想象主宰并由想象形成的舞台；想象引导欲望，似乎能将欲望引向伟大的抱负，也能使它沉湎于商业社会所喜爱的庸俗而完善的物品。其实不然，想象并不是如此无动于衷。总而言之，实用性的形式观念，为了达到目的而对手段进行调整的形式观念，将令人产生欲望的事物凝聚成具有感染力的核心。因此，如果一个社会想要特别满足的欲望取决于社会的想象具有什么样的形式，那么想象自然而然地便会在商业社会中考验自己，满足自己；在商业社会中，对人具有推动作用的"美学"动机被化简为纯粹的、能够以最直接的方式识别的本质，"美学"动机完全包含于并且完全存在于事物和完美的制造物。

想象对其对象无动于衷，但条件是其对象在形式上是和谐的，同时想象也必然被引导着符合其自身的形式：实用性的观念，从功能上根据目的对手段进行调整。虽然有弹性，有血性（plasmatique），但是想象有想象的本性。它将人从人的天性限制中解放出来，让人服从于想象的本性。从光荣到无用的小玩意儿，想象用手引导着人。但是想象变得越是真实和纯粹，越是符合其形式和本质，它就变得越是贫乏和褊狭，就越是与想象的本性对立。想象在钟表匠的手表当中，比在亚历山大的心灵中要更加纯粹！想象使事物有了价格，但它必然无视自身的价格，因此也就是无视它在两种不同制度当中在品质上的差别。

想象设想了那么多不同的事物，想象不知疲倦地充斥着奥林匹斯山和泰纳隆（Ténare）城，却无助于我们思考人在各个时代的差别。

八

144　　在沉迷于商业的社会中，想象积极地活跃在生产和交换的事物当中，因此也活跃在作为交换媒介的金钱当中。就这样，想象被纳入、被掩埋在制造物和金钱当中，成为光荣的能力而消失于无形。它仍然在起作用，但是可以说，它变得让人看不见了。人的天性丝毫没有丧失追求欲望的热情，但是，它最喜欢追求的欲望,显然是能够让人产生欲望的东西,那些毫不含糊地、清楚无误地赫然昭示令人产生欲望的招牌的东西,"有用的"东西,以根据目的而调整手段的形式收纳并展示其实用性观念的东西。

因为实用性观念能够训练和满足想象,所以它支配着经济人,也支配着经济人的观察者。想象可以看得见的作用,倾向于消失在被人所欲求和交换的事物和制造物当中。这种作用再次出现于从外部观察商业社会的人的精神当中,再次出现于旁观者的精神当中,且锋利如初,甚至更具活力。旁观者把商业社会看成一架巨大的机器,在这架机器里,手段是完全根据目的调整好了的,像一个自动的、能够自发地达到和谐的巨大系统一样,这个巨大系统就是市场。经济学家的欲望和快乐延长了经济人的欲望和快乐,并使其达到峰顶。至少亚当·斯密是这样描写他自己的处境和感觉的:

> 政策的完善,贸易和制造业的扩展,都是高尚和宏大的目标。有关它们的计划使我们感到高兴,任何有助于促进它们的事情也都使我们发生兴趣。它们成为政治制度的重要部分,国家机器的轮子似乎因为它们而运转得更加和谐和轻快了。我们看到这个如此美好和重要的制度完善起来感到高兴,而在清除任何可以给它的正常实施带来丝毫干扰和妨碍的障碍之前,我们一直忧虑不安。㉞*

实际上,新社会的公民之所以想买结构精致、巧妙的手表,亚当·斯密之所以提出建议,要清除市场有可能干扰或者影响其运

㉞ 《道德情操论》,第四篇第一章,第 305 页。
* 译文原文参见亚当·斯密,《道德情操论》,蒋自强等译,商务印书馆 2014 年版,第 232—233 页。——译者

行规律的哪怕是最小的障碍，他们难道不是受到了同样形式的想象的激励吗？

九

地主以其愚鲁的想象隐隐望着无边无际的土地。他的贪欲极大，胃口却极小，要弥补这两者之间的不平衡，他需要很多其他的人。像这样的不平衡形成了那只看不见的手的推动力，而这只看不见的手让达官贵人们张开了他们的手。㉟ 在新社会，想象变得更加精致，或者也可以说变得更加注重形式，更具有个性化的特点：每个人都从想象中强烈地感觉到物品和服务令人赞佩、引人产生欲望的特点，这些物品和服务呈现着精致，表现出根据目的而对手段进行的调整。在想象的个人化过程结束时，每一个社会人（sociétaire）都单独面对"合适"（fitness）及其无限的应用。因为每个人都被这种观念推动着，因此，对能够表现这种观念的物品平静的欲望也就推动着每一个人，那么，人与人之间的关系就没有任何理由不是和平的、和谐的，除非与"合适"的观念无关的动机介入，除非世俗的或者精神的政府干预。

我已经指出，从其本身来看，购置高精度手表和买钻石别针都没有实际上的用处，也算不上是真正理性和"哲学"的行为。但是，手表所包含的，即便不是实用性，至少也是实用性的观念，是"合适"的观念，因此手表包含了商业社会特有想象的特别动机。购置手表的虚荣因它所包含的想象的合理性而得到了平衡，或者前者的虚荣被后者的合理性吸收了。领主因购买昂贵的首饰而引人嘲讽，那是道德审查的夸大，恰恰是因为他表现出人的基本情感，这种情感还没有被"合适"的抽象观念所改变和特定化。从

㉟ 详见本书前文第132页。

相反的意义上来看，亚当·斯密对现代社会特有的行为所做的道德判断是不确定的，或者是模糊的——"合理"但是"庸俗"，就像"沿街叫卖东西的小商贩"的行为一样——，因为这些行为具有抽象的特点。虚荣，或者感性，在对"利益"的追求当中，因实用性的抽象观念而受到了很大的改变，我们甚至于可以提出的问题是，对一些如此特别的"错误"，传统的道德审查是不是还有效。但是，这些自私行为招致对公共利益的考虑，从而使得不确定性成了完全可以接受的：观察者所关注的，并不是某些个人出于某种动机，以某种方式采取的有可能受到道德审判的行动，而是具有和谐倾向的系统，在这个系统当中，个人的天性动机没有必要表现出来，正如在手表的表盘上没有必要暴露润滑油和齿轮一样。

这个系统组成并产生了一系列实用性效果，或者是符合实用性观念的效果。想象，包括个人的和社会的想象倾向于承认的效果或者事实，只是表现为根据目的调整手段的形式产生的效果或者事实。每个人具体希望得到的东西，不能原封不动地纳入社会的背景：个人只能使具有实用性的东西成为实际的东西。㊱

十

是想象使事物有了价格，使事物成为让人产生欲望的东西；既然新的想象是由实用性或者"合适"的观念调节的，似乎正是这一观念提供了事物相对价值的标准或者度量。但是，如果一边是一只高精度的手表，另一边是一个贵族的住宅，里面事事、

㊱ "Sein Fürsichsein ist daber an sich allgemein und der Eigennutz etwas nur Gemeintes, das nicht dazu kommen kann dasjenige wirklich zu machen, was es meint, nämlich etwas zu tun, das nicht Allen zu gut käme."黑格尔(Hegel)，《精神现象学》第六章第二节的 1a(*La phénoménologie de l'Esprit*, Hambourg, Felix Meiner Verlag, VI, B, 1a, p. 328)。

处处都让人感到"人工的和优雅的休闲观念",在这两者之间,想象又能够揭示或者建立什么样的关系呢?巧妙地根据目的而调整了手段的物品和服务多种多样,不计其数,如何在这些物品和服务之间进行比较呢?商业想象把能够让人产生欲望的物品作为有用的东西同质化了,也就是说,把"合适"的观念纳入了这些物品当中,但是商业想象似乎并不能建立这些物品的相对价值。

然而,我应指出,如果一件物品由于其内在的"适合"而使人产生欲望,那是因为它是用相同的观念生产出来的。一只手表引人喜欢的地方引导着手表的制造:手表越是加工精细,根据目的而对手段的调整就越是细致,手表就越是成为人们想追求的对象,就越能够让人产生欲望。我们知道,提高对时间测量的精度,并不能必然地增加这件物品在实际生活中的实用性,但是,因为对时间的准确测量是一只手表存在的理由,所以提高了测时精度,也就提高了从"适合"意义上说的实用性,因此也就提高了它的价值。为了增加准确性,要给予更多的关注,要增加加工的工序;这样也就增加了手表的价值。从一般意义上说,与事物的价值相对应的,是事物所包含的劳动量。㊲

产生欲望的想象和生产产品的劳动,都是由同一个"适合"的观念确定特点和引导的。但是,对于每件物品,想象倾向于与这一观念相混淆,而对于完成劳动的人及其活动,劳动显然在客观上与这一观念是相区别的,虽然完成劳动的人是由这一观念所推动的。这样一来,原则上他便可以测量想象所设想的东西,而想象是不能对自己进行测量的。在商业社会中,想象只能作为劳动,或者以其与劳动的相关关系,才能呈现为是对价值的度量。

商业想象将劳动动员起来,并让它以劳动的面目示人——以

㊲ 《国富论》,第一篇第五章。

生产有益的物品的面目,也就是说,能够表现出实用性的物品和服务的面目。从"分析的意义上"说,"价值-劳动理论"(théorie de la valeur-travail)无疑是错误的,不管怎么说是无益的。[38] 然而,这种理论很具提示意义,它提出了新社会现象的一个基本方面:从倾向的意义上说,只有由劳动、由越来越完善的劳动生产的东西才有价值;因此,仍然是从倾向的意义上说,因为只有劳动才能产生价值,所以劳动越来越有价值,[39]越来越"价格高昂";到头来,少数劳动者拿着天价报酬,为整个人类生产实用的东西,而整个人类则无所事事,或者处在失业当中。

劳动一旦表现出对价值的度量或者原因作用,作为人的一般能力的想象,能够超越实用性领域的想象,作为适合世界上一切能力的想象,就会离开舞台,将非实质性的光环丢在身后,让它陪伴实用的产品,而广告则滔滔不绝,神奇地为自己抓起这一光环。于是,"经济的观点"便站稳脚跟;经济观点根本不是一种"世界观"——与这种观点在一起的想象恰恰放弃了"世界"——,只是商业社会极其重要的原则和不倦的动力。

在新社会,想象的物品与劳动的物品混淆在了一起。两个整体越来越恰到好处地重叠。想象还剩下的唯一的大物体,恰恰就是这些,或者这个整体:生产和消费的和谐系统,由市场这只看不

---

[38] 熊彼特(Schumpeter)在评论亚当·斯密关于价值的论述时说:"今天来看,如果作为一种经济现状的分析工具,而非信仰或社会伦理的主张来考量的时候,对具有哲学头脑的人而言,认定所有这一切都和价值理论完全不相关仍然非常困难。(约瑟夫·熊彼特,《经济分析史》[*History of Economic Analysis*],牛津,牛津大学出版社,1954年,第311页)我承认,我觉得他的话是直接对我说的。我们知道,熊彼特反对亚当·斯密真正建立了价值-劳动理论(参阅本注中提到的他的作品第188—189页和第309—311页)。

[39] 让人感到很好奇的是,为什么马克思很清楚地看到了第一个特点,却没有看到第二个。当然我们可以说,逻辑上,一切价值的源泉本身是没有价值的;但是实际上,为了产生效果,价值的源泉必须服从它导致产生的规律。

见的手支配的商业自由的系统。人变成了"经济人",而作为经济学家的人已经成了"经济人"的纯粹的旁观者。

十一

我们研究的社会——也就是我们这个社会——是以经济的面目出现的,因为它是作为实用生产系统、劳动系统、价值系统发挥作用的。在这样一个必然具有一致性的系统当中,人们只能交换价值相等的东西;这样的系统中没有权力的位置,因为权力必然引入不一致和不平等,首先是有权者和无权者之间的不一致和不平等。商业社会孕育了,而且可以说包含了一个没有权力的社会,一个内在于非政治化城邦的乌托邦。然而,我们在这一章开头时曾指出,[40]经济系统让一种特殊形式的权力仍然存在:那就是购买权力(power of purchasing),而且尤其是购买劳动的权力。劳动系统内部和劳动本身的内部有一种分工。劳动产生价值,而且劳动本身也有价值。劳动不仅包含在交换的物品当中,也可以向出售劳动的人购买或者"定购"。在商业社会,包含在物品中的劳动首先是被定购的劳动。

通过定购劳动的概念,我们可以理解,经济过程,也就是将劳动包含在物品和服务中的过程是如何维持和更新的,人的主动性是如何连续不断地推动着系统,否则一致的和封闭的系统会或快或慢地损耗自己,最终停滞在事物当中。定购的劳动处在起始点上;它是供方;它是交换的主动轴。然而,为了让它起到这个作用,它必须生产除了它消费的价值之外的更多的价值,它必须产生收益。

正好比在购买权力的概念和定购劳动的概念当中,权力的概

---

[40] 详见本章前文第二节。

念以几乎令人难以辨认的方式再次出现一样，想象也同样出现在收益的概念当中，而且面目全非。以下是亚当·斯密写的关于收益的文字：

> 也许有人说，资本的利润，不外是特种劳动的报酬。换言之，不外是监督指挥（这也是一种劳动）的报酬，不外是工资的别名。但利润与工资截然不同，它们受着两个完全不同的原则支配。而且这种所谓劳动的报酬，毫无关于其劳动之数量难度与技巧，那完全受支配于所投下的资本价值。利润的多少与资本的大小，恰成比例。㊶ *

因此，收益的多少不与资本家可能提供的劳动数量多少相关，而是与他的"股份"（stock），也就是与资本家投入的资本数量相关。在劳动和价值系统当中，为什么会出现这一不正常的情况呢？

让我们再来看前边已经分析过多次的封建领主，让我们和亚当·斯密一样，冷静地看他在准备买一对钻石别针时是如何落入荒唐的虚荣的。要买东西，他就要使用一部分剩余收获；从某种意义上说，那是他的剩余中的剩余，也就是他用不上的那一部分，或者从这时开始，对他来说已经没有用处的收获，他不必再用这部分收获来养活、取悦依附于他的人。这种剩余收获史无前例：这些收获没有使用，或者至少是不必再使用，因为领主中止了其传统的用途，中止了由政治制度和习俗规定的用途。他可以随心所欲地使用这部分收获，在我们所面对的情况中，我们知道，他服

㊶ 《国富论》，第一篇第六章，第 54 页。

* 译文参见亚当·斯密，《国富论》上册，郭大力、王亚楠译，译林出版社 2014 年版，第 41 页。——译者

从了庸俗而荒唐的虚荣。因此,他在几头羊或者几斗小麦——用不上的剩余收获,或者相当于这些收获的价值的金钱——和一对钻石别针之间,建立了平等的等值关系。正如亚当·斯密所抱怨的那样,进步正是以这种"非天性"的方式,通过奢侈品贸易,才在欧洲开始了的,而不是以"天性"的方式,不是通过农业的进步开始的。[42] 一切都是通过未确定的、只是可能的等值关系,在习惯以及——亚当·斯密认为还有——天性被中止和放弃之后,由想象来确定的等值关系,从没有使用或者不必再使用的一部分剩余收获开始的。

我似乎觉得,这让我们直接和简单地知道了发达社会的收益属于何种性质。发达社会的收益就是没有使用的、可供定购任何劳动或者购买任何产品的剩余价值。收益可用于任何投资或者任何消费,是"实用物品",或者"劳动",或者"价值"的一般等值物,是商业社会运行的条件。

这样一来,我们很想说,马克思是对的:在资本主义市场上以等值交换而获得的收益,与在前资本主义社会榨取的剩余价值,从根本上是可以相提并论的,前资本主义社会的不平等是写入其政治和社会机制当中的。[43] 但是,这又意味着什么呢?

在所有人都拥有平等权利的社会中,[44]事物、人、职业被赋予或者被承认的价值差异,不是以固定的、强制性的、"权威的"方式被体制规定的;这些差异不是通过"地位"差异表现的;从根本上说,这些差异是通过市场上的价格来评估和衡量的。事物、人、职业的价值会发生变化,而且,价值不是以官方的形式从政治上固

---

[42] 《国富论》,第三篇第四章,第 440—445 页。

[43] 卡尔·马克思(Karl Marx),《资本论》(Le Capital),《卡尔·马克思全集》,马克西米利安·鲁贝尔(Maximilien Rubel)主编,巴黎:伽利玛出版社,七星文库,1965年,第一卷,第 791—793 页,第 1029—1038 页。

[44] "商业是平等人的职业。"《论法的精神》,第五章第八节。

定的,所以它会变化得很快。如果价值之间新的等值关系的提议被社会团体所接受,如果"供"遇到了"求",那么社会价值——被社会所承认的相对价格——之间一定关系的合法性,每时每刻都与在下一时刻修改这一关系的可能性联系在一起。为了让这样的变化能够公开得到承认和记录,因此就是为了让这样的变化得以实现,重要的是等值的网络和比例的网络必须灵活和机动。如果所有的活动在整体上都不能产生剩余价值,也就是说,如果某些工作产生的价值不超过其成本,那么我刚才谈到的网络就会僵化。任何提议都无法在市场上得到估价。实际上,在这种情况之下也就没有市场。金钱是所有财产和服务的普遍等值物;要想让市场存在,要想让金钱能够衡量已经实现的,或者正在实现的劳动的价值,金钱就必须能够衡量即将完成的,或者以后会完成的工作的价值,衡量那些仅仅是可能的劳动的价值。因此,一定数量的钱必须时时刻刻处在未使用的状态,必须是从字面意义上说的空闲的钱。目前,这些钱还不是任何劳动的报酬,还不是任何劳动的相当价值。这些钱只是潜在地可以成为任何可能的劳动的报酬。这笔空闲的钱就是收益。这笔钱与投入的资本之所以是成比例的,首先是因为想象自然而然地设想了这一比例。在想象所建立的等值、比例和对应关系中,如果其他的条件都相当,一家大企业的业主获得的收益和一家小企业的业主一样多,那简直就是不可想象的。虽然大企业的业主提供的劳动不一定更多,但他的收益比小企业主必然更大。这里涉及的,不是正义,也不是严格意义上的经济合理性,而首先是评价和比较的网络,如果没有这个网络,那么一个社会便无法设想自己处在何种状态:由各种不同元素的多样性组成的统一。如果一个社会不能感知自己的存在,那它是根本就不能够存在的,除非社会完全被野蛮的力量维系成一个整体,如果这是可能的话。

在以不平等的地位为基础的前资本主义社会,是没有收益的，或者收益只是在马克思称之为的商品"间隔"或者"孔洞"里起到附属的作用。剩余价值会被立即和直接使用；剩余价值被制度化了。剩余价值的生产是根据用途而被特别确定了的。说"劳动产生超过其成本的价值，并由此而产生收益"是没有意义的，因为剩余价值以年金或者徭役的形式，立刻被直接用于一些集团和功能，而这些集团和功能的价值被认为远远高于劳动的"价值"，实际上是"无法比拟地"高于劳动的价值。劳动所"产生"的东西，也就是对贵族高尚生活的维持，对神职人员虔诚生活的维持，与劳动并不是同质的，因为它并不包含劳动的产品。

  但是，在资本主义社会，无产者为了谁、为了什么而劳动呢，或者更准确地说，无产者为了谁、为了什么而过度劳动呢？是为了养活资本家，就像老实人雅克为了养活领主和神甫而劳动一样吗？绝然不是，无产者劳动，是为了激活资本，也就是为了让资本产生效益，为了得到收益。如果做不到这一点，那过不了多久，就会只剩下死的劳动，或者濒死的劳动，也就是没有收益的劳动。经济只不过是一道充满工业企业主尸骨的山沟。只有收益，而且是按比例获得的收益，才能使经济有生气和生命。正是想象设想了这一比例，并激励了人对这一比例的欲望。资本家就像诗人一样，他的想象用旧的词语组成新的句子，用古老的劳动元素组成了新的劳动，只有这种新的劳动才真正是有活力的，因为它产生的价值超过了它消耗的价值。实际上，马克思错了，没有精神的世界之精神，不是宗教，而是收益，这个没有精神的世界就是商业社会；在这个社会里，必须过度劳动，才能够活下去。

十二

  有一种思想认为，资本主义社会与以前的社会不同，剩余价值在资本主义社会没有制度化；有人对这种思想提出了反对意见。剩余价值作为收益成为财产，为人所占有（approprié）：财产权难道不是一种制度吗？这难道不是一种典型的制度吗？这一点值得我们思考。

将收益据为自己的财产的人，可以将收益用在两个方面：他们可以自己把剩余价值消费掉，比如可以买钻石别针或者首饰，也可以用来投资。在以平等的观念为基础的社会，消费一般是纯粹私人的行为。不管消费多么虚荣和自负，多么招摇，它永远是一个普通公民个人的快乐，有钱人对其他公民没有任何权力，虽然他有钻石、皮衣和法拉利跑车。公共开支、"礼拜仪式"或者对公益事业的资助有消失的趋势，恰恰是因为公共开支呈现出境况的不同，同时也在寻求让人们原谅这种不同。至于投资，虽然必然有一些公共的效果，这是肯定的，但是由于投资的用途是自由的，而且不管怎么说，投资的目的是为了再产生收益，而再产生的收益的用途同样具有不确定性，所以投资的确定性不断地揭示其不确定的本质。剩余价值非制度化的、未定的、浮动的特点，非常清楚地表现在要由资本家来选择是将其用在个人的消费上还是投资上。定义资本家的，是他可以在收益的这两种从根本上不同的用途中自由选择。这样一来，由资本家作为财产据为己有的剩余价值，既不是消费，也不是投资，因为在这两种用途当中，它是中性的，所以不能像用于节庆和城堡的年金（rente）那样，以可见的方式纳入社会背景。资本看起来就像一个一个巨大的黑洞，社会活动的结果似乎都消失在了里面。

为了让社会恢复自我控制，首先是恢复完整的自我感知，只要废除资本所有者过分的自由，同时消除收益的私人占有，不就行了吗？消费和投资是与收益十分不同的两种用途，要把它们集中在同一个人身上，似乎是对事物天性的一种侵犯。因此，我们把投资的收益管理看成是一种劳动，与其他的劳动一样，用亚当·斯密的话说，对这一劳动的报酬也根据"监督指挥的……劳动之数量、难度与技巧"来确定——从今往后,这就是一项与一切财产分别开来的劳动。私人所有者不能再自由地处置剩余价值,而是要由集体"所有者"将其用于投资。

尽管如此,我们并没有因此而回归前资本主义社会的机制。专制的投资与专制地提取年金或者什一税毫无共同之处。投资并不是剩余价值的最终目的、用途和专业,那是为了重新取得剩余价值,并将其专制地用于再投资,如此周而复始,永无止境,每一笔投资都是未定和无限投资的一部分。

但是,现在资本家消失了,那如何评价收益呢?收益的特点表现为在消费和投资之间提出的审慎选择。然而,废除选择的可能性之后,似乎收益的可能性和现实性不会受丝毫影响,如果肯定相反的局面是正确的,那就等于赋予资本家一种魔幻的权力。资本家不是魔术师,而是诗人,这是我在前面指出过的。人们会说,资本家用数字说话;实际上,他的语言和作品是比喻:他将没有直接关系的事物放在一起。是什么让资本家能够这样做的呢?是他的想象和金钱,他的钱。他以金钱为中介来理解世界。想象编织了对应和等值关系;钱是普遍的对应和等值物:钱是取之不尽用之不竭的比喻。卢梭讽刺商人说,你在印度扎他一下,他会在巴黎叫起来!这无异于看到了事物的本质:想象和金钱让整个地球都变得敏感起来。只有资本的所有者才能够不断地设想新的对应关系,从而给经济带来活力,专制投资或计划投资,则会使社会的价值网络僵化,使想象的运动瘫痪。

十三

以上是对现代社会的联系所做的几点说明;这几点说明足以表明我的问题。我们已经清楚地看到,我们不是想为经济科学做出贡献,当然,自从亚当·斯密以来,经济科学肯定已经有了巨大的进步，我们只想把现代制度作为经济或者经济系统而构成的机制，勾画出总的轮廓。经济科学发展的特点经常表现为"经济的解放"。这样说是准确的和恰到好处的，因为千真万确的是，从前对劳动和交换起调节和限制作用的法律和习俗，逐渐地或者突然地被废除了，让我们所了解的异乎寻常的进步有了自由的空间。但是同时，我们也应该注意到，就这样被"解放"出来的东西，在获得自由之前，是根本就不存在的：经济是同时赢得自由和获得天性的。这样一来，认为经济是在或者从社会里挣脱出来的，这种说法就是不恰当的；是社会或者政治团体本身变成了经济系统。这也假设社会空间先是稍微弯曲了一下：想象转向劳动，劳动则迎合想象。

想象以资本的形式使劳动或者定购产生作用。劳动，或者劳动的前景，或者不可抗拒的吸引力，迫使想象只产生有益的观念，至少是表现出实用性的观念，因此，也就是能够导致劳动的观念。想象是劳动的主宰；劳动是想象的主宰。让我们进入这个循环，这也是我们的循环。

在以前的社会中，劳动有两种可能的目的：一种是，人们劳动是"为了活下去"，为了维持家庭或者群体的生计；另一种是，人们劳动是为了"让别人活下去"，为了高尚地让那些不劳动的贵人活下去。在商业社会，人们劳动既不是为了活下去——活下去只是恰巧成了劳动的结果，而且是次要的结果——，也不是为了让别人活下去，因为负责代表、负责导演美好生活的阶级已经被废除了。人们只是为了劳动而劳动，也就是说，是为了实现由想象导致产生的永远是新的实用观念，并因此而激励想象设想出其他的更新的观念。劳动永远不会停止下来。

想象也不像过去一样，只一味地寻求拥抱伟大的存在，"人们无法设想还有比其更加伟大"的东西；也不是为了投入主宰爱情或者战争的大小神灵之怀抱；想象不再修建神庙，或者矗立既壮美又伟大的雕像。想象设想了新的观念,使劳动具有了生命,并使这些观念变成了现实,从而改善了人的境遇,而且尤其是补充和完善了劳动系统。想象仍然是想象:它仍然是奥林匹斯山上的一个形象,在广告中伴随着它的努力的,是神灵一样美丽的女人和男人,那是永远年轻的神灵,人世间的任何事物,凡间的任何事物都无法阻止其快如闪电般的运动。不过,想象是有能力的,它善于把握分寸,它俯身向着我们的天空,已经没有从前那种使它想与世界比高低的不合时宜的欲望;它已经不再想象光荣。

第二部分 自我肯定

第四章　隐藏的人

一

在前面的章节，我简要描述了现代人自我意识的三大领域是如何形成的：历史，社会，经济。其中每个领域都有双重的面孔：首先，它是一系列的"事实"——历史事实，社会事实，经济事实；它也是了解这些内容的科学——历史学，社会学，经济学。这些科学当中的每一门各自选择其感兴趣的事实，同时将其"观点"指向事实的不确定的整体。这一观点，不管是历史的、社会的还是经济的，从原则上可以应用于所有事实系统当中任何一个子系列的事实。社会学家对历史或者经济领域可以有他的"观点"。三个专门观点当中的每一个，都可以对另外两个的领域有其"观点"，甚至对其他的领域也可以有其"观点"，比如对绘画、医学、性、疯狂就可以有历史的观点，社会学的观点，经济学的观点。况且，各种观点能够以令人感到相当惊异的方式互相交叉，只有一流的方法论专家才能够区分得出来，哪是社会学家对经济事实的观点，哪是经济学家对社会事实的观点。无论如何，正如我在讲到社会学时特别强调的那样，万花筒里图案的组合是无限的。只要略有些想象力，便可以不断地发现或者发明新的"研究领域"，启动从未有过的"科学探索领域"。科学性的限制主要是形式上的，而不是实际的，所以研究人员在提出假设和得出结论上的自由，可以说是无限的：在他的"事实"领域，他是绝对的最高君主，从方法论上来说，他可以不必把自己领域里的"事实"与其他的事实相联系，不必与总体的人类现象相联系。我刚才说的是"不必"？从形式上来说，他根本就是被禁止进行这类联系的，哪怕是粗浅的联系。那无异于缺乏科学的严谨，无异于陷入了"文学"或"意识形态"，乃至陷入了"哲学"。这样的研究人员岂不是幸运儿，因为他在认识上唯一真正的困难，就这样被免除了！

有时候，我们在突然需要针对这样的科学，针对相当于人的一切的全部事实的地位采取立场时，会再次意识到这样的困难。于是，比如说，我们可以认为人是一种"历史的存在"；我们否认社会决定人的行为，或者否认"经济人"是真正的人。但是，人文科学不能把心安理得的事或者问心有愧的事改变成知识，因为人文科学从原则上是不能把人的现象从总体上进行考虑的，不能通过天性，或者世界，或者存在，或者人本身的统一，来考虑其所有方面的多样性或者差别。的确，人文科学经常援引"跨学科"的要求，好像将每个学科所代表的部分加在一起，就能够产生不偏不倚的观点的统一。况且，在实际上，这一要求一般来说只是让每个学科都有权违反其自身的规则，但只要条件和动机是，别的学科也这样做。这样一来，"跨学科的研究"之于科学的严谨，常常就好比溃败之于纪律严谨的军队。

有人会说，如果这种整体的科学真正是可能的，如果哲学在开始时的要求仅仅是言之有理，人文科学就不会这样将自己解放出来了。我们不得不接受的是，"人的天性"的观念早就表现出无法以让人可以理解的方式，将人的现象统一在一起。另外，我们也曾指出，由于必须阐明新事物，孟德斯鸠不得不提出了我们在这里讨论的多种"观点"学说。这些判断是对哲学感到失望，这在今天几乎是为人所普遍接受的。谁要说争论还没有结束，还可以提出赞成统一论的有效论据，人们会觉得，由于理性的进步，这样的立场"在客观上已经过时"，因此也就是站不住脚的。难道真的是这样吗？

我已经指出说，社会学强调人类的事物具有多样性，并以论战的方式反对不变的天性的观念；实际上这只是分析的一个阶段，而且这样的分析并不是为了挽救多样性，而是为了产生形式上的单一性，同时定义了由"规律"支配的"社会事实"的整体。① 由此可以看出，至少是没有任何事物让我们对统一的事业感到绝望。尤其是，这一事实非同小可，就在英国新事物的经验使得孟德斯鸠将认识的命运和贸易以及自由的权威联系在一起之前，正是在哲学内部，有人对人类现象的统一性，或者至少是从天性这个角度对人的现象进行统一的理解，提出了根本性的质疑。由哲学蓄意拆除了的东西，哲学为什么就不能将它重新组装起来呢？我必须简要地勾画出这段被蓄意消除的历史。

二

人们一致称为现代哲学的学说是 17 世纪在反对亚里士多德哲学的论战中建立的，更准确地说，是在反对亚里士多德的物理学和形而上学的过程中建立的，再说得准确一些，是在反对他的"实体论"的学说——不管是针对一般天性的实体论，还是特别针对人的实体论（doctrine de la substance）——的过程中建立起来的。人可以是实体，是所谓"实体的形式"，在实体和形式的等级关系当中据有其地位；人可以是一种天性，在天性的等级关系当

---

① 详见本书前文第二章第五节。

中据有其地位,是动物的,也是理性的天性地位;人的心灵是身体的"形式";这是亚里士多德的教导。这一教导从根本上被天主教的学说所采纳;但是笛卡尔和霍布斯,斯宾诺莎(Spinoza)和洛克(Locke)将无情地摧毁亚里士多德的这一教导。人是一种实体,而且是一种统一的实体,这是新哲学的口头禅(Carthago delenda)。

我们可以通过笛卡尔和伟大的笛卡尔学派哲学家——斯宾诺莎、马勒伯朗士(Malebranche)——的作品来研究这一摧毁的过程。我们也可以通过后来英国的一些哲学家——从霍布斯到洛克,从洛克再到休谟——进行研究。后一条道路对我们来说更合适,因为在英国,实体论的摧毁是以最为明确、也最为密切的方式,与新的政治团体,与人类自由的新世界的建立联系在一起的。在这一背景之下,洛克的作品从各种字面意义上说,都处在中心的地位上。但是,如果不先简单介绍一下霍布斯,那我们就无法谈到洛克。

霍布斯对亚里士多德关于实体形式概念的批判,从更加一般的意义上说,是对亚里士多德的形而上学和政治学的批判,尽管是直接的、不容置辩的,甚至是充满讽刺意味的②,但它仍然只是对人的问题重新进行实证论的定义做了准备。毫无疑问,重新定义看起来似乎是简单化。在与霍布斯相差很大的另一个作者的作品当中,也有类似的简单化,他就是帕斯卡尔(Pascal)。他写道:"我们不用考察所有的事情,只要从消遣的角度理解它们就行了。"③我们知道,霍布斯把人的复杂性不是归结于消遣,而是权力欲望:

> 情感比其他因素更多地导致了精神的差别;这些情感主要是程度不同的对权力、财富、知识和荣耀的欲望,但是,所

---

② 《利维坦》,第四十六章。
③ 《思想录》(Pensées),不伦瑞克版本,137。

有这些欲望都可以归结为第一种,也就是权力的欲望,因为财富、知识和荣耀都只不过是不同种类的权力而已。④

应指出,人的天性在亚里士多德的思想当中所起的作用更加直接,也可以说更加浓缩。在亚里士多德的思想当中,天性是人的世界的向量、推动力和调节,而且人的世界的复杂性,是通过对舆论的辩证分析和情感现象来描写的。在亚里士多德的作品当中,任何地方都没有我们刚刚在霍布斯的作品当中所看到的那种天性的浓缩。而且,这种浓缩有两个方面。一方面,人的多样性和复杂性归结为一种基本情感——也就是权力欲望——的统一和简单化。另一方面,政治秩序完全是从这种几乎独一无二的情感当中推断出来的。我把第二点简单阐述一下。

由此来看,能够概括人的天性和政治问题的,是人的权力欲望,而权力欲望又可以分为虚荣和想出人头地的欲望,一方面是想争第一的欲望,另一方面是想拥有生活必需品的欲望。在政治秩序出现之前,在天性状态时,两种欲望形式具有平等的必然性,导致所有人与所有人之间的战争。然而,人希望拥有越来越多的权力,但是,这种欲望的前提是他意识到了权力的存在,也就是说,意识到了自己是可能后果的原因。根据霍布斯的思想,使人区别于牲畜的唯一天然能力,就是科学,而科学就是对可能的后果或者效果的了解。⑤ 既然人除了欲望之外,还有权力的观念,而且从某种意义上说,他们的权力欲望在所有人反对所有人的战争中互相抵消了,所以人也就建设了一种高于他们所能够设想的最大的权力,也就是作为现代国家特点的统治权。这样一来,每个人都因对远比自己的权力高得多的权力的恐惧而止步;每个人也

---

④ 前文所引《利维坦》,第八章。前文援引的法文译本略有改变。
⑤ 《利维坦》,第三、五章。

就不让自己的权力欲望得以实现，因为这种欲望又是无法根除的，所以也就想方设法去追求必要的财富，让生活尽可能舒适，或者醉心于无害的虚荣表现。由于对统治权力的恐惧，使每个人的权力欲望都被控制在边缘地带，这种欲望的实施不久也就成了对自由的颂扬。⑥

我们看到，以上的论述一方面是对人的天性进行分析，并提出政治问题，另一方面是阐述解决政治问题的方案，这两个方面之间有着令人赞佩的连贯性和一致性。霍布斯是最为"系统"的政治理论作家。⑦ 正是在这一点上，评论者在应该感到高兴的同时，很可能忽略了决定性的问题。人的天性扮演的角色是明显的，而且几乎具有侵略性，但是这个角色实际上是在为人的天性的消失，或者至少是为人的天性被贬低而做的准备。的确，将人的各种能力和情感一致化，把每一种能力和情感都变成相同的权力欲望的不同版本，其前提就是事先要有一个将天性抽象化的作用，或者也可以说是"去天性"的作用。这是旁观者，是哲学家在谈论"权力"。而实际的人，活生生的人，如果自发地表达其天性的愿望，谈到的会是财富、科学、荣誉或者光荣。⑧ 霍布斯把人的天性作为权力的数量和欲望提出，似乎特别强烈地肯定了人的天性。"Power"这个概念后来的历史证实，在这样的肯定当中，除了权力之外，它还有别的意思。

当然，霍布斯通过大胆地简化，在我们的天性当中提取出了一个重要的核心，既言简意赅又复杂：一种势不可挡的欲望及其隐隐约约的、必然的目标。虽然被简化，但是我们的天性仍然保

---

⑥ 详见本书下一章的第十节。

⑦ 详见卡尔·施密特(Carl Schmitt)，《政治学概念》(*Der Begriff des Politischen*)(Berlin, Duncker et Humblot)，1932年，第32页，1963年，第64页；参见本书法文版(*La Notion de politique*)，巴黎：卡尔芒-莱维出版社，1972年，第111页。

⑧ 详见本书前文第162页。

持了其广度和庄严。但是,抽象的代价不久就要付出:抽象破坏了它肯定的东西。权力太抽象,太广泛,太中性,太缺乏人性,将会超脱人的欲望,超脱人的天性。根据霍布斯的说法,本来是人的世界的中心和特点的东西,将消解在权力缺乏人性的——不是特别具有人性的——一致性当中。洛克是这一变化的见证者,或者更准确地说,是这一变化的提出者。

三

《人类理解论》(*Essai sur l'entendement humain*)本来就很长,而题为"权力"的一章又是里面最长的一章⑨,法文翻译版本在启蒙时期对欧洲起到了哲学教育的作用。权力的概念是作品中的一个核心概念。其他的主要概念都是在权力概念的帮助之下制定的。同时,正如我刚才指出的那样,在洛克对人的天性进行的分析当中,至少是他对人的情感的分析当中,这个概念是没有的。权力在霍布斯的思想当中起到了显著作用——人的心灵是情感和欲望的所在地——,在洛克的思想当中却是被排斥的。但是在所有其他的领域,都有权力的影子。让我们花一点时间来看一看——哪怕只是简单地看一看——有关的文献:

——"次要品质"——颜色,气味,等等——只不过是首要品质产生这些感觉或者效果的能力(pouvoir)*,或者看不见的颗粒,

---

⑨ 《人类理解论》(*An Essay Concerning Human Understanding*),第二卷第二十一章,第 233—287 页。彼得·尼迪奇(Peter H. Nidditch)编,牛津:克拉伦登出版社,1975 年。

* 法语用的是"pouvoir"一词,相当于英文的"power",也就是"权力欲望"(désir de pouvoir)中的"权力"。但问题是,前边可以译作"权力"、"权力欲望",但是这里似乎指的不是"权力",而是一种"能力"了,如这里所说的辨识颜色和气味的"能力"(而不是"权力")。另外陕西人民出版社 2007 年编译的《人类理解论》也是把这个词翻译成"能力"的。这是翻译的为难之处。以下我们根据上下文,将同一个词 pouvoir(power),翻译成"权力"或者"能力"。——译者

这些感觉或者效果,是我们称之为的次要品质。

——我们称之为的"实体",只不过是我们产生一定数量的效果的能力,我们凭经验能够感知这些效果,但我们根本不知道这一"实体"的性质。

——意志是偏爱某一行动而非另一行动的权力(pouvoir)。

——自由是实现这一偏爱的权力;自由与意志没有任何关系,否则就会成为权力之权力,而这是荒唐的。

——理解力是一种能力。⑩

如此说来,权力能够定义如此杂乱的事物吗?不管怎么说,在物质领域和一般的人的精神运行领域,这一概念都在普遍使用,这使它失去了霍布斯的思想当中权力和支配或者优越之间的密切联系。从某种意义上说,它在精神和人道上特有的意义被抵消了。正如洛克在论述"理解力"和"意志"之间关系时所明确指出的那样,⑪这一概念倾向于接近关系的概念(notion de relation)。总而言之,在从实体世界走向关系世界的一路上,权力是一个中间阶段——路途两端的一个中间地点(halfway house)。

《人类理解论》的主要目的之一是讨论实体的概念,可以说是为了驱除这一概念。只要权力提供了一种普遍的表达方式,能够阐述到目前为止通过实体的观念而让人理解的东西,那么关于人的实体或者本质的问题,人所特有的问题就可以被丢在一旁,或者至少是已经不再具有紧急性和必要性。我们只能认识一些权力,从某种意义上说,这些权力让我们想到作为其基础的一些东西,这些东西是说不清道不明的,在涉及人时,也让我们想到一种

---

⑩ 《人类理解论》第二卷第八、二十一、二十三章。
⑪ 同上书,第二卷第二十一章,第 242—243 页。

"因子",因此说到底也就是一种"实体",但是这种实体是无法触及的,是无法认识的:探索这种东西是没有意义的。⑫

的确,霍布斯已经和洛克一样,完全摒弃了实体和本质,摒弃了种和属的传统概念。⑬ 但是他和传统一样,在对人的特点的思考上没有动摇,虽然他对人的特点的解释与亚里士多德和托马斯的本体论不一样。洛克把人能够让权力欲望产生效果的能力完全剥离,而在霍布斯的理论当中,这种能力是分不开的。人已经不再是只能领略杰出事物的存在;人只是能够产生一定数量的效果,并且对自己产生的效果心中有数的存在。这难道不也是承认和肯定了人的一种特点吗?就算是吧,但是,如果这也算是对人的特点的一个定义,那就让我们认真地考察一下这个定义的真正作用。

我们不能把其作用局限在有限的和传统的意义之内,这种传统的意义显然具有令人羡慕的可信性:人有能力使一些天性当中所没有的或者不是由天性引发的事物发生或产生;人是"艺术家"。人的这种能力不仅是很长时间以来便得到承认的,而且对这种能力的阐述与哲学的起源密切联系在一起。在提出"天性"的概念,而且一方面在把天性与作为"约定俗成"的法律相区别,另一方面也与作为"技术"的艺术相区别的同时,哲学才得以产生,并有了自我意识。艺术和法律都是人性的权力产生的效果,而不是神的善意产生的效果。从这种意义上说,哲学本身也是属于艺术的。⑭ 然而,洛克的话并不是这些令人尊敬的发现的延续。他认为,产生效果的能力远没有揭示人性的权力,相反,只是表明了人性的无能为力和贫乏。这一秘密是怎么回事呢?

---

⑫ 同上书第三卷第十章。
⑬ 《利维坦》,第四、五、四十六章。
⑭ 参见亚里士多德,《前分析篇》,46 a;《尼各马可伦理学》,1140 a;《形而上学》,981a-b,1074 b;亦请参见柏拉图,《法律篇》,888—889。

让我们从知道的事物出发。我们只知道一点：人能够产生效果。如果这是"人的特点"，如果我们不再使用附加的假设，那么除了这一点之外，我们就不能再假设人还有任何其他的能力，不能再假设人的天性还有任何其他的特点。让我们明确勾勒一下人的形象。

关键的一点在于，人的"艺术"特点吞噬了人的"天性"特点。本来被认为是人的"既定"的东西，被认为使人之所以是人的东西，现在却成了由人产生的一种"效果"。或者更准确地说，只有通过一种前人类物质（matière préhumaine）的变化产生的结果，人才能够被理解，而这种变化是由什么、由谁导致产生的呢？还是让我们明确地说出来吧：是人；"人"什么时候成了这种产生过程的结果，或者也可以说，人什么时候与这一过程混淆在一起了呢？就这样，人的权力和权力欲望让位给了另外一种完全不同的支配：这种"支配"（dominion）已经不是人对其他人的权力，而是在人的心中产生人。人在行使这种权力的时候，与他对外部世界，对原始自然行使的"支配"是一样的。在两种情况之下，人都是在合成和分离物质（compounds and divides the materials）[15]。因此，人就是劳动（labour）。人不仅通过自己的劳动改变外部自然，而且他心中的人性也是劳动产生的结果（我们真的能够说"是人的劳动产生的结果"吗？），而劳动的对象就是人自身，是人把自己当作前人类物质而劳动的结果。"人心中的人性是劳动的结果"：在这里，我们不知道，我们现在还不知道我们为什么可以这样说，或者为什么这样说是可能的，这句话又意味着什么。但是，旧人的新名字——从今往后，他被称为劳动了——，却将我们引导向一些奇异的想法。

---

[15] 前文所引洛克的作品第二卷第二、十二章，第 120、163—164 页。

四

  第一个奇异的想法就是：哲学和神学非常强调天性之善，洛克也狡黠地提到过这一点；这样一来，这种"天性之善"事实上就等于给人提供了一些物质，这些物质本身实际上几乎没有价值（almost worthless）[16]。他的劳动提供了他所能够拥有或者交换的事物百分之九十九的价值[17]，虽然另外一种劳动将从感官接收到的"简单观念"[18]——这是唯一真实的观念，也就是符合天性的观念——改变成复杂观念，也就是所谓的"复合观念"（mixed modes），尤其是改变成用来组成和组织公民社会、人类世界的道德观念。这样一来，道德观念便与自然中的任何事物都不对应；道德观念只是人的劳动的产物，是人创造的"原型"。[19]

  如果我们从"公民社会"的角度对这些主张进行解释，认为哲学家在这里所面对的，是对道德概念的制定和细化的过程，而道德概念又是社会生活的主要推动力之一，是社会生活最伟大的好处，我们就无法了解洛克的思想，无法理解《人类理解论》真正的关键之所在。当洛克一本正经地肯定说，杀戮的观念是一种"任意"的观念时，[20]我们哪还能放心大胆地去理解呢！如果说哲学是惊奇的产物，那这无疑是进行哲学研究的好机会。

  洛克首先提出说，在任何杀戮都没有发生过之前，人便打造了杀戮的观念。我们不太理解这意味着什么。我们不知道是什

---

[16] 《人类理解论》，第一卷第二章，第十节，以及《政府论》（下篇）（*Second Treatise of Govervment*），第五章，第 43 节。
[17] 《政府论》（下篇），第五章，第四十节。
[18] 《人类理解论》，第二卷第十二、二十二章，第 163—164，292 页。
[19] 同上书，第三卷第五章。
[20] 同上书，第六节。

么让他如此确信的。无论如何,这一特别的命题是想强调观念和这一观念应该表达的现实之间的距离,甚至也可以说,是这两者之间根本就没有关系。我们预感到似乎观念的世界被打开了;所有的观念都获得或者都被赋予了一种新的轻盈状态。洛克明确说,杀戮的观念与人的观念之间并没有比与羊的观念之间具有更多天性的关系[21],同样,在用手指按下扳机的观念和其他组成杀戮的观念之间,也没有任何天性的关系。[22] 于是他得出结论说,杀戮的观念具有人为的和任意的特点,因为,在将这一观念分解成其组成元素之后,这些元素之间并没有天性的和必然的关系。

命题本身无可争议,但是显得可疑,令人难以置信。在对概念进行思想上的解构时,我们似乎感觉到一种道德上的暴力。我们的意识感到不安,于是便探寻:如果杀戮的观念如此不稳定,如果它只不过是一些零散的元素拼凑起来的东西(patchwork),那么,禁止杀戮的法律会不会是严谨的,或者有效的呢?我们略加思考,便放心了。聪明和正直的洛克不会让人们怀疑禁止杀戮的法律。但是,我们该如何理解他的分析呢?他的带有极端性的分析要达到什么目的呢?

杀戮的观念与人的观念之间并没有比与羊的观念之间具有更多天性的关系,这种说法的理由从形式上是无可指摘的;但在实质上,这种说法站不住脚。的确,人与羊不一样,人有死亡的观念,并有一个词来表达这一观念:这难道不是十分密切的天性联系吗?更进一步说,死亡是人摆在首要地位的担忧,是极其具有天性特点的担忧,古希腊人称人为"死亡的人"*。人知道自己杀

---

[21] 《人类理解论》,第 430 页。
[22] 同上书,第三卷第九章,第七节。
* 即 hommes «mortels»,从字面上直译是"(必然会)死亡的人",一般译为"世俗的人"、"凡人",与神相对。——译者

死的是一个人，被杀死的人也知道自己是被杀死的。这和砍倒一棵白菜是不一样的，甚至和杀死一只羊也是不一样的，不管杀死羊的是人还是狼。洛克也许像摆弄筹码一样摆弄观念，筹码的颜色和形状也许不一样，但是它们的成色和重量是一样的，好比是可以互换的筹码。他似乎没有看到，人从天性上与不同观念有着不同的关系，因此，如果至少人的观念与其现实有一定的关系，那么各种观念与人的观念保持的关系，便与另一个有生命的人的观念保持的关系不同。像洛克一样提出，扣动或者不扣动扳机的观念与组成杀戮观念的其他观念没有天性的关系，这种说法是站不住脚的。这甚至与真实的情况相违背，因为这种关系恰恰是由杀戮的观念提供的。扳机的观念和扳机本身之间，只是因为杀戮的观念才会有联系。不能由于在强有力的抽象之后，就认为扳机只不过是一小块金属片，与杀戮的观念没有天性联系。

当然，洛克的《人类理解论》为建立观念的表达方式，并在欧洲哲学中让人们相信这些表达方式做出过决定性的贡献，但是，这种表达方式让人们提出的论断，不管是什么论断，总有一种严肃的、可信的模样。人们这样建立的知识概括，总让人觉得世界是一幅可信的样子，因为人们从每个事物中提取的观念，都是人们在此后可以随意摆弄的。这种机巧实际上是对人的世界的暴力肢解：人们打击的是人的世界的各种联系。杀戮的观念，以及禁止杀戮的法律的观念，是一个"不可分解"的"整体"，这个整体当中的确包含有人与其人性的关系，正如死亡的可能性揭示，但是也掩盖了的人性一样。也许应当说，只有通过禁止杀戮的法律，才能够揭示究竟什么是杀戮。无论如何，人的经验的意义来源于不可分解的整体，而洛克通过把不可分解的整体分解开来，使人的经验成了没有统一性的多样性，成了一堆零散的观念之灰尘——如果他没有在某个地方假设一种统一的原则的话。这一原则并不在世界的内部，也不在世界的另一边，而是在这一边：在

观念的源泉中，在人的理解力当中。㉓

我们丝毫不理解洛克的分析的最终意义是什么，但是，其中隐藏的暴力让我们关注其政治和论战的意义。说道德概念是人的创造和建构，在天性当中是没有模式和支撑的，这无异于提示说，既然这些道德概念是政治和宗教立法者制定和宣布的，立法者的劝诫也就没有人的天性基础。在这一背景之下，应当指出，洛克以杀戮为例，提出的是渎圣的例证。当他说，人在任何杀戮都没有发生之前，便打造了杀戮的观念，我们很想知道的是他究竟想说什么。无论如何，他的话也意味着，人是在任何渎圣的罪行都没有发生之前，甚至是在从来都没有发生过的情况之下，便杜撰了渎圣的观念；渎圣的观念是立法者任意杜撰出来的。

五

就这样，洛克将霍布斯的分析推向了极致。根据霍布斯的思想，政治和道德法律只是以最高统治者——唯一合法的立法者——的名义，强迫人们服从的。法律之所以是法律，不是由于作为基础的真理，而是由于颁布法律的权威。这一命题的重点和意义，主要都是政治上的；从这一命题出发，洛克提出了一个一般哲学的命题：人作为人，是其法律和道德概念的任意创造者；最高统治者并不是"某一个人"，而是"人"，他并不是这个国家的最高统治者，而是从其本义上所说的人的世界的最高统治者。当然，洛克的思想有政治和论战的成分，我们刚才已经指出了这一点。而且霍布斯已经很清楚地阐述过一般性的道德概念所具有的任意特点，这是他的政治计划的可能性和合法性条件。㉔ 但是，在霍

㉓《人类理解论》，第二卷第二十二章。
㉔《利维坦》，第六、四十二章。

布斯的思想当中,人作为"匠人"(artificer)和"行为者"(maker)的定义,还是附属于人作为贪婪权力的个人的定义的。人的世界的重心还是在"权力欲望"(desire of power)这一原始的事实当中,作为任意的观念结构,是用不着解释和构筑的。

然而,霍布斯的学说包含一种潜在的张力,一种未明确表达的不平衡。如果人的值得关注和有效的人性被包含在权力欲望当中,从某种意义上说,权力欲望浓缩了他的天性,那么的确,他的道德"观念"[25]可以被说成是人为的,或者是约定俗成的,除了立法者说它有效之外,再也不会有什么其他的效力。其内在的重要性是多么微乎其微呀!但是这样一来,让人感到不知所措的,又是这种微乎其微的重要性了。如果这些概念在天性中是没有根基的,如果它们需要立法者的外在支撑才能够有效,因而才能够存在,那么,它们的源头只能在于人本身,而人的天性是在别处的,是在权力欲望当中的。霍布斯的人即将在自己身上,从某种意义上说,是在其天性之外,发现他还不知道的一种能力(capacité),一种权力,一种支配力(dominion)。这种能力/权力一旦被发现,便彻底改变了道德景观,让天性的人所觊觎的天性权力,也就是人对人的世俗权力变得暗淡无光。观念的表达方式将慢慢破坏权力的表达方式,并代替权力的表达方式,一直到孟德斯鸠宣布说:"霍布斯首先使人具有的互相控制的欲望是不理性的。控制和支配的观念是由很多东西复合而成的,依赖于很多其他的观念,最终这一观念会和它最初时不一样。"[26]在霍布斯认为是权力欲望的天性的、整体的和不可分析的地方,孟德斯鸠以及后来的卢梭[27]都揭示了一种"组合观念"的效果和技巧。

---

[25] 霍布斯使用的词是"思想"(thoughts)。
[26] 《论法的精神》,第一章第二节。
[27] 《论人类不平等的起源和基础》(*Discours sur l'origine de l'inégalité*),见于前文所引《卢梭全集》,第三卷,第 161 页。

在将人的天性以咄咄逼人的方式集中在权力欲望当中的同时，霍布斯将观念的世界从一切天性的束缚、一切本体论的联系当中解放了出来。天性和存在已经再也抓不住它们，可以说是再也拴不住它们，因为从今往后，观念已经不是与世界秩序联系在一起，也不是与人联系在一起，而是在火神赫淮斯托斯（Héphaïstos）的现代车间里，也就是在"人类理解"当中了，由人的理解以天性的方式，负责制造不是属于天性的东西，从简单的观念出发，组合复杂的观念，组合道德概念。洛克在《人类理解论》当中，向我们解释了这种组合是如何运行的。

既然道德观念的世界是相对稳定的，甚至可以说，这个世界的某些部分是不变的，作为其根本特点的任意性便与不可预测的零散秩序没有任何关系。人的理解力在制定道德概念时是服从一些规则的，关键是要发现这些规则的原则。比如对于这样的问题：为什么人们称杀死一个人为杀戮，而杀死一只羊就不是杀戮，为什么一个人与其母或者姐妹睡觉，要有一个特别的名称，等等，洛克的回答是简单而直接的。制定这些概念，并让这些概念具有可信性的规则，以及用什么词汇来指称这些概念，是出于社会交往的方便性。㉘"方便性"当然是一个十分模糊的词，也可以说是个凑合的词。洛克有时候提示说，对于经常有机会说到的一些事物，人们发明了一些专用的名称；有时候他又指出说，比如对于乱伦行为，人们之所以有一个特殊的名称来指称这种事，是因为人们认为这种事是特别耻辱的事。我们很想说，这样就形成了两个解释的恶性循环！第一个恶性循环是显而易见的。第二个也很有特点。

我们仍然以乱伦为例。㉙洛克似乎是这样推理的。人们严厉

㉘ 《人类理解论》，第三卷第五章，第七节。

㉙ 同上。

谴责的乱伦行为,从天性来说是耻辱,或者是犯罪吗?不是,既然和所有道德的概念一样,这种概念也是人的一种任意的杜撰。我们不能说这种行为有违于天性,因为乱伦的概念与天性没有任何关系。那么,为什么人们创造了这样一个概念呢?因为人们非这样做不可。出于何种动机呢?他们认为乱伦是耻辱的,而且他们强烈地谴责这种行为。

在洛克的循环阐述当中,在他的分析当中,他把道德概念的内容——和所有的"混合概念"一样,道德概念也是任意的——与一般情形之下与内容联系在一起的道德重点完全区别开了。他的分析在我们的精神上,或者在我们的心灵中,只剩下这两个冷冰冰的命题:人的理解力不管行施得巧妙与否,在制定道德概念时,不以事物或者人的天性为基础;人给予这些概念一种肯定的或者否定的价值。洛克提示说,赋值的机制有可能是一种感觉,在我们的例子当中就是耻辱的感觉。这种感觉是天性的,还是与其对象一样是任意的和建构的呢?洛克没有探寻人是否有能力给予道德概念肯定的或者否定的代价;那无异于重新引入天性和实体。他让"方便性"的形式概念承担了解释的一切重量。

这样一来,洛克对世界的解释便包括了三个元素。第一个是最重要的,那就是任意地创造概念。再接着往下看,却发现第二个元素似乎被悬置在半空了,那就是赋予这些概念一个价值。最后,这两个元素被"方便性"联系在一起,而"方便性"是创造概念的动机和对概念的赋值,这两者是分不开的。因此,作为由方便性调节的观念的任意结构,整个人的世界便可以被分析成是一个人为的世界(artefact)。这并不是低估洛克的哲学发现,而是相反,如果我们把他的哲学发现概括成下述,那是强调其胆识和非凡的意义:人的世界的形成规则,是与制造一张桌子或者一把椅子的规则完全相似的。

然而，一张桌子或者一把椅子要根据天性的特点和需要来制造，显而易见的，就是要根据使用者，也就是人的特点和需要来制造。我们可以很容易地制造一张桌子，但是，如果其高度是三倍于人的平均高度，哪怕是最时髦的使用者，也会说这张桌子不方便使用。在这里，方便性和技巧当然不是完全根据一般人的天性，次要地根据使用者的特殊性来确定的，至少不是严格地受此支配，单纯的想象力在材料和形式的选择上还是有一定的自由度的。对于道德概念来说，被制造的，是人的世界的组成，人的天性的方便性不能支配这个世界的组成。否则就等于将方便性重新建立在最高统治的地位之上，建立在实体的角色之上，人的天性的方便性本来离开了实体，因此也就等于是将我们刚刚发现的、反复强调的道德概念的任意性化简为什么都不是，或者什么重要的东西都不是。那么，这是什么样的方便性呢？

我们可以肯定的只有一件事。那就是这种方便性在洛克设想的人为的装置当中，具有必不可少的重要作用：结构必须按照某些规则建立起来，这里说的方便性，就是建设的规则。既然这一规则不能再由人的天性提供，不能再像古人那样，由生活的内容来提供，也不能像基督徒相信的那样，由上帝的法律来提供，那么，这一规则便在于浓缩了规则观念的某种形式：不是推动结构建立的某种实体动机，而是动机的观念，动机的形式。人是出于某种动机才建立世界的，而这种动机除了作为建立这个世界的动机之外，除了是这一行动所特有的、适当的动机之外，没有其他的意义。方便性的概念指的就是从人到人，从自我到自我的循环。不久之后，这一循环的名字是实用性。但是，实用性的概念仍然是形式上的，为回归开启了一条道路，虽然是不引人注意的回归，但却是致命的：人的天性的回归，人的需要和欲望的回归，不再是权力的欲望，而是我们在前一章所研究的改善境遇的欲望。洛克对这样的重新堕落是警觉的，他严格防止了没有实体的"方便性"

的形式主义。

　　这一概念的最大的好处，也许就在于它保持了普遍性和特殊性之间的模糊特点。作为一种方便性，它具有普遍的作用，并提供了相同外延的规则；同时，它不是人的天性的方便性，因为天性是实体的普遍性；它是一种没有基础的，或者没有参照物的规则，因此注定了是要随着人的多样性而无限变化的。另外，似乎概念的天然运动导致了这第二种解释，从一种意义上说，这是唯一实际的解释，因为只有特殊的处境，才能使方便性有具体的内容。这样一来，我们在分析人的特殊的世界是如何形成的时候，会提取各种参数相互之间的适应性，比如根据我们在第二章评论的社会学方法，某种宗教和某种政治组织之间的相互适应性。洛克并没有任凭天性的力量拖着向前走。对于他来说，放弃实体，并不意味着放弃普遍性。

六

　　的确，根据洛克对人的世界组成的分析，建立一个具有普遍有效性的政治和道德学说，简而言之就是建立一个政治哲学，似乎是不可能的。如果道德概念是方便性所导致和调节的任意建构，那似乎人的精神劳动（labour）能够发明多少政治制度，就应该有多少政治制度，只要满足方便性的条件就行，不管以何种方式来理解这种方便性；而且所有的制度都应该同样美好，同样正当，因为没有可供判断和分级的天性秩序。洛克认为实际上并非如此，甚至恰恰相反。

　　既然人的精神用来建构其道德观念的材料，是由简单的观念组成的，而简单观念又是由外部和内部感官提供的——是由感觉和思考提供的——，而且这些简单的观念对于所有的人来说必然是一样的，否则他们之间的共同点就不足以使他们都被称之为人,那就有可能制定一种具有普遍效力的政治学说,唯一的条件是,只要复杂的观念制定得好,也就是说,只要复杂的观念包括互相兼容的简单观念,而且复杂的观念之间也是互相兼容的。洛克坚持强调说,在这些条件得到满足之后,道德和政治理论便可以像数学一样严谨,也可以像数学一样得到证明。[30] 恰恰是因为道德和政治秩序在天性中没有典型,所以道德和政治理论才可以得到严格证明,才可以真正具有普遍性。以下是这一理论如何证明和具有普遍性的。

当然,我们对实体一无所知,因此,从某种意义上说,我们对人一无所知。但是,虽然人作为实体对我们来说是陌生的,我们还是可以通过他的权力和关系(relations)了解他。比如洛克指出说,关于兄弟和父亲的观念,就是关系的观念,对于我们来说,就比关于人的观念、关于实体的观念更加清楚。[31] 因此,当我们制定道德和政治话语的时候,我们只要比较一些关于关系的观念,或者关于权力的观念,并且看这些观念是否互相兼容。道德和政治问题便成为一种逻辑问题,成为逻辑说明的兼容性问题。根据霍布斯已经提出的一个建议,比如,关于"不公平"的概念,可以归结为"荒诞"的概念,也就是从逻辑上矛盾的概念。因此洛克认为,警句:"哪里没有财产权,哪里就不会有不公平"不是一个有问题的命题,否则就是以公平的定义为题,以财产权在人类秩序中的地位为题进行讨论的结论了。这一命题如同数学的简单定理一样,只要对有关的项进行简单的分析就可以看到,那是显而易见的事实:财产权是对……的权利,不公平是对权利的否定,因此……。[32] 如果我们不敢肯定洛克在这里提供的逻辑分析具有不

---

[30] 《人类理解论》,第一卷第三章,第一节;第四卷第四章,第七节。
[31] 同上书,第二卷第二十五章,第八节。
[32] 同上书,第四卷第三章,第十八节。

可抗拒的说服力,那么至少他的分析的第一个条件是清楚的:在制定政治哲学的过程中,实体的天性、人的天性是假设的,而不是经过考察得出的。

虽然洛克的说辞很清楚,甚至也很郑重,但是在《人类理解论》当中,他只是提出了很宽泛的命题,认为有可能建立一种可以证明的道德学说,他本人却并没有从形式上阐述这样的学说。他只是做了几点简单的提示,我刚才也提到了其中最主要的一些。在他的作品当中,任何地方也没有做过这样的证明。除非我们可以认为,他论述政治问题的《政府论》从形式上看讨论的是"公民社会",实际上里面包含了这一学说?我们认为,对这一问题的回答十分重要,因为我们想知道,不探索人的天性、本质或者实体问题,甚至于认为一切关于人的本质的断言都是自以为是的,因此也就都是没有实际用处的,从而在摒弃这样的断言的同时,能否建立一种道德和政治学说;对于我们来说,知道这一点也是十分重要的。洛克是第一个坚定而全面地提出这种要求并摒弃这种断言的人。如果他错了,或者至少,如果忠实于他的原则就不能纠正他的错误的话,那么现代的民主、我们的政治制度就丧失了可靠的基础,因为它的合法性的基础,一方面是自认为严格的道德和政治学说,另一方面是同样严格的在人的本质问题上保持的中立。由于我们对此感到焦虑,那就让我们试着按照洛克在《人类理解论》中的理论,重新建立他在《政府论》中表达的政治学说吧。㉝

七

我们不知道人是什么。我们只知道使人们生活在一起的道

㉝ 我在前文所引《自由主义思想历史(十讲)》第四章简单介绍了这一政治学说。

德原则是人为的,因此,社会对于人来说,并不是天性的。政治理论的出发点只能是没有观念的个人,只能是与同类分离开来的与同类没有关系的生物人。从动物个体出发,我们不采取任何有可能表现为建构得不好的道德概念。洛克正是以寻求食物的动物个体作为薄弱的基础,将建立起自由和民主国家的高大建筑。

天性的唯一教导,不管怎么说是唯一无可争议的教导,那就是动物必然性的要求:活下去。如果作为个体的人想要活下去,而且是必然地这样想,那他就要吃东西。人的权利,如果这一权利想成为像数学命题那样无可争议,那么,这一权利的根基就应当扎在动物所特有的没有观念的行为当中。洛克把取得和摄入食物的过程描写为一种占有(appropriation)。这一点并不违背我们所看到的现象。既然要寻求权利的基础,那就要提出问题:这一占有的行为和权利的观念之间是什么关系?或者还要问:以何种形式来考虑和建立权利,才能够使权利与这一行为发生必然的关系?最直接、最合乎逻辑的回答似乎是:我们能不能首先,或者从根本上把关系当作财产权利来考虑。的确,对财产的最传统同时也最清楚的定义是:使用的权利(jus utendi)。当然,个人有权利使用为了活下去而必然会使用的东西!(况且,他不会向任何人抢夺任何东西,因为,在社会刚刚开始的时候,人很少,而且很分散。)如果他有这个权利,那么他就是他吃的东西的产权人。现在的问题就变成了:他是从什么时候开始成为那东西的产权人的?回答:从可以吃的东西脱离了世界,脱离了公共领域,进入需要吃东西的人行动的特有领域开始。根据洛克的说法,这一行动的名称是劳动。我们想明确说明的是,这是人的名称。的确,动物也有相同的行动,而且为了吃而追赶小羚羊的狮子,比弯腰捡橡树果实的野人付出的劳动更多。但是,当涉及动物时,我们不使用劳动这个词;在定义人的采摘或者狩猎行动时,我们甚至也不会自发地使用这个词。洛克之所以觉得能够使用人所特有的一个词来指称动物也能够做的一种活动,甚至是动物的特点的一种活动,是因为他把人的消费看成是人与我们称之为劳动的天性之间特有关系的最初表达。在寻求人的权利基础的过程中,人就这样仍然是被预先假设的。从现在开始我们可以这样说了:人是他所吃的东西的权利所有者;他通过自己的劳动占有吃的东西;因此,劳动处在财产权利的源头上。

经过这样的介绍,论据还不具有完全的说服力。在推导的过程中,我们还缺少一环。我们还不能把对事物的财产权直接与针对事物的劳动联系起来。为什么一个经过劳动加工的东西,就是它的加工者的财产,而不是,比如说,最需要它的人的财产,或者甚至是想要它的人的财产,既然这件东西现在可供使用了?劳动者要成为被他的劳动加工的东西的财产所有人,另外还需要满足两个条件,第一,他的劳动必须真正融进了东西当中,第二,这个东西必须是他所特有的,必须真正是他的。我在后面再考虑第一点所包含的困难。㉞ 至于第二点,劳动者只是用"他的"手或者"他的脑"还不足以证明这件东西是他的。我们还必须肯定的是,这种日常语言的使用是严格的,我们必须肯定这里说的"手"和"脑"的确是"他的"手和脑;他必须是他自己的所有人。财产是经过劳动进入世界的,因为个体的人只有成为他自己的所有者,才能够是他的劳动的所有者。

这样一来,根据洛克的想法,人类个体被认为完全与同类分离开来,单独面对天性,他自己身上便具备了必然的、足够的财产基础,据此,也就拥有了完整的权利。权利调节着人们的共同生活,其最初的源泉并不在共同生活的事实当中,不在共同生活的条件和结果当中,而是在分离开来的个体与天性以及与自我的关

㉞ 详见本章第十八节。

系当中。财产,权利,人的整个世界都包含在孤独的个体当中了,我们很想说的是,整个人类其实都包含在这个最初的人之中了。

应当承认,从孤独的个体出发产生的这种合法的政治秩序,服从的是一种严格的必然性。因为,根据洛克的出发点——人的实体是个未知的和不可知的 x,权利是不能根据人的天性推导或者归纳出来的,正好比社会生活和政治生活所展示的那样;我们只能以个体的动物性与外部自然和自我关系为基础。然而,不管洛克的建构多么巧妙,他仍然要面对很难辩驳的反对意见。人们会对他说,如果你的推导是正确的,动物也是生命个体,也在努力养活自己,那它们也会有财产和权利,因此也就会有政治秩序;然而,动物没有政治秩序,这也就证明政治秩序不是以动物进食为基础的。从动物性来推导人的世界,那就是不合理地从低级事物来推导高级事物。

我们知道,这常常是代表传统的人用来反对现代思想的意见,尤其是代表宗教传统的人。这种意见一般是在批判"进化论"和"唯物主义"的背景之下提出来的。我们也看到,这种意见在道德和政治哲学的背景之下也同样适用。正是在这样的背景之下,简化论——如果非要用这么一个贬意词的话——首先进行了干预。我们在这里原本只是想清理洛克的学说,结果却触及了思想史上一个重大的关键问题。

八

非常值得我们注意的是,这一如此"明确"的反对意见,在现代思想的发展当中并没有引起人们的注意,现代思想根本就没有想到要回答这一问题,甚至于根本就没有看到这一问题。"简化论"的运动规模反而变得更大,渐渐深入了各种各样的领域,以越来越大的力量站稳了脚跟,而且不久便对人的生活和观点具有了完全的支配权。因此，我们不得不承认的是，这一反对意见尽管从逻辑上或者从形式上是正确的，但是并没有被采纳，并没有起作用，在我们所指的情况当中，这一反对意见并没有理解洛克的分析意味着什么。

　　洛克并不否认人与动物是有区别的。他甚至指出，"抽象的能力"使人和牲畜之间有了"完美的区别"。[35] 只是，我们对人的实体实际上仍然一无所知，而我们同时也知道，人毫无疑问是一个动物。另外，我们寻求适当地，也就是正确地组织的，是人的世界，而不是动物的生活，所以我们怎么能不知道人与动物的区别呢？因此，在我们所有的分析当中，我们明确假设人就是人，但是，这就等于说 x＝x 一样。从我们承认的这种同一性出发，我们什么也推导不出来，在此基础之上，我们什么也建构不起来。这种同一性是我们从事研究的条件，或者是先决条件，但是它又不能以任何方式来引导我们的研究，因为 x 是未知的，是不可知的。事实上，尽管 x 以人的天性特点的方式，在我们面前变得明确了，让我们可以从这些特点出发，试图设想最好的政治秩序，但是这个 x 会立刻阻挠我们的努力，向我们提供一些关于人的实体的模糊而有争议的观念。比如，如果我们以幸福的概念作为目标来开始我们的研究——幸福当然与食物和动物的其他财产一样，是人追求的目标，也是无可争议的目标——那我们一开始便会因一大堆关于幸福的定义和种种形式的问题，甚至会因幸福的现实问题而止步不前。我们的第一步还没有迈出，认识人的困难就会从四面八方袭来，而且对人的认识也许根本就是不可能的，各种观点的冲突也许根本就无法解决。为了扫清道路，为了能够迈出第一步，然后迈出第二步，再迈出第三步，总而言之是需要立刻消除人的本质的不确定性所产生的效果。

---

　　[35] 《人类理解论》，第二卷第十一章，第十节。

只有以非常严格的方式，在人的不确定的事物和可以肯定的事物之间划定一条分界线，才可以建立中性的政治哲学。洛克之所以对人的认识能力感兴趣，完全是为了确定人的权力极限，为了"在已经被照亮了的事物和仍然处在黑暗中的事物"之间，划出一条分界线。㊱ 这是《人类理解论》主要的、几乎是唯一的企图。使人的实体具有实际意义的概念一个个经过系统的掂量，然后又一个个被否弃了。主要的而且几乎是唯一的结论就是，人的实体是未知的，也是不可知的。约瑟夫·德·梅斯特（Joseph de Maistre）自称是传统的严格继承者，所以他不可能不怀着最大的蔑视责备洛克，说他在哲学上的努力和取得的结果是不对称的。㊲他不明白，这个平淡、贫乏的结论当中，包含着巨大的可能性。

一边是我们完全清楚的事物，另一边显然是模糊的事物；一旦在两者之间划清了界线，x 的不确定性便不再遮挡我们的目光：我们知道，x 是我们所不知道的，而且我们将永远不知道它。我们面前的空间是空白的，自由的，我们可以按部就班地建立无可争议的人类秩序，建立最终可供驻扎的结构；从某种意义上说，我们把 x 留在了身后，或者将其"置身事外"了，让它待在一旁，自己去面对自己。对于我们来说，那是一笔我们不会动用的资本，我们连看也不去看它一眼，因为，它已经不再产生那些可以使我们从中获得的巨大的利益或者红利。得到什么利益，什么红利呢？那就是：从今往后，我们能够严格以公正的方式建立人类世界的秩序了，却又不必接受人的天性观念，以及与此密不可分的神性观念，这两种观念都说自己创造了人。我们可以根据正义来生活，同时承认我们不知道自己是什么，因为我们的确不知道。

我们看到，说洛克以及追随他的现代人是怀疑论者，这是没

㊱ 《人类理解论》，第一卷第一章，第七节。
㊲ 尤其详见《圣彼得堡的晚会》（*Soirées de Saint-Pétersbourg*）第六场谈话。

有道理的,或者无论如何,他们的怀疑论与古代的怀疑论完全不一样。皮浪(Pyrrhon)对任何事都不敢确定,所以走路时连步子也不敢迈,或者,即使他不顾一切地开始走起来,他也不敢避开路上的水沟。㊳ 现代的"怀疑论"并不是要求或者强迫我们像这样缩手缩脚,像这样对事物不敢做出判断,不敢行动。恰恰相反,现代的怀疑论让我们觉得,在可以论证的道德理论的基础上,在根据权利所做的合理推导的基础上,建设一个公正的社会是可能的,甚至是我们应当立即着手去做的。

《人类理解论》阐述说,道德概念是人任意杜撰的,在人的天性中没有基础或者保证。《政府论》第二篇阐述说,权利,而且首先是财产权利是人类个体的一种杜撰,这样的个体与同类严格分离开来,只是他自己孤独地面对外部的天性;这一个体是权利的唯一源泉。任何更高的法律,任何天性的或者实体的观念都不会来确定、阻挠个体对权利的杜撰。从另一方面来看,因为个人权利从一开始是以动物的天性需要为基础的,是以促使其劳动的饥饿为基础的,因此也就是以必然性为基础的,所以这种权利不会遭受任何人类的反对,不会遭受任何理性的反对,这是无可争议的权利。这种权利是由个人孤独地、至高无尚地、任意地提出的,或者更准确地说,是由个人产生的,同时,其产生从严格的意义上说,也是必然的;因此,毫不夸张地说,表现这一权利的理论与数学的证明一样严格。在这样的证明当中,不一定给出未知数的数量值;甚至必须放弃这样的数量值;否则证明就会立即停止,或者受到阻挠,那我们就无法达成建设性的、有益的结论。人类的 x 默默地陪伴着权利的推导,或者更准确地说,陪伴着权利的产生。人是 x,而且人们也不否认其"优越性",人们认为或者提出,这个

㊳ 详见第欧根尼·拉尔修(Diogène Laërce),《名哲言行录》(*Vie des philosophes illustres*)中的"皮浪",蒙田的《随笔全集》,第一卷第十四章;第二卷第十二章。

x 是在动物的领地之内。人们远没有"把高级化简为低级",而是承认,组成人的一切,因此也包括人身上的动物性特点的,不是别的,正是人性。一个睿智的女人会说:"那些快乐会被某些人轻率地说成是肉体的快乐。"也许的确,传统本来就是轻率的,因为它没有认识到,人的简单的"动物性"消费已经是人的一种劳动。我们还记得,在《第二哲学沉思集》(Méditations seconde)中,笛卡尔肯定地说,从根本上来看,我们的感性感知并不是由感觉器官完成的,而是由精神完成的。[39] 只有当表象具有欺骗性,甚至也许会表现得和现实相反时,我们的怀疑才会变得挥之不去:洛克和现代人远没有把高级化简为低级,反而是将低级包括在了高级当中,从某种意义上说,是让高级将低级吸收了。

人从动物的功能开始——在这些功能当中,并通过这些功能——肯定了自己。现代人肯定了这一肯定。总而言之,动物性是阿基米德的一个点,这个点内在于世界,内在于人,人的 x 可以支撑在这个点上,从自己内心的黑暗当中得出清晰的秩序,尽管有不确定性,但他还是可以肯定自己,更准确地说,他通过这一不确定性而肯定自己,肯定自己的自由。传统想保留的古典思想要表达的是,人类的世界,也就是城邦,是以人的特点为基础建立的,或者更准确地说,是面向人的特点的,而且人的特点首先就是人与动物的不同,这一特点不断地被动员起来,不断地被推向前台。现代思想让人感到绝望的是,人无法与人的特点保持一致,无法与人的实体或者目的保持一致,可以说是想把人的特点保留起来,保护它的有效的不确定性,以便首先以不是人性的而是动物性的特点为支撑,因此也就是以确定的和必然的特点为支撑,建设一个人类的世界,让这个世界的秩序独立于人的观点,人可

---

[39] "……从本义上说,只有通过听到我们内心里的声音的能力,我们才能够设想物体,而根本不是通过想象和感觉器官……。"

以不了解自己而肯定自己，人可以是自由的。

九

然而，要想把这样的分析严格地进行到底，要想把人的"实体"的问题完全放在括号里，也是很困难的。想完全独立于实体的命题而建立权利的做法，会不可抗拒地导致这样的命题出现，并使人想起一种"人类学"。因此，刚开始时，劳动似乎只意味着人的天性对物质天性的改变，因此也就是人的天性的很多更加高尚的表达中的一种而已。在洛克的思想当中，在哲学和一般现代人的思想当中，"劳动"变成了我们可以称之为的人的"基本"特性。[40] 我已经指出，人的特点，或者至少是人最有特点的名称，就是劳动。

即使我们小心翼翼，避免提出这样"基本"的命题，我们也不能完全避免对人的动机进行阐述。怎么才能把劳动摆在中心的地位上，同时根本不提促使人劳动的动机呢？怎么才能认为人是道德观念的创造者，而让推动人创造了这一概念的动机保持在模糊之中呢？我们看到，在这一点上，只是以极端的形式主义为代价，以让人不知所措的模糊性为代价，"方便性"才起到了这样的决定性的作用。[41] 而且，提出"方便性"的概念，更多地是为了建立道德观念的规则，而不是人的目的。洛克无法摆脱的一项工作是，他至少要简单地描述一下人类的行为，要简单地分析一下人的动机。《人类理解论》就是这一简单的描述和分析，同时承认这一描述和分析是部分的，是不完整的。我们需要仔细地看一看这部作品。

---

[40] 马克思说的是："*Hegel... erfasst* die Arbeit *als das* Wesen, *als das sich bewährende Wesen des Menschen.*"

[41] 详见本章第四节。

186　　确定人的行为以及人的行为的动机的,是"uneasiness",这个词指的是"不安"和"不舒服",可以说是一种不适(mal-être)。人的欲望不是由看到或者设想到的好处推动的,而是由感觉到的"不适"推动的。洛克的"人类学"的基本提法是这样的:"desire is always moved by evil, to fly it",即"欲望永远是由恶、由逃避这种恶而推动的"。[42] 这就意味着,哲学或者宗教传统提出的首要问题——而且传统也因为各种流派、宗派或者宗教对这一问题的种种回答而分为很多种——"什么是至善(summum bonum)?"在洛克心目中毫无用处。他是这样评论这个问题的:这就相当于是在问,人究竟是更喜欢苹果还是李子![43] 面对这么粗略的类比,我们必须克服心中的愤怒,他这是把人对善的探寻化简成在苹果和李子之间的任意选择,而且对于人类来说,还是毫无利益的选择。我们必须克服心中的屈辱感,或者更准确地说,这种屈辱感是应得的,而且应当受到欢迎。善的问题是与人的本质的问题密不可分的,而且也与人的本质问题一样徒然无益。善是人所特有的,只有人才追求善,善能使人变得完美,使人的天性美好的一面达到顶峰:善与人的天性一样,也是一种幻想,一种混淆。实际上,我只能被善所推动,因为实际上我并不知道我是什么。对善的探寻和对实体的探寻是同一种徒然的虚荣的两种表达。从本质上来说,我们的天性的偏爱,只能是来自动物的天性,并和肉体的天性有关:我们可从天性上更喜欢苹果,而不是李子,或者相反。

　　另外,如果一种选择被认为从本质上就是任意的,那就可以借用这种粗陋的比较,而不会引人愤慨。很久之后,现代哲学和社会学继承了《人类理解论》的研究和成果,却又不知感恩地提

---

[42]《人类理解论》,第二卷第二十一章,第283页。
[43] 同上书,第五十五节。

出，人是"其价值的创造者"，他可以在其创造的价值当中自由而任意地选择；在得出这一学说的时候，现代哲学和社会学忘记了洛克的苹果和李子；它们借马克斯·韦伯之口，夸张地讨论"神的战争"。它们就是这样掩盖了其粗陋却又诚实的源头。

十

霍布斯已经肯定地说过，没有至善，而且只有从相关人的角度来看，善和恶才有意义。㊹ 洛克走得更远。关于洛克所说的人和霍布斯所说的人之间的区别，洛克的一句话表达得最清楚：the greatest present uneasiness is the spur tu action——眼前最大的不适感就是催促行动的马刺。㊺* 对于霍布斯来说，虽然人的天性当中并没有目的，但他还有未来：通过权力欲望，他超越了眼前，而权力欲望就是担忧，就是对未来的欲望，就是对未来欲望的掌控，就是让"未来的欲望之路变得更加安全"。在洛克的思想当中，担忧是眼前的；担忧产生于眼前的事物，是对眼前事物的担忧。我想在人的行动的描写和分析当中，洛克的描写和分析让我们看到的人，是最被眼前的事物所囚禁的。人的行动，我们已经可以说，人的行为已经完全变成了机械的行为。在霍布斯的思想当中，本来是从欲望到欲望，是怀着激情追逐越来越多的权力，而在洛克的思想当中，已经变成了一个接一个没完没了的不适（a constant succession of uneasinesses）——从一次担忧到另一次担忧，没完没了，或者从一次不适到另一次不适。人每一次只能对一件事物抱有欲望，因此，他永远首先希望从妨碍他，或者使他

㊹ 《利维坦》，第六、十一章。
㊺ 《人类理解论》，第二卷第二十一章，第 258 页。着重点是我加的。
* 译文参见洛克，《人类理解论》（上册），关文运译，商务印书馆 2015 年版，第 245 页。

感到惶惑,或者此时此刻让他感到痛苦的东西当中解放出来。而且,因为在这个世界上,妨碍我们、使我们感到惶惑或者痛苦的事物是在不断出现的,所以他永远没有时间追求对自己有好处的东西,不管从哪种意义上理解这种说法。而且,一旦不适感被消除了,他便感到满意。这种满意感持续的时间必然很短;其持续的时间只能是从一种不适过渡到另一种不适,不断的过渡。在洛克看来,人很容易感到惶惑,也很容易感到满足。

188 　　在霍布斯看来,人内心充斥着阴暗的基督徒的淫欲,这是古代的高尚反映出来的一个倒影。人不断地以极大的勇气犯下罪孽,因为他无法不犯罪孽,人永远高于其所处的环境。他既不是基督徒,也不是古希腊人,他是充满了力量的第三人,他对善感到绝望,但是对自己并不绝望:他是国王的奴仆或者共和党人,他将建设现代的国家,现代的国家和他一样,也放弃了对善的追求。洛克的人没有大的欲望,也不高尚。同样,洛克的人既不是基督徒,也不是古希腊人,他将是一个劳动者,一个难以管教的消费者,他不知疲倦,也没有野心,却使现代的社会一个运动接着一个运动,动荡不断。

　　我们可以反驳说,人无力追求对自己有好处的事物,这种观念远不是洛克的新发现,也不是洛克特有的发明,而是古代道德传统中早就有的,基督教接受并放大了这种传统,也就是"video meliora proboque deteriora sequor"㊻,而且至少在这一点上,洛克既是基督徒,又是异教徒。正是他自己让我们认识到错误的。他称奥维德是个"不幸福的抱怨者"(unhappy complainer);他虽然明确地接过了这个"不幸福的抱怨者"的说法,但是他用自己的道

㊻　这句话是奥维德(Ovide)说的,意思是"我知道什么是善,我也赞同善,但是我却在作恶"。参见《变形记》(*Métamorphoses*),第七章,第 20—21 页。亦请参见圣保罗,《罗马书》,7:14—25;《加拉太书》,5:17。

德学说，发展了这一说法的意义。人一次只能对一件事物抱有欲望。因此，他总是首先逃避此时此刻所承受的恶，眼前的不适永远比未来的善更加强烈，因此，与对道德法律的遵守相比较，或者与高尚的目的所具有的魅力相比较，一般的需求和情感所导致的不适要更加强烈。洛克想指出，他对人的行为当中这种令人难忘的特性的解释，是唯一具有逻辑性的。㊼ 这是以尽可能清楚的方式在说，古希腊无视善的解释和基督教用原罪进行的解释都是错误的。

因此，古希腊的观念和基督教的观念都认为，人的生活就是追求善，而且认为这种善具有不确定性，很难达到，但又是唯一能够使人得到满足并感到幸福的东西；洛克摒弃了希腊的观念和基督教的观念，他提出说，人的生活是为了逃避恶，因为人感觉到自己处在局促当中，处在当下的担忧或者不适当中。古希腊的观念和基督教的观念这两种传统都认为，人经由无数的障碍和幻想，永远是在追求善；洛克认为，人虽然有无数善的愿望，但是人永远是在逃避恶。

十一

这种思想的运动将洛克带到了距离基督教很远的地方，但是洛克突然又返身回来，在他的道德学说里面接受了基督教的诫律和劝告：人因缺乏某种善而有可能感到不幸时，便会对该种善产生欲求。这样一来，他会逃避没有这种善的境况，乃至逃避没有上帝的境况。当人逃避没有这种善的境况时，那就好比是在寻求善一样。通过这种花招，洛克表面上保住了基督教学说的基础：上帝是至高无上的善，是人们的欲望所追求的至高无上的事物。

㊼ 洛克说：也许是唯一的（《人类理解论》，第254页）。在同时还有另外两个值得尊敬的候选对象的时候，只考虑这一个，那就意味着肯定了这一个。在几页之后，他又补充说，一个愿望，既想要，同时又不想要，这种观念的"矛盾之处太明显了，是不能够被接受的"（第265页）。而这恰恰就是圣保罗的学说。

另外，上帝通过缺席激起人们的欲求，而不是通过善，不是通过允诺，上帝主要是通过恶，通过威胁发生作用的。洛克没有鼓励我们以爱的心情去追求不在场的上帝，而是更喜欢几乎一字不变地接过帕斯卡尔的赌注——正是通过这一赌注的理由，帕斯卡尔寻求进入人们封闭的心灵："一个人，如果不想为了认真思考无限的幸福和不幸福而具有相当的理性，必然会因为没有理所当然地使用自己的理解力而谴责自己。无所不能的上帝为了让法律支配世界而建立的来世对人的奖赏和惩罚，只要人们考虑永恒境遇的可能性，便足以决定人们的选择，不管此生能够提供何种快乐或者苦难，这是任何人都不能怀疑的。"[48]

在最后时刻向基督教的这一回归，显然危及洛克的学说在逻辑上的连贯性，甚至会直接让他的学说变得一文不值。如果人的行动是因为担心某种善在未来的缺乏而决定的，正如眼前的不适感决定人的选择一样，那么他对人的动机的分析便会失去锋芒。谁逃避缺席的事物，谁也许不久之后就会欲求眼前的事物。实际上，思想的第二个运动与第一个运动的作用全然不同。洛克先是破坏了古老房屋的基础，而后又急忙扶起就要倒塌的屋子的门面。聪明的洛克之所以这样做，并不仅仅是为了顾及官方允许的观点。他不可能没有注意到，如果他严格地、完全地坚持他自己独特的道德学说，那么他向我们勾画的人，不管这个人是多么平庸和渺小，也只能是个根本不守规矩的人；而且这个人之所以不守规矩，是因为他太渺小。这个人会永远选择能够将自己从眼前的不适中解放出来的行为：如果有人妨碍他，他就会喝酒；如果他贫穷，那他就会偷盗。你甚至不能指望对君主的畏惧之心让他信守自己的职责，哪怕君主是令人生畏的利维坦，因为畏惧是针对

---

[48] 《人类理解论》，第二卷第二十一章，第281页。亦请参见帕斯卡尔，《思想录》。

未来的,而在这种机械的解释当中,人只活在当下。况且,我们能够按照情理吊死酒鬼或者某个淫乱的家伙吗?如果想要社会具有起码的秩序,公民的眼光就应当略微宽广一点,而不是仅仅服从眼前的一时之需。因此,洛克考虑到了霍布斯对未来的忧虑,但是,他并不是从行动的角度考虑的,只是从克制或者压抑的角度考虑的。这样一来,像警察一样负责用来生奖赏或者惩罚人的上帝,恰到好处地巩固了有限政府的权威。

十二

一方面是对人的行为进行根本性分析,另一方面则是洛克不得不把人的天性"放在括号里"遮掩起来,不得不停止对人的天性进行考察,只把人的天性预设为前提;这两个方面似乎是矛盾的。事实上,对人的行为的根本性分析,不会污染对权利进行几何推导的纯洁性,不会与这种纯洁性相矛盾。的确,如果说人总是为最急迫的不适感所推动,既然在他身上最为急迫的东西是动物性的,那么动物的需要,他的行为的第一原则,就是他身上动物的不适感(uneasiness),他想通过劳动(labour)竭力克制这种不适感。洛克的"心理学",他对人的行为的分析,并没有让我们摆脱原始的舞台,也就是人类个体通过劳动占有天性的事物,并由此而发现财产权利是源于自己内心的。在这个原始的舞台上,似乎并没有以警察的面目出现的上帝的影子。不管怎么说,上帝在这个舞台上是不怎么起作用的。洛克倒是提示说,人,至少是真正理性的人,在"劳动"中发现了不适,这种不适在他心中又释放出动物的不适感[49],所以人便归结说,他有权力不断地逃避这种不断出

---

[49] 详见列奥·施特劳斯(Leo Strauss),《自然权利和历史》(*Droit naturel et histoire*)法文版,巴黎:普隆出版社,1954年,第五章。

现的不适感,越来越完全地满足自己的需要,而他的需要总是不确定的,如果他同意在生活中建立一种纪律,其结果会从很大程度上符合道德和宗教的愿望。劳动的合理组织也会产生同样的效果,只是比神的治理更加可靠,更加规律。当然,纪律是让理性改变天性,要让那些不服从纪律的人永远不要忘记负责惩罚的上帝。

十三

从现在我们到达的这一点来看,我们必须试图一眼就看到洛克三个基本命题的统一——如果真有这种统一的话:人杜撰了自己的道德概念;人是有权利的;人劳动。三个命题都将拥有令人感到吃惊的未来,但是,它们是分别开来的,甚至在将来的历史当中常常互相对立。第一个命题是"文化"和"价值"观念的源头,第二个命题引发了"人权和公民权"的观念,第三个命题则导致产生了"劳动者"和经济人的观念。"文化"和"价值"形成的基本元素,将成为政治轴线上右派或者极右派思想家的精神装备;我们已经分析过马克斯·韦伯的思想,还要特别指出的,是尼采的思想。"人权和公民权"是民主运动的理性核心,正如人们通过美国和法国的革命而不得不接受的那样。至于"劳动者"的观念,则更适合与社会主义的传统联系起来,尤其是马克思建立的社会主义,虽然其他的流派或者党派也在适当的时候对马克思表示过好感,有些还是社会主义倾向很重的流派或者党派。㊿ 我们观察到,这些概念在很长时间里被相互敌对的政治和意识形态阵营所利用,而今天在民主的道德气氛当中,表现为颇具兼容性的

㊿ "经济人"是一种没有什么个性的观念,受到所有党派的重视,根据情况的不同,这种观念有时候是颇能讨人喜欢的同盟者,有时候又是甘心情愿的受害者。

一些元素，各种民主都要倚仗"文化"、"价值"、"权利"、"劳动"和"经济"。我们的民主也许缺乏识别力，但是我们刚刚看到，这三组概念的源头是共同的，在洛克的哲学当中，这些概念已经共同组成似绵的繁花，而洛克的哲学是不缺乏识别力的。这三种方式所表达的是同一个意思，都是在说：人的问题没有办法解决，没有意义，或者人没有目的。这三种方式的深度或者表达的彻底程度似乎是一样的。这些命题都是最高的，似乎已经不可能再将它们分出级别，或者不可能从其中的一个推导出另一个。然而，其中的一个有个长处，它不仅表现出是可以想象的，而且也是可以体验的，不仅是理论家可以提出的，也是生活中的人可以想象的，生活中的人通过这一命题，可以意识到自我。是哪一个呢？

劳动决定了人和外部天性之间的关系，决定了对外部天性的改变。从这种意义上说，劳动不能确定人与人之间的关系属于哪一种类。劳动从其本身来说，并不牵涉某种政治制度，也不牵涉某种经济体制。虽然劳动被认为是价值的源头和尺度，但是劳动并不能对价值进行实际的度量：钱是有价格的，但是并没有针对劳动的劳动。事实上，如果我们直奔事物的真理，我们会观察到，怀着十足的信心声称建立在劳动和劳动-价值基础上的制度——共产主义——，实际上并不能在人和人之间建立任何制度，就连稳定的人与人之间的关系也建立不起来；我们甚至担心，在共产主义统治时间最长和最完整的地方，人们会最终丧失建立稳定关系的能力。劳动作为人的特点，并不能确定与劳动相对应的人类组织。

"文化"或者"价值"观念也不能起到这样的作用。人是其道德概念的创造者的观念，从其本身来说，也根本不能调节人类世界的秩序。当然，这种观念可以用来批判某种政治组织，或者某种特定的道德态度，并自认为是唯一符合天性或者符合人的天赋的观念,但是,它认为所有的观念都是任意的,所以也就不能认为其中的哪一个是合法的,不能导致产生任何合法的特殊观念。只有当这种观念是由纯粹的旁观者维持或者提出时,它才会没有矛盾。

洛克的人,现代人的身份,其内心自发的、日常的话语都无法通过劳动和文化来形成;洛克的人,现代人至少可以对自己说:我是那个未定的 x,我与自己是平等的。就算人完全不知道自己的天性,或者没有天性,就算他在无限地改变外部天性的同时,自己也在无限地被改变着,就算他在"创造其价值"的同时,也在不断地创造着自己,那么,为了思考自己,也就是为了存在,他应该至少能够把自己认同为这种不确定性,在思考不确定性的同时理解这种不确定性。这就对了!人正是在把自己定义为有权利者的同时,才能够终于拥抱使他想肯定自我的重言式:x＝x。作为"劳动者",或者作为"文化存在",他的不确定性是他掌握不了的:他之所以是劳动者,因为他所代表的这个 x 被吸收在或者消失在非人的天性当中,或者消失在根据非人的天性而产生的客体当中;他之所以是文化的存在,因为他任意地确定自己的权力,结束于或者消失在他每一次实际的确定当中,消失于他的每一个道德观念当中,因为每一个道德观念一旦被"创造出来"并成为切实的观念,也就是在被实现的同时,也就消除了确定自我的权力。这一权力只能以过去时来领会,只能在它产生了效果、不再有效的时候,只能在它已经不存在了的时候,才能被领会。但是对人说,或者人对自己说,他是一个有权利的存在,这就意味着对每一个人说,这就意味着每一个人都对自己说,他就是他,其他的人可以作为见证,其他的人要让他成为他自己,同时"遵守"他的权利,乃至揭示他已经是什么,并把他有权利"要求"的一切都给予他。他通过自己的活动、通过自己的"创造性",在其不确定性的所有变化当中,所能够生产什么或者变成什么,对于这一切,他既不需要确切地知道，也不需要明确地期望自己想怎么样，他已经有了，他已经是了，既然他有权利有，或者有权利是。

十四

重言式被肯定得如此完备，这使我们不禁会问，自我与自我的认同还有没有足够的空气和空间来呼吸。

人追求的目的是或者他认为是其天性的组成部分，人为这些目的下了定义，并在对这些目的的追求当中懂得了自己的身份。他全凭经验的实际的存在，与他所追求的目的——正义、智慧、真理——之间是有距离的，他承认这一距离已经被消除了，但是由于人的特点就是不断地犯下"罪孽"，或者简单说人不过是个"居间者"，所以这一距离总是不可抗拒地得以维持，正是这一距离为他打开了一个空间，使他可以思考自己，并确认自己是人。但是，对于已经没有了目的，而是只有权利的人，那还如何开启这一必不可少的距离，这一内部的空间呢？只有在这一空间里，人才能够想象自我，才能够对自我言说啊。对于他来说，经验的存在和完成的存在之间，权力和行为之间，完成的事物和被欲求的事物之间，已经不再有差别的张力：不管权利是得到了保证还是被嘲笑，无论如何，权利的持有者和占有者只能是经验的存在。追求正义、智慧或者真理的人，知道自己并不拥有这些东西；声明自己的权利，并且要求自己的权利受到尊重的人知道自己拥有这些权利，无论是他自己的还是别人的行为，都无法改变他拥有权利的事实。人的权利不管是被尊重还是被嘲笑，不管这个人是流氓还是英雄，这些权利是不变的。

我们感到迟疑的是，我们能不能延续这样的思考。我们感觉到已经接近了不确定性的、无声的边缘，这里的现象已经不再替自己说活，仅仅是描述已经不够了。我们担心自己也会丧失话

195 语，或者不得不使用一些太过于宽泛的词语，云山雾罩地指称在我们这个时代占支配地位的习俗所表达和掩盖的重大现实或者重大决定。新的定义认为，人是有权利的存在；而传统的存在模式认为，存在分成权力和行为这样两个令人敬畏的极点；新的定义必然驱逐存在的传统方式，也就等于是建立了一种新的本体论，我们怎么能不承认这一点呢？或者，也许应当说，要想让新的定义真的成为可以想象的事物，我们就必须放弃一切本体论的思想模式，放弃将人与存在联系在一起，放弃将人的思想和存在的思想联系在一起的思想模式？

在这里，我没有为真理预设任何特别的本体论。即使是权力和行为之间的区别，也不会让人想到亚里士多德的特别的本体论。正像一般的也即大众化的说法那样，它是想指出，人的存在有可能处在各种不同的状态之下，或者具有不同的倾向。这些不同的状态，我们不是一定要为它们分成等级；我们不是一定要把它们视同为"存在的不同级别"。我们至少观察到各种状态之间是有联系的，因为事实上，其中的一个是另外一个的目的和完成态。人类生活的结构就是这样，不管是最高尚的表达还是最卑微的表达：我们先是处在权力状态，然后是处在行为状态，是真理的持有者或者是戴维斯杯（coupe Davis）的获得者，虽然与今天广泛传播的观念相反，真理比戴维斯网球赛的奖杯更难获得。我在这里看到的问题不大依赖于亚里士多德的本体论，在康德的道德哲学当中就有极其清楚的表达：人是道德的，因为人出于纯粹的尊重而遵守道德法律，没有别的考虑。在这一点上也是一样，倾向或者状态的一种张力，一种差别将人抛向了他无法企及的实现，好比向着渐近线而去的曲线一样。如果将人的哲学放在一边，只考虑美好的神学中圣宠的效果，我们也会遇到类似的机制：圣宠改变、改善人的天性，使人的天性能够达到目的地，也就是上帝。

然而，这就是我们试图衡量其尺度的新事物，不管人的权利是被尊重还是被嘲笑，这丝毫不能改变作为权利持有者的人的境遇，丝毫不能改变其状态：一个失业者并不会比一个劳动者的权利少，专制的臣民并不比民主制度下的职员或者公民追求自由的权利少。与天性的目的和法律的目的不同，也与圣宠的目的不同的是，这种新形式的权利不管是被侵犯还是得到保障，作为权利持有者的人的境遇、状态或者倾向都不会有所改变。似乎我们摆脱了一切可能的本体论，不管是与实体及其圆满实现（entéléchie）的两极分化有关的本体论，还是与存在和本应有的存在（devoir-être），或者人性和神性有关的本体论。

十五

但是，也许我们走错路了。一个如此普遍的命题——人是有权利的存在——，一个由某些最伟大的哲学家设想和传播的命题，一个属于人类编年史上最自由、最丰富的政治团体的建设原则的命题，我们怎么能赞成说这样的命题废除了一切本体论的前景，怎么能说这一命题将人的思想和存在的思想完全分离，怎么能说它忘记了存在呢？现在，权利是人的特点，除了把权利看成是人的存在的主要决定性因素或者第一属性之外，我们还能够怎么样思考权利呢？

我们在前边已经指出，洛克将我们带进赫淮斯托斯的车间，那是现代大工厂的中心，但是洛克并没有否认人是可以有本质的，或者人可以是一种实体；只不过，这种实体是完全未知的，也是不可知的。[51] 这样一来，这种本质或者实体便不能被提出，而是只能被假设；所谓假设，也就是只能放在我们旁边或者身后，让它

---

[51] 详见本章第三节和第六节。

自己去面对其不透明的身份：x＝x。人的存在是得到了承认的，但是也被阻挡、被关闭在这一重言式当中。于是，人可以毫无限制、不带修饰地被提出、被肯定，不是在其存在中被肯定，因为其存在必然召集它所联系的全部存在，而是在我们称之为的它的天性独立中被肯定，也就是说，不受天性限制地肯定他，或者是在他的权利中肯定他，而他的权利没有别的定义，只是"人的权利"。

人是存在，而这一存在是通过有权利这一事实来定义的；因此，他所有的存在可以、也应该在他的权利的肯定中被忘记；至于他的权利，只是因为那是"人的权利"这一事实，其现实便已经得到足够的揭示，其效力便已经得到足够的肯定。人和人的权利是两极，而这两极是互相单独与对方发生联系的。也许更好的说法是，人和人的权利形成了一个完美的循环。而且，这个自足的循环，包含有人的绝对史无前例的解放的诺言。存在是无法进入这个循环的。

在伟大的创立之前，对人的思考有个愚蠢之处，虽然无害，却造成了极大的不便：哲学竭力在同时思考人和存在；哲学竭力认为，人的特点就是对存在的确定，并竭力认为，人的特点位于存在阶梯的梯度上。关于人的本体论和话语的这种混淆，也可以说是这种本体人类学（onto-anthropologie）的混淆，事实上使思想处在了错综复杂的不确定当中，迫使思想不得不处于不由自主的怀疑论当中。的确，人的特点看起来只是对存在的一般的或者特别的确定，所谓特别的确定也永远是一般性的，无法让人真正地据为己有，并承认是自己的特点，或者承认那就是自我。人也就无法真正地确认自己，因为他从镜子里看到的永远是存在的一般性。但是，从另一方面来看，存在的一般性无法抑制地与人的特点联系在一起，为人的欲望和希望效劳：在存在的镜子当中，人看到的永远是自己。在伟大的创立之前，人类学必然是本体论的，或者是本体中心论（ontocentrique）的，然而，本体论必然是人类学的本体论。为了理清这团交叉的乱麻，或者为了斩断这团乱麻，必须严格地区别存在的思想和人的思想，区别本体论和人类学。本文不是论述纯粹本体论的可能性是如何设想的，其现实又是如何提出的。题外话说得再长，对主题也是不利的，因为这种纯粹的本体论不是别的，正是现代科学。但是，我们至少可以试图说明人类学是如何从本体论当中解放出来的。

十六

在我们做出决定，声明人的存在、人的实体是不可知的过程中，在将本体人类学浓缩在 x＝x 这一重言式的过程中，洛克是最为显著、最为明确的见证人。假设：不管人是什么，人就是人。我们预设了人的存在；因此，我们没有必要再思考他。由此而开启了第二个重言式，这个重言式中能够包含和产生思考的人从未设想过的东西：一种纯粹的人类学。这第二个重言式必然采取如下的一般形式：不管存在是什么，人……人。就这样，对人的双重肯定代替了对人和存在的肯定。我们肯定的是人和人。但是，这个新的重言式拒绝用动词"是"联系人和人，那么联系人和人的，是哪一个动词呢？我们已经看到，在"劳动"和"文化"概念中未明言的动词并不能让生活中的人表达其人性，活着的、行动的人不能真正地或者真诚地认为自己是其劳动的产品，或者是其文化的生产者。[52] 让我们大胆地说吧：任何人根据自己的常识，从来没有真诚地设想过自己是"价值的创造者"，不管是皮埃尔还是保罗。但是，不管是皮埃尔还是保罗却可以真诚地设想自己是个有权利的

---

[52] 详见本章第十三节。

人，而且这些权利立即被定义成"人的权利"。人（有）人（的权利）*。这样，我们就可以避免一定要用或者暂时用"是"这个表达肯定和联系的动词。这样一来，人不用系动词也肯定了自我。重言式的两个方面都完整了：人的整个人性都包含在他的权利当中，以及他有权利这一事实当中了；而且这些权利是完全通过它们是人的权利这一事实来定义的。对人和存在的传统思考，将人们引向了不由自主的怀疑论；代替这一传统思考的，是对人的坚决的肯定，在对人的权利的声明当中经过深思熟虑和加强的对人的肯定。人可以完全真诚地忘记存在了。

十七

199　　就这样与存在脱离开来之后，人的权利的概念从主观上便不再具有本体论上的不透明性。这一概念将不可抗拒地征服政治和道德的统治，因为这一概念随时可供使用，而且具有浮动性，可以很容易地与人的各种经验联系在一起，人的各种经验似乎都可以用它的语言来表达。天性的所有欲求，以及法律的各种劝诫，似乎都可以顺顺当当、自然而然地在人的权利——或者用英国人的话说——在人类权利的范围内得到表达。如果说人有生活的权利，那么他也有死亡的权利，至少是有在尊严中死亡的权利；他有劳动的权利，也有休闲的权利；他有在当地生活的权利，也有旅行的权利；如果说妇女有生孩子的权利，那么她也有流产的权利；她有受人尊敬的权利，也有寻求快乐的权利，甚至是寻求快感的权利；总而言之，因为这样说起来会没完没了，但总而言之，太阳

---

*　法文原文"L'homme (a les droits de) l'homme"从形式上，只能译成"人（有）人（的权利）"，而不能像法文那样，将括号里的成分一起放在人和人中间，如上文所说的"人……人"那样。所以，如果按照中文的句法排列，前文所说的重言式应当是"人……人……"。——译者

下，或者月亮下，没有任何事物不能成为人行施权利的机会或者方式。这就表现出了将人和人的权利联系在一起的重言式所具有的扩张力量。

我们还应指出这一重言式的另一个的确是异乎寻常的特性。

实际上，这是各种流派、各种文本的哲学所特有的表示，认为人处在协调被动和活动的一个梯级上，结果就是，人越是从被动中解放出来，或者人越是变成纯粹的活动，他就越是变成了人。活动和被动的两极分化，乃至两者之间的互相排斥，似乎从分析的角度来看是包含在其概念当中的。然而，因为持有权利的人根本不需要外在于他的目的，他的经验现实当中已经包含了所有的权利，其中有一些还有待于产生，而这些权利又完全地定义了他的人性，这个人也就像是一个包含在其自身当中的纯粹的活动。但是另一方面，因为他作为人，什么也不用做，就已经是持有全部已经是明显的或者仍然是潜在的权利的人，这些权利又完全地定义了他的人性，所以他又是纯粹的和完善的被动。说来也怪！持有人的权利的人在其经验的天性当中将纯粹的活动和纯粹的被动联合在了一起。

如果我们用神学的语言来表达这一奇怪的特性，我们会说：持有人的权利的人要求并得到的结果是，他的命由天定。

十八

本文的目的不是考察重言式失败的案例。人的权利可以覆盖人的整个经验领域，但是也可能在这一经验的每个方面都是错误的。权利对经验的声明会不会使经验的内部语言变得模糊了呢？各种不同权利之间有可能是矛盾的和不兼容的，对此，我们也不再论述。对于我们来说，值得关注的，也更加急迫的问题，是考虑哲学对人的权利的现代观念发出的最为严厉的批判。

我在前边指出过，现代国家的威严建筑，也就是人权体系，是以一个很细小的点为基础建立起来的：人类个体改变自然以养育自己。这个细小的点十分坚硬，经过了我们心中动物性的普遍经验的考验，而这一经验是十分强大的。但是，这个细小的点也许是坚硬而脆弱的。这至少是洛克的伟大的批评者大卫·休谟的判断。我们对休谟特别感兴趣，因为他的判断丝毫不是“反动的”批判，不是主张任意地回归对人的实体的客观定义，或者更准确地说，不是回归教条的定义。相反，休谟延续了洛克对实体的批判，并使这一批判更加彻底：他向我们提出了一种现代意识的内在的批判。

让我们来看一看他对洛克财产权观念的批判。他认为，洛克混淆了财产的观念和财产权利的观念，因为洛克说，这两种观念的源头是一样的，都是劳动。然而他注意到，个人和他的劳动材料之间的关系，并不能够让他建立财产的权利。休谟剑指洛克推论的连接点：我们不能严格地说，我们将我们的劳动和某件事物联合在一起，或者混合在一起；只有在引申的意义上，这样说才是对的；事实上，这里说的某件事物，我们只是改变了它，或者损坏
201 了它而已。(53) 要想在个人和作为劳动对象的事物之间建立财产联系，除了个人、他的劳动和被加工的事物这些观念之外，还必须有**其他的观念**，比如需要付出努力的观念，劳动者的期待的观念，要剥削他时所需要的不人道的观念。劳动只有在其他元素的伴随、补充之下，才能够作为财产的基础，而这些其他的元素对于所形成的人类世界来说，也是同样重要的。这就意味着，单是劳动本身，还不足以建立财产的权力，即使是在一开始的时候。

与洛克不同，休谟严格地区别财产和财产的权利；对于他来

---

(53) 《人性论》(*A Treatise of Human Nature*)，第三卷第二章：“确定财产的规则”(of the rules which determine property)，人人文库 1977 年版，第 209 页注释 1。

说，财产指的是在社会中存在对拥有物严格而持续的区分这一事实；财产的权利指的则是将拥有物分配给人们并保证人们拥有的诸项规则。一般的财产是建立在社会最显著、最急迫的关注之上的，而财产权利具有无数的形式，"常常是根据一些非常轻浮的观点和考虑确定的"，事实上是通过一些"想象的连接"决定的。[54] 社会的关注决定了正义的必要性，而财产则是公正性的一种表达或者模式。就这样，休谟倾向于颠倒洛克关于财产和正义之间的关系的定理。[55] 我们首先想到的是，在关于财产的这个问题上，休谟恢复了古代的或者经典的观点；他认为，一般财产的必然性和实用性有别于不同政治群体组织财产的规则所具有的偶然性和相当任意的特点，他让财产重新依赖于公正的政治，这是亚里士多德的观点。[56] 其实并非如此。的确，休谟对洛克的分析进行了内在的批判，他指出，洛克没有遵守"观念"语言的逻辑，而这一逻辑是他分析的主要工具。不能通过一个观念把个人的财产权利和一件事物联系在一起；这里说的观念，是指劳动的观念，因为一切观念必然会联系到其他的与其一起组成人类世界的观念，从某种意义上说，所有关于人类世界的主要观念都是互相联系在一起的。不管人们如何想象处在历史源头上的人，但我们不能设想处在天性状态的观念。洛克没有看到，观念也形成了一个类似于社会一样的整体，作为个别观念的财产权利也和组成人类世界的其他观念一样，也是一种观念，也和其他的观念保持着必然的、有规则的关系，但是所有这些关系都是可变的，都是建立在"想象"的

---

[54] 《人的理解和道德原理研究》(*Enquiries Concerning Human Understanding and Concerning the Principles of Morals*)，彼得·尼迪奇编，牛津：克拉伦登出版社，1975年，第259节，注释1，第309—310页。

[55] 同上书，第145节。亦请参见洛克《人类理解论》，第四卷第三章，第十八节。以及本章第六节。

[56] 《政治学》，1254 a 9；1260 b 37—1261 a 9。关于亚里士多德的正义论，详见《尼各马可伦理学》，第五卷。

基础之上的。

洛克关于财产权利的错误只不过是个别的错误，或者是个别的矛盾，而在他的哲学当中，在既是人的权利的哲学同时又是人类理解观念的哲学当中，这种错误或者矛盾则是一般性的。

休谟从根本上接受了洛克关于精神活动的出发点：精神将来自外部或者内心经验的简单观念组合起来。(57) 但是，他认为洛克没有忠实于这一原则，或者说他是与这一原则背道而驰的，尤其是在他阐述的关于权力的概念当中，而这个概念在他的思想中是根本性的。(58) 洛克从外部的运动经验，以及尤其是内部推动肢体和理解力的意志经验出发，推导出权力的简单观念。实际上，两种经验都不能导致权力的观念，或者都不能产生这一观念。(59) 洛克笨拙地称之为权力的东西，实际上是一种“必然的联系”(necessary connexion)。而这种必然的联系，只不过是精神根据重复或者习惯建立起来的：“因此，我们在精神上感觉到的这种联系，这种从一种东西过渡到一般与其在一起的其他东西的想象的习惯，只是我们的感觉或者印象，我们从这种感觉或者印象出发，形成了权力或者必然联系的观念。仅此而已。”(60)休谟似乎有时候是在说，洛克没有恰当地解释权力观念的起源，(61)有时候似乎又在说，这一观念根本就是不存在的。(62) 因为洛克关于权力的概念包含和
203 混淆了两种观念：一种是未知的品质的观念，比如，这种未知的品质使得看不见的微粒运动导致产生了第二位的品质；另外一种是

(57) 《人的理解和道德原理研究》，第十三、十四、四十九节。

(58) 详见本章前文第三节。

(59) 《人的理解和道德原理研究》，第五十至五十二节。

(60) 同上书，第五十九节，第 75 页。亦请参见前文所引《人性论》，第一卷第三章，第十四节，第 153—170 页。

(61) 《人性论》，第 155 页。

(62) 同上书，第 159 页。

前边的一种观念和一种后来的观念之间的必然联系。⑥ 然而,这两种概念是完全不同的。第一种是原因的概念,这一概念是没有用处的。只有第二种概念,也就是必然联系的概念,才有意义。我们只对权力有着明确的观念,因为权力是必然的联系⑭,权力的概念"是完全属于心灵的"⑮,因此对于事物的性质没有任何阐述作用。⑯

因此,权力(puissance,pouvoir)的现代概念,把洛克曾经那么严厉地谴责过的实体的传统概念所包含的不可能性又带了回来。

正是出于相同的原因,洛克关于道德的观念或者混合的模式被抛弃了。一方面,人们假设这些概念是由人类的理解能力产生的,与外部的典型没有相似性,是纯粹的因果关系;另一方面,人们肯定说,这些概念按照方便性进行调节,是适当的关系,是必然的联系。在这两个论断当中,只有第二个是可以适当理解的。在财产权利当中,只有几种观念之间的适当关系,同样,在自然现象当中,在两个或者多个观念之间,只有一种必然性的联系。劳动观念和财产观念之间的关系和必然联系的概念一样,"完全属于心灵",因此必然会牵扯一些属于心灵的其他观念。将劳动者本人和被加工的天然材料之间"实际地"联合起来,或者混合起来的观念,是混乱的和不可理解的,正如在自然现象当中,原因的"实际"效率的观念也是混乱和不可理解的一样,而且这两种混乱和

---

⑥ 事实上,当洛克谈到"这些(第二位的)品质实际上在物体本身不是别的,正是通过其第一位的品质在我们心中产生各种感觉的能力"(《人类理解论》,第 135 页),他的混淆在这里达到了顶峰。
⑭ 《人性论》,第一卷第三章,第十四节,第 166 页。
⑮ 同上书,第 164 页。
⑯ 因此,休谟是不接受第一位的品质和第二位的品质之间的区别的(同上书,第一卷第四章,第四节),他也不接受原因和机会之间的区别(同上书,第一卷第三章,第十四节,第 168 页)。这两种区别的基础都是关于权力的两个又混乱、又清楚的概念的混淆。

204 不可理解的原因也是一样的。如果我们严格地局限于经验,那我们遇到的,就只能是观念之间的联系,这些联系由于习惯或者想象而成了必然的联系——因此也就是由于"事实上的"必然性而导致的必然结果。

因此,休谟认为,不仅道德概念根本就不是建立在事物或者人的天性基础之上的,而且我们既不能揭示其原因,也不能对其进行科学的推导;从这种意义上说,这些概念和迷信的观念是同样荒诞的;不过,这些概念是有用的迷信。⑰ 这些概念建立在想象当中,想象根据适当性和联想,在一些观念之间建立关系,提出了对人的生活具有必然性的关系。方便性的概念在洛克的思想当中已经很明显,足以为任意地杜撰道德概念提供动机和规则,从今往后,方便性的概念几乎完全地吸收了任意的因果关系。正如在必然的联系中寻找原因是没有用处的一样,在道德观念中寻找道德的动因是徒然的,因为道德动因必然维系道德的观念。因此,想要将"天性"的权利与个人联系在一起,是没有任何意义的。

我曾提示说,我们可以承认,在洛克的思想当中,权利的教条主义和观念的怀疑论之间,或者更准确地说,在权利的教条主义和观念的人为主义之间,存在着契合,而且一般情况下,现代的态度认为,对人权的普遍肯定和承认文化的多样性、承认道德概念的任意性之间,也有契合;这是两种不同的方式,但是两种方式都是在说,人没有天性或者目的,人不是本质或者实体,一种方式是按照动因的角度说的,另一种则是按照观察者的角度来说的。然而,休谟的批判使我们不得不承认,在权利的语言和观念的语言之间,有个不可逾越的障碍。洛克的立场前后之所以不一致,是因为事实上,他假设权利的观念——表现为天性状态的天性权利——是和别的观念不一样的,权利的观念不服从契合和联想的

---

⑰ 《人的理解和道德原理研究》,第159节。

规律，不服从支配人类世界的所有其他观念的方便性规律，从某种方式上说，它是扎根在天性当中的。在洛克的思想当中，权利观念的意义不是在对权利观念进行分析的过程中发现的，权利观念表达的东西更多，而且不一样。洛克在否认先天观念的同时，也拒绝认为观念或者某些观念是属于人的本质的，不过他维持这种本质的地位——x＝x——以及对这一缺席本质的表达，那就是人的权利。

在观念的语言当中，让杀人和杀羊具有不同的名称，这纯粹是任意的；因此，将杀人称为恶，或者称为罪行，也一样是任意的，虽然事实上人们经常把杀人称为犯罪。在权利的语言当中，杀害一个人，那就是侵犯了他最为重要的生存权利；将杀人称为恶或者罪行，便不再是任意的，而是必然的了。观念语言使洛克可以从原则上将所有道德概念都定义为任意的，这在人的天性中是没有基础的。就这样，从某种意义上说，观念和道德演变的整个领域，实际上就是人类特有的整个世界都被悬置了起来。另一方面，权利的语言使他再次"引入"他想保留的传统道德观的一些元素，同时也"引入"了他希望推出的一些新的元素。我们再也想象不出还有其他对事物的观念能够让人如此方便、如此自由地改变人们重视的对象：人类的整个世界，就像一座门户大开的城池，乖乖地听命于改革者的意志。

休谟认为这种前景是不可接受的。有些人竟然声称取得如此优势的地位，实际上却矛盾百出，这使他感到气愤，再没有其他的事能够像这样搅扰他泰然的心境。权利的观念不可能摆脱所有观念的共同命运。所有的观念"都完全是属于心灵的"，想让其中的一个观念拥有对天性的权威，那是徒然的，也是粗暴的。认为有些观念是天性观念，这里指的是人的天性权利的观念，有些观念则根本就是人为的，虽然这两种观念之间的区别是任意的，但是反过来，强调一般观念的人为特点，这也是不恰当的。所有的观念都属于同一个世界,也就是"想象"的世界,其实简单说,想象既不是天性的,也不是人为的,或者至少可以说,按照非此即彼的方式来考虑观念没有任何用处。应当区别"有用的"想象的观念和纯粹迷信的观念。

在洛克的思想中,在改革家或者现代革命家心中,观念的怀疑论是与权利的教条主义结合在一起的。在休谟的思想中,我们会说:在现代保守派的心中,更加彻底的怀疑论——因为这种怀疑论连权利的概念也不顾惜——会导致一般生活的教条主义,或者"生活中常见的现象"(common occurrences of life),这种说法所指的事物常用的,但仍然是抽象的名称,是"实用主义",或者"功利主义"。那么我们是不是应该说,在休谟描述的人类世界里,唯一有权威的就是他所说的实用性呢?这样说也是不准确的。休谟承认,我们的很多道德判断与实用性并没有关系,连间接的关系也没有。其源头只不过是一种感觉,一种道德感觉,与理性是没有任何关系的,不管是实用性的理性还是其他的理性。比如,对于从本质上应该受到谴责的乱伦行为,理性可能觉得不算什么——真正的理性从道德上不赞成什么,也不谴责什么——但是人们普遍地谴责乱伦行为,这是事实,是"实事求是"。这种道德感觉的源头在某个"框架"当中,在我们没有办法知道的天性结构当中。[63] 因此,哲学家推荐的人类世界的组织原则,已经不在于饥饿的劳动者个体面对自然时应该拥有的人权,而是在于我们可以从人类社会经常看到其表现的道德感觉。正因为如此,休谟的怀疑论更加彻底,从某种意义上说是最终的怀疑论,正如我们在前边说过的那样,这种怀疑论导致的实践观点比洛克的观点要保守得多。

---

[63] 《人性论》,第三卷第一章,第 176 页;《人的理解和道德原理研究》,第 132、138、234—246 节。

无可怀疑的是，休谟把对洛克的观念的批判推向了极致，他比洛克更加彻底，也更加具有一致性。那么我们能说，现代保守者就是现代改革者或者革命者的真理吗？不管怎么说，对现代民主社会发展的观察并没有证实这一假设。改革者在现代民主社会开展了不断的活动，人权的原则在这一社会里保持着原封不动的光彩，我们的天性当中最具反叛精神，最隐秘的部分也不得不在民主社会中接受权利的福音，而保守者注定了只能做些无力的嘲讽，他也只配这样做，因为，在嘲笑改革者的计划的同时，他无形中对现时的社会发出了祝贺，所谓现实的社会，也就是以前的改革产生的结果。实际上，现代保守者对现代改革者在理论上的优势隐藏着一个决定性的弱点。

我在前边说过，谁想组织人类世界，而又不必事先提出或者接受人的天性的某种观念，不必认为这种观念是真实的，或者是得到允许的，不必提出或者接受人在生活中必须遵循的某种法律，对于这样的人，权利的语言是他唯一可以对自己言说的语言。人权原则是没有目的的人唯一经过深思熟虑的行动原则。让人权服从所有其他的观念都承受的任意的命运，那就等于废除了洛克保卫的人的本质的地位。人权的观念和其他的观念一样，不过是一种观念而已，人类世界也不过是一片平原，或者一片无边无际的天空，上面遍布的星座永远在变化，但实际上又永远都是一样的，因为它们根本就是平淡无奇的，这些由道德观念组成的整体是规则的和任意的，观察者——历史学家、社会学家、人类学家、记者——可以没完没了地统计和描述它们，但是现实的人在其中找不到任何行动的原则。这个热闹中透着单调和平淡的世界，就是哲学家休谟的世界。

但是，人们会说，"道德感觉"不会提供一种完全令人满意的行动原则吗？如果行动的人真诚地思考这一原则，那么答案的确是肯定的。这个人在心灵中所感觉到的东西，作为不可遏制的感觉规定他的判断和行动，哲学家或者观察者看到的他的真实的一面，是一种纯粹的事实，是理性所不能证实的。实际的感觉和理论的理性之间的这个深渊，更甚于行动的人——公民、宗教信徒或者有爱心的人——怀着激情所进行的参与和古代哲学家所持有的超脱的或另一种满怀激情的观点之间的距离，是的确不能完全被消除的，而这个深渊甚至不是距离，而是别的东西。从行动的人到古代哲学家之间，相隔着那么遥远的路，要经过那么多的关口！公民或者宗教信徒追求正义的欲望，情人心中的欲求是哲学可能性的条件，是养育哲学的不熄的火焰。在现代保守派的哲学当中，没有任何这类的东西，现代保守派的哲学是建立在道德意识之上的。在哲学家或者观察者的观点和行为者的观点之间，任何沟通、任何调解都是不可能的。从行动的人竭力思考，竭力在理性的指导之下考虑道德感觉向他发出的戒律或者评价的那一刻起，他便把这些戒律或者评价看成是纯粹的事实，其中并不包括任何义务、有效性和客观意义。他的道德生活的运动没有受到新的理性之光的指引、纠正、支持，反而会一下子丧失感觉，会瘫痪，会消失。"我为什么要做我做的事呢？因为道德感觉促使我这样做。所谓道德感觉，就是一个没有意义的事实。因此，我所做的事，没有任何目的，或者说，没有任何有效的动机。"实际的生活，从各种形式上来看，都是纯粹的迷信。哲学家，或者我们当中的每一个人，当他在观察自己，或者当他意识到自我的时候，便会从这种迷信当中解放出来，但是解放并不能让他达到一种更高的或者更加真实的生活，只能让他注意到迷信的必然性特点。而且，他发现的这个宿命的秘密，一旦他回到生活中准备行动，他就必须将它忘记，因为如果一个人深信，我们的行动的所有动机都是人的理性无法证实的纯粹的事实，那他就不能在人性或者理性的指引下行动。休谟体现了这一时刻，暮色过早地降临了，而光明，为了对迷信进行彻底的批判，不得不服从其法律，同时承认，所有的观念,不仅是另一个世界的观念,也包括眼前这个世界的观念,也同样是精神的,也同样就是迷信。这样一来,光明只能在有用的迷信和纯粹就是迷信的迷信之间进行区别,这一区别无疑是有用的,也许是迷信的;只有这样,光明才能够挽救自己的名誉,老实说,才能够挽救自己的存在理由。

十九

在后来的阐述当中,欧洲的启蒙作者将洛克改革的观点和休谟保守的观点混合在了一起。在启蒙占统治地位的社会里,或者至少是启蒙具有影响地位的社会里,思想家们采取了第一种观点,也就是教条主义的观点,而在启蒙只能处在观望地位的社会,或者并不想真正采取行动的社会,他们便采取了第二种观点,也就是绝对怀疑论的观点,在事实上尽尽义务和评头品足的观点。当需要别人承认和保证他的权利时,西方人常常会把自己家里搅得天翻地覆,而当他旁观与自己的生活相异的社会时,又常常一味赞扬,甚至连评判其好坏的权利都不要。就这样,我们殊途同归,再一次回到了我们在第二章就提出的一些看法,再一次看到自由的教条主义和社会学或者人类学的相对主义是如何瓜分了我们的心灵的。

另外还要指出的是,观念的怀疑论在西方内部加强了权利的教条主义。根据休谟严谨的学说,这种怀疑论所针对的也有人权的概念,而且也对人权的概念造成了伤害。但是,作为一种纯粹理论上的观点,它太弱小,还没有能力抨击肯定权利的既活跃又有自反性的观点,于是,它被招募来为权利的观点服务,以反驳道德观念或者让道德观念失去信誉,因为道德观念有可能阻挠人权越来越完整和广泛的实现。这样一来,被传统遗留下来的道德观念便落入了无法忍受的境地。道德观念已经被认为是讨厌的,甚至是招人恨的，因为这些观念所包含的某些戒律似乎与人权相反；另外，怀疑论声明说，这些观念是徒然的和人为的，这也使得这些观念变得不再坚实。教条主义和怀疑论和解了，它们互相加强，共同联合在对法律的不可遏止的恨和蔑视当中。法律的劝诫似乎没有别的内容，没有别的意愿，没有别的意义，只是为了侵犯人权。两个世纪以来，人权在西方的统治越来越专横，让我们觉得它们似乎要像真正的英雄一样，为了反对邪恶的迷信而永远斗争下去，迷信想压迫它们，而且恬不知耻地在教皇的声明当中表现出来。这种迷信用的是最为仁慈的话语，由来自雅典、罗马和耶路撒冷的道德和宗教传统的元素组成，但它们未能得到人权的严格学说的重新解读。幸而这种迷信弱小而且邪恶，所以才出现了很多这方面的英雄。在美国，迷信要克服的障碍最少，人权的学说在那里激战正酣，也表现得最为英勇。在新大陆上，休谟的道理被人倾听的机会最少，那里的人们最不关注基于经验而提出的复杂的观念体系，而经验形成了保护和养育人类生活的气氛。在大陆翻天覆地的斗争中，对权利的要求人声鼎沸，一片欢腾。尖声吼叫的愤怒像暴风一样，吹散了本来就很薄弱的人文传统的表层土壤。从一边的海岸到另一边，人类世界的所有组成因素都受到了以人权为名义给予的打击。

二十

权利的单边肯定给人留下了深刻的印象，产生了巨大的影响，正如在美国为人所接受的那样，从某种意义上说，这标志着洛克对休谟的胜利，现代的机制是基于对权利的肯定和对观念的批判这两者之间的张力，张力假设了某种平衡。启蒙的概念景观是围绕这两个极点组织起来的：人的权利和人的理解力的观念，人的理解力的观念后来又有了其他的名目，比如"意识形态"、"价值"、"文化"。权利和观念,这就是否认人类本质之后引发的双重的确定;这就是对人类实体进行分析之后产生的双重的确定。不管人类实体是以何种方式设想的,它包含着,因此也就可以说,它实现了人类现象的统一:人是一种实体和一种实体*,这两种说法是一样的。实体是综合,也是对综合的肯定。一方面是从权利的角度进行的分析,另一方面是从观念的角度进行的分析,分析肢解了这种综合,为了真实而自然,是实体的人,或者是人的天性。

这一肢解具有两个方面。一方面,它是在权利和观念之间的划分,另一方面,它展示了权利和观念的多样性。观念的数量是无尽的,因为在天性上它们没有模型,因此也就没有限制,而且它们是由人类的理解任意创造出来的:现代人以一种自认为十分强烈的快乐,欣赏"价值"或者"文化"似乎表现出的无穷无尽的多样性。权利的数量也是无尽无休的,正如过去两百年以来权利的不断增长所证明的那样。似乎有什么东西阻止我们说:人的权利;而我们现在,或者从前曾经可以自然而然地说:人的天性。然而,人权还是保留着某种比人类理解的观念更具有综合性的东西。不管我们在定义和要求"新的权利"时多么随意,但是它们终究不像观念那么"不确定",那么"数量众多"。与最初的现代哲学家们认为是基本权利,是其他权利的源泉的权利之间,也就是与生存的权利之间,它们永远保留着某种联系。虽然单数的权利不可抗拒地多样化,成了多数的权利,我在前边也指出过,它仍然以某种方式保留着本质或者实体的地位。在现代的制度下,也就是说在分析的制度下,它是最具综合性的机制,因此也就是最强大的。

但是,权利只是通过占据天性的位置,才保留了天性的地位。所以,为了指称人权的哲学,让"现代天性的权利"的说法流行起

---

* 前者强调"实体",后者强调"一种",着重号是作者加的。——译者

来,也许并不是什么好事。实际上,这里的形容语本来是形容实词的,但是实词却吞掉了形容语:人的权利占据了人的天性的位置。语言之所以停留在模糊的状态,无疑是由于权利取代天性的方式。权利是在一定的处境当中得以揭示,并因此而成为现实的,有关的哲学家称这种处境为"天性状态"。在这种状态之中,"人"还没有表现出其人性,他们还不知道什么是宗教、政治、社会、家庭,他们还不知道什么是科学和艺术,但是他们感觉到生存的需要,而且在将土地的果实据为己有的同时,他们才可以生存下去。正是在这种前人类的状态之下,他们的权利,人的权利才得以揭示:生命权,自由权,财产权。人权得以揭示并成为现实,而天性状态的野蛮居民还不知道"人"是什么,更不用说"人"的观念了。这时,在与自我、与外部天性的关系当中,并没有自我的观念,但是他们的权利在这样的关系当中得以揭示并成为现实,从这样的关系当中,通过假设产生了权利的观念,契约的观念,乃至人的观念。这种还没有自我观念的与自我的关系在天性状态中占优势,并为天性状态下了定义;我们该如何命名这种关系呢?这种关系耳不聪、目不明,因为它先于观念这种人类所特有的智慧,我们该如何,我们怎么能为它取个名字呢?我们知道,这种基于"是"我,"是"自己(self)的感觉的关系,洛克称之为"自我的财产"(propriété de soi)。人的特点就是"是"自我的所有者。或者更准确地说,"是自我的所有者"这一命题是一个默默的、不透明的核心,这一核心将在权利声明的盛时表现自己。谁申明自己的权利,谁就是人。

　　天性状态的概念在精神历史上非常重要,因为它揭示了哲学的和宗教的传统所不知道的一种可能性,并把这种可能性放在了对人进行解释的中心地位上,这也是没有观念、没有智慧之光的人,只是靠条件反射来生活的人的可能性。智慧之光是人权可能性的条件。为了让人的人性能够处在其权利当中,人必然是所有观念的杜撰者,他的观念不是"天性"当中就有的,或者用专门的术语来说,他的观念并不是"生而有之"的。如果不是这样,如果人的观念不是他自己杜撰的,那他必须首先搞清楚观念当中包含或者牵涉一些关于他自己和他的境遇的什么信息。要肯定他的权利,附属的条件必须是先承认观念的客观秩序。人当然是可以有权利的,但是,在他的观念及其客观信息的框架和特别性之内,不可能有"人权"。

二十一

对实体的分析得出两个结果,一个是"天然"权利,一个是"人为"观念;在考虑这两个结果时,为了定义这两个结果之间的关系,我们不断地在两者之间的矛盾和亲和性之间摇摆。这是因为我们尽力地忠诚于现象的复杂性。但是,对于这一关系,难道我们不能做出只有一种意义的判断吗?

我已经多次强调过,积极的改革派以权利的普遍性为旗帜,被动的科学派则以文化的多样性为名义,两者之间形成鲜明的对照,这是现代民主精神所特有的。在西方,以人权的名义谴责妇女所遭受的命运,同时又以一切文化都具有至高无上的特殊性为名,接受妇女在伊斯兰世界的命运。这种事毫无疑问是很奇怪的。有人说,这样的态度包含有合乎逻辑的矛盾,但是也包含有同样是不可接受的道德错误;说这种话的人显然是在进行有益的公民教育。但是,诚实的公民认为明显是触目惊心的事,在谨慎的哲学家心目当中未必就是一清二楚的事。哲学家很遗憾也很反感地发现,两种肯定是有冲突的,但是它们在一点上有着深刻的默契:人是有权利的存在;人是一种文化存在。庸俗的民主人士以同样的力度叫喊这两个口号,表明了一个他根本就不可能理解的真理。

这一默契比我们已经指出的否定的默契要走得更远：两个命题都是同样、同时从抛弃对人的"实体"的定义中产生的。这两个命题不仅拒绝同一个论断，它们也肯定了同一个论断。

　　权利的学说和文化的理论都同样假设权利学说所说的天性状态。有人对我们说，人是一种文化的存在，为了能够按照这样的文化确性定表明其特点，文化的存在必须预设一种前文化的状态，当然，这种前文化的状态永远不会是现实的，但是如果现实化的过程发生了，那么前文化状态就一定是真实的。在两种说法当中，人都是从天性状态或者前文化状态，过渡到公民状态或者文化状态。事实上，还有什么比社会契约更惊人的"文化创造"吗？如果通过社会契约，人能够成为尊重和保护其权利的公正制度的有意识的、至高无上的创造者，那么从潜在的意义上说，他也可能成为不那么令人满意的，也许是不那么开明的，也许是腐败的制度的创造者。只要契约的制度和其他的制度都同样是这样的创造行为的产物，那么所有的制度便都是平等的了，各种制度也就变成了组成人类舞台的各种不同文化。人权的理论家也是社会契约的理论家，他们假设并提出人类意志的创造能力，之后又立马以这种创造能力的名义，把人定义为文化的存在，然后在需要的时候又反过来反对人权和社会契约。在这一背景之下，尼采与霍布斯、洛克和卢梭一样，是属于同一个政治和精神运动的。[69]

　　因此，人是有权利的存在，人是文化的存在，这两个命题凝聚了同样的思想运动，只不过是从不同的特点分别说明的。人首先是按照其未确定性，其潜在的人性状态，或者没有观念的条件反射状态来预设的；然后，人又走出了这种不确定的状态，自己明确地定义了自己，实现了自己。在第一种说法当中，他承认并公布了自己的权利，又组织了对这一权利的保护；在第二种说法当中，

---

[69] 详见本书第六章第三节。

他表达了他的人性，同时站在一种特殊的法律的名义之下，有时候又不大遵守他的权利。法律的特殊性和权利的一般性或者普遍性一样，表达了人对其自身人性的一般权力，而且表达这种权力的方式非常惊人，因为，法律是具有特殊性和强制性的。也许正因为如此，先进的民主派人士因这种权力而产生了特殊的热情，在他们作为公民生活的制度当中，只要制度有一点点的强制性，他们便感到不耐烦，却常常对最为血腥的异国制度表现得特别热衷。塔皮奥卡将军（le général Tapioca）通过其高超的残暴，立刻就能让人感觉到什么是人对其生存条件的权力，什么是人对创造自我的能力，让人对永远是新的权利不断地提出要求。伏尔泰为让·卡拉（Calas）的命运而感到愤慨，对日本的酷刑却很宽容，甚至表现出颇为和善的态度。

谁要是认为这是嘲讽者的风趣，不能与哲学牵扯在一起，我们请他看看伏尔泰的对头，看看现代民主的最为深刻的哲学家的作为。让-雅克·卢梭想通过尽可能具有一般性的意志，实现尽可能具有特殊性的政治团体。

二十二

人是有权利的存在；人是一种文化的存在。这两个命题是从实体的概念解体当中产生的。反过来，这两个命题凝聚了一种思想的运动，在这一思想运动的范围之内，实体的概念，或者人的天性的概念似乎显得碍事、贫乏、无用，而且容易将人引入歧途。这一思想运动是在不确定性和确定性之间的往复运动。当思想走向不确定性，走向天性状态，走向没有观念的条件反射的时候，它觉得人的天性的概念太完整、太丰富、太确定了：这一概念妨碍了、阻止了它的运动。当思想走向确定性，走向明确了特性并得到保证的权利，走向真实的、因而具有特殊性的文化时，它又觉得人的天性的概念似乎太模糊、太不确定了；人的天性的概念同样妨碍了、阻止了它的运动。因此，在两个方向上，使用人的天性的概念，似乎都意味着人为地阻止思想的运动。

这是因为，人的天性或者人的实体是一种真实的综合——在我们的背景之下，就是特殊性和一般性的综合。天性具有一般性，只有作为特殊性的时候，天性才是真实的。特殊性的方面与一般性的方面密切地、不可分别地共同存在。在实体分解之后，这两个方面成了不能共同存在的两个时刻；它们成了必然具有先后的两个时刻。另外，这两个时刻不能以稳定的方式被识别。天性状态不能简单地作为特殊性的时刻或者一般性的时刻被提出。在逻辑特点上，两个时刻是有交换的。[70] 如果天性状态作为特殊性的时刻，作为天性个人的时刻被提出，那么公民状态便作为一般性的时刻、一般的法律或者一般的意志时刻被确定。但是天性状态可以被定义为人类的一般性；那么，公民状态便作为特殊性而被确定，比如作为这种文化被确定。第一种联系相当于实践的观点，第二种相当于理论的观点。

如果我们来看上述第二种观点，我们就会理解，两个时刻的分离对领会人类世界产生了重大的效果。的确，在实体分解之后，精神在观察人的现象时，在特殊性当中再也看不到普遍性的存在。它看到了一个过程的结果，它需要重新组织这一过程，也就是说，他要重新组织因果链接，以揭示隐含的普遍性是如何变成了明确的、真实的特殊性的。不同的人文科学对这一因果的链接做了不同形式的描述。我们在第二章研究了十分值得关注的社会学个案。社会学的观点承认一个过程，人们过去从这一过程中看到的，是上帝的影响，这种观点的含义是如此之丰富，可以不通过科学的机制，就能够支配现代人从表面看起来是那么自发的行

---

[70] 详见本书第一章第五节。

动。面对一件事,一种行为,从前的人们会叫道:这又是人的天性在作怪!而今天,人们会带着明显的满意之情说:这是社会的事实!

把人的天性作为基础和解释来使用,这就相当于隔断了不确定性和确定性之间的往复,这就相当于让现代人所特有的分析思想瘫痪了,同时让现代思想面对一个现实,而这个现实将普遍性和特殊性联合在一起,既显得太过于确定,又显得确定性不够。人的天性已经不再只是让人的精神显得既愚蠢,又不满足的事实了。[71]

当然,这样一来,人的实体的概念是在权利和观念的分析思想的框架之内感知的。它的综合能力已经被故意地和彻底地摧毁。也许对这一概念进行重建,让它恢复原初的意义,便能够克服分析思想的反对,克服现代感知的障碍。然而,事实是现代哲学从来没有真正探索过这条道路。现代哲学在另外一个完全不同的方向上寻求过综合。

二十三

我在这里没有考虑康德的哲学。的确,康德的哲学对"综合的问题"思考得异常仔细。[72] 我们可以说,总而言之,康德的哲学就是对综合的思考。也许正因为如此,很难说康德的哲学以决定

---

[71] 康德写道:"因此,如果我们把'从感觉上确定什么是永恒'放在一边,那么实体就只能成为可以被设想为主语的某种东西(而不是另外的某个东西的谓语)。然而,这种想象对我来说一点用处也没有,因为它并不能告诉我事物应该具有什么样的确定性,才能够经确定之后,起到第一主语的作用。"《纯粹理性批判》,法语翻译见于"理解力的纯概念模式论"(Du schématisme des concepts purs de l'entendement, p. 156),亦请参见"经验的相似性"(Les analogies de l'expérience)中"实体永恒的原则"(le principe de la permanence),同上书,第 177—182 页,以及"纯理性的非逻辑推论"(paralogisme de la raison pure)中"实体性的非逻辑推论"(paralogisme de la substantialité),同上书,第 282—284 页。

[72] 详见《纯粹理性批判》的原则概要,第二章"纯知性的所有原则系统"(Système de tous les principes de l'entendement pur),尤其是第二节和第三节。

性的方式解决了问题,或者是以令人眩晕的方式使问题变得更加严重。他的高度思辨的特点,他引入的超验性,实际上不就是要为遗留给他的困难找到一个名词,然后再把这一困难扩大到人类自我的所有联系当中吗?康德继承和保留下来的所有概念,都附属在超验和经验这一新的两极分化当中了。原来以诗意的方式,甚至可以说是以别致的方式,在天性状态和公民状态之间,在人性的预设和人性的确定之间表现的两极分化现象,都转到了康德的新的两极分化当中,得到了普遍的、彻底的表达,而且想象的成分更少,所以显得更加严谨。超验性的概念从深奥中寻求生机,克服了困难,也就是克服了继承来的两重性,将预设和确定这两个时刻凝聚在一起,让经验突出地表现出来,经验是纯粹事实,没有任何意义,因为它不具有真正普遍性的特点。[73] 我们在前边已经看到,特殊性和普遍性共同存在于实体当中;这一共同存在被最初的现代哲学用预设和确定这两个连续的时刻所代替了。现在,康德又通过分析使经验成为可能的条件,代替了对实体原因的"形而上学"的追求。现代的人已经不再是"天性意义"上的人,他不得不"假装是"公民。从更加一般的和更加彻底的意义上说,他不得不"假装"自己有真实的经验。他并不真正地是公民,因为他的公民性远不是他的天性的一种表达、一种目的,而只不过是一种工具、一种手段,用以保证他在天性状态中发现的属于他自己的东西,也就是他的权利,也就是人权。而他的"真实"经验也是没有真正的好处的,既然从今往后,他唯一值得关注的、真正的经验,就是使经验成为可能的条件的经验。这一经验也是不可能的,甚至比回归人的天性状态更加不可能。或者我们可以认为,使得经验成为可能的条件在总体上的经验是可能的,当然不是宇宙在总体上的经验,宇宙在总体上的经验作为"连续的综合"是不

---

[73] 详见《纯粹理性批判》的两个前言。

确定的,(74)但仍然是一种客观的综合。是对世界的经验吗?对康德的深入思考曾经伴随了"综合"思想的运动,这是一点也不令人感到惊奇的,在一段时间里,这种"综合"思想的运动被称之为"存在主义",这是我在这里想要考虑的。

对于现代哲学的最近一次伟大运动,我只做了极为简要的回顾。由于必须"回归天性状态",但是又回不去,所以现代哲学便感到很难受。存在主义在其最初的力量当中,是想指出这种回归的必然性和不可能性有着共同的根源。存在主义开始先承认了预设和确定之间,潜在的人性和明显的人性之间的两重性和张力。可以说,存在主义是从现代哲学的成果出发的。但是,凡是使其先驱者感到困惑的地方,存在主义都得到了自信,并取得了很大的进展。人必须理解的是,正是这一过程使人成了他现在的这种状态,或者更准确地说,只有当他意识到这一过程,与这一过 219
程合二为一,变成有意识的时候,他才真正地成了人,他才会"存在"。现代的机制预设了人的人性;但是,这一预设的人性永远不会出现,永远不会自我表现。只有通过人们声明的权利,并以权利的面目出现,通过人们建立了理论的文化并以文化的面目出现,通过人文科学发现的隐秘的因果关系并以因果关系的面目出现,预设的人性才是有效的。只有以三种定义中的一种的面目出现时,预设的人性才能产生影响;这三种定义预设了人性,但是并没有提出人性,我们还可以把话说得更准确:这三种定义预设了人性,但是又不让它表现自我。在完善的文明的舞台后面,暗中的、蛰伏的人性潜藏得越来越深。为了获得自由、权力和知识,现代的人性以对自我的积极遗忘为基础组织自己。现代人把自己定义为"有权利的存在",或者"文化的存在",他寄生在隐藏的复本身上,这个复本就是能够成为文化的原因的人,是权利多样性

(74) 详见纯粹理性的第一个二律背反,《纯粹理性批判》,第338—343页。

的唯一源泉；这个复本就是没有本质，却占了本质的位置，并展示本质的效力的人。实际上，存在主义想展示在光天化日之下的，正是这个暗中的、蛰伏的复本。既然现代人没有提出和肯定自己，而只是预设自己，或者，既然他只是在预设自己的同时肯定自己，那么，他从结构上便是生活在不诚实、不真实之中的。他作为行为者或者观察者，作为公民或者学者，动员起"人权"、"文化"、"社会原因"或者"心理原因"——"社会的"或者"无意识的"原因——，并夸大这些东西的客观性；然而这些命题都是寄生的，都是伪装的，其背后隐藏着的，只有一种肯定才是真正的！为了用自我的肯定代表自我的预设，暗中的、蛰伏的复本必须坚决地抓住自我，由于他不受过去、现在和动机的羁绊，所以他可以投身向未来。

当然，问题不是要回归古老而善良的"人的天性"。人的天性的基础也是一系列有利害关系的幻想。为了最终真实的肯定，要动员的不可能是古老的本质，或者实体。最初的现代哲学具有模糊性，不知道该提出的，是"人的天性不存在"还是"人的天性不可知"，这便完全阻碍了思想的诚实：人们赶走了人的本质或者人的天性，同时又把它召了回来。又被召回来的人的本质或者人的天性成了没有意义的纯粹的事实，成了不透明的、不发声的框架，是模糊的，因此也是柏拉图的弟子们珍视它的原因，与人文科学探索的准确的原因混到了一起。人的本质是要坚决被抛弃的，一起被抛弃的还有人权和文化。暗中的、蛰伏的焦点最终应当明确地给予表达，最终应当用词语来表达和表现。这一焦点中的人的天性——以"心理学"残余的和残废的形式得以维持的人的天性——是不言自明的，是藏在暗中的，人权和文化只是具有欺骗作用的客观表现。

现代意识——我觉得我写这本书的目的，就是为了提出现代意识——是分为两个阶段展示自己的：预设 x 的时段，以及将 x

客观化的时段。正是在强烈地意识到这种二元性,或者两重性的同时,才出现了存在主义的计划。该计划是要通过坚决地肯定 x,将二元性化简为一元性,将两重性归结为真诚或者真实,这一次,x 将终于不以欺骗人的方式与本质、权利和文化混淆在一起。当然,存在主义不是一种人道主义,因为 x 只是一种隐藏的人(absconditus)或者隐藏的事物(absconditum)*,对于这个人或者这个事物来说,"是人",总而言之不过是最可信的,因此也就是最具有欺骗性的客观化。况且,存在主义的作者们在谈到他们所论述和关注的中心问题时,并没有提到人,而是说自为(pour-soi),或者自由,或者存在(Dasein)。当然,对于他们当中的某个人来说,古老的人在停尸所里仍然是十分活跃的,自为只不过是又多了一个人物,是从古老的大街上新招来引人注目的一个人物。但是,这些作者当中最严肃的人完全明白,如果人有一天终于存在,那恰恰是不能有"人"的,而是存在以其真实的、真正的关系存在于世,这种关系才是真实的综合。存在主义通过制定存在和世界的概念,也就是"存在于世"和"世界的超验性"的概念,找到了综合之路。⑦⑤ 现代的良知动不动就嘲笑这些概念,嘲笑这样的语言。对于感到满足了的多样性来说,走向统一的努力总是显得可笑的。但是,在这些概念和相关的研究当中,现代的意识做出了最为英勇的努力,以克服自身的两重性。海德格尔的伟大正在于此。

---

* 这是两个拉丁文词,前边是主格,后边是宾格。我们姑且用"人"和"事物"区别之。——译者

⑦⑤ "Die Grage erhebt sich: wie ist to etwas wie Welt in seiner Einheit mit dem Dasein ontologich möglich? In welcher Weise muss Welt sein, damit das Dasein als In-der-Welt-sein existieren kann?"(海德格尔,《存在与时间》,69 c)

第五章　意志的胜利

一

也许读者感到惊奇,在我们竭力描述的现代意识当中,我们只在一段文字里提到了自由。① 一方面,自由似乎形成了公共意识和政治生活之间的联系——现代历史难道不正是争取自由的历史吗?另一方面,自由也是哲学的工作:各种不同文本的现代哲学,难道不永远是自由的哲学吗?通过现代哲学,人们看到了这样一个事实,人们明白了这样一个道理,"天性"的人过渡到了"自由"的人。对"自由"这个词的理解幅度,它的多种多样的谐音,它所导致的强烈的情感都说明,这个词是多么丰富,如果只是为了表达对这个老旧的词语的鄙视和厌倦而不用它,会让人觉得不舒服的。然而,我们之所以不愿意把这个概念放在我们研究的中心,是有着更加严肃的动机的。

在自由的概念来到哲学和政治生活的最前列的时候,它经历了一种内部的决裂。一直到17世纪,它与种种文本的自由意志

---

① 详见本书第二章第十一节。

(libre arbitre)是分不开的。对于那些建立了现代自由的基础的思想家,对于那些政治自由主义的理论家来说,自由的概念与自由意志的概念完全分离了开来,而且自由的概念甚至转过身来与自由意志的概念对立了:霍布斯和洛克、斯宾诺莎一样,肯定了人的行为的必然性。② 如果我们说,哲学家们在将自由奉献给人,或者为人提出自由的要求的时候,又反驳了自由,否认了自由,我们对所发生的实际情况的描述并非是不准确的。那么,我们该如何解释这个如此特殊的现象呢?

二

从某个时期开始,出于我们必须阐明的原因,自由意志的概念表现为受到其内部矛盾影响的一个概念。这一概念将人的特点形容为具有自由天性(nature libre);它把人的天性说成是有自由的或者能够有自由的天性。在这样的观念当中,天性是实体词,或者是实体,自由则是实体的一种品质,一种能力③,或者是实体词的谓语。天性包含了自由;天性比自由更强。正因为如此,天性否认自由。现代哲学在否认自由意志的同时,否认了这一否定,并解放了自由。

自由意志的学说肯定了人的自由,但也只是在某种程度上的肯定。人只有在其天性的范围之内,并只有通过其天性,才是自由的;他对自己的目的没有选择,他的目的是写在天性之中的。④

---

② 霍布斯,《利维坦》,第二十一章。亦请参见他写给纽卡斯特尔侯爵(Marquis de Newcastle)的信:"论自由和必然性"(De la liberté et de la nécessité, *Oeuvres*, 11/1, trad. F. Lessay, Paris, Vrin, 1993);洛克,《人类理解论》,第二卷第二十一章,第八至十八节;斯宾诺莎,《伦理学》(*Ethique*),第一部分,附录;第二部分,命题三十五,附释;第二部分,命题四十八。

③ 托马斯·阿奎那,《神学大全》,Ia, Q. 83, art. 2。

④ 亚里士多德,《尼各马可伦理学》,1111 b, 1112b。

反过来，这就意味着他的天性夹在了他和自由之间。解放自由的说法导致天性变得筋疲力尽，导致实体的解体，导致本质的废除。但是，是自由天性的概念导致了现代的计划，这难道就是发现了包含在自由天性概念当中的矛盾吗？或者，难道不正是现代的计划导致出现了这一矛盾，总而言之，难道不是现代计划发明了这一矛盾吗？况且，这是什么样的解放呢？它是从肯定人的行为的必然性开始的啊！

在某些背景之下，传统已经根据意志和理性的双重方面，从反方向上区别天性和自由。⑤ 我们可以说，这条裂缝变得越来越宽，导致了庄严大厦的倒塌。至少，这种区别使得即将到来的攻击成为可能。但是，在前现代的背景之下，这样的裂缝不可能扩大到发生断裂的程度。比天性和自由都更加强大的某种东西使得这两者保持在一起。自由的天性和非自由的天性是同一种人类境遇的两种不同方式。因此，激励自由的，根本不是天性，恰恰相反，是超天性，也就是给予圣宠的至高无上的上帝。自由的意义正是在它与圣宠的关系的背景之下得到探索的。另外，在与强者的冲突中，自由赢得了力量；在与将来他将成为的那个人（Celui-qui-sera-celui-qu'il-sera）的拼搏当中，他的锋芒将更加锐利。一个神学家也许会说，在与圣宠长时间的拥抱当中，对于天性来说，自由变得过于强大了。不过，这是神学家的思想。

无论如何，即使我们无法了解自由和天性决裂的原因，我们也可以描述决裂的过程。我们尤其可以试图理解，为什么对人的自由的肯定开始于对人的行为必然性的肯定。

当人由于天性而是天性的一部分，或者是造物的一部分时，他的自由从天性中汲取动机。从自由的角度来看，天性就是所有

---

⑤ 托马斯·阿奎那，《神学大全》，Ia Iiae, Q. 91, art. 2。

可能的动机的全部，或者总和。于是，自由要想得以施行，就必须密切地依赖世界，我们看不出它如何能够从对世界的依赖中解放出来，它如何能够上升到超过天性的高度：它是通过天性生活的。但是无论如何，各种元素之间的联系相对来说是最为薄弱的环节；在人类秩序这个巨大的躯体上，自由和天性之间的联系也是一个相对的薄弱点。从永恒的天性（Sub specie naturae）来看，这一联系就是人的目的；从永恒的自由（Sub specie libertatis）来看，那就是人的自由的动机。现代哲学让这两个方面的连接点承受了决定性的打击。我们知道，现代哲学对目的或者目的论给予了压倒性的驳斥，进行了毁灭性的嘲讽。对动机概念的否定虽然不那么明显，却并非不重要。然而，动机被驱逐了，不管人的行为被解释成是一种没有动机的机械行为，还是动机的效果被认为是必然的。肯定人的行为的必然性，不管这一行为是不是由动机推动的，这就等于废除了动机在人的行动中的作用；这就等于将人的行动从动机中解放了出来，而在此之前，动机在启动人的行动的同时，也限制了人的行动。肯定人的行为的必然性，也就等于让肯定纯粹的自由成为可能；由此，这也就等于是肯定了纯粹的自由。

　　我们可以用另外一种方式来提出这一切。自由的天性意味着天性和自由之间有一种微妙的平衡；每一方确定另一方；自由放大了天性，天性使自由有了存在和生命。两者从根本上都是完善的（finies）。这一平衡很难由其本身得以保持。不管是什么机会，不管是对自由的要求还是对天性的打扰，都有可能打破这一平衡。某种境况可以使平衡最终地、无可救药地被打破。只要两种元素不再处于互相确定对方的同时又互相制约对方的状态，那它们都会让对方变成无限制的、极端的：天性会变成无限的实体，自由会成为无限的自由。

　　还需要指的是，传统不动声色地赶上了自由意志和意志

(volonté)。这是同一种能力,同一种潜力(potentia)。⑥ 但是,相同的能力并不做相同的事:自由意志选择或者选中某事;意志则表达意愿。"想要"并不完全是"选择";"想要"比"选择"更加强烈,因为在"选择"之后还会继续"想要"。而选择永远不会真正抓住自己;我们总是在选择之前或者之后;选择的时刻,如果这是一个时刻的话,我们是抓不住的。"想要"(vouloir)对自己是很了解的,而且可以随时随刻表达自己。除非它不了解自己,除非它是盲目的"想要";如果是这样,它将比自由意志的自由更强烈,它会包含必然性。不管怎么说,谁想要,谁就不选择,或者就不再选择。自由意志需要世界,他的动机在这个世界里。意志往往是重言式的:意志想要,而且想成为自己。它可以想要脱离世界。

作为自由意志的自由与天性达成微妙的一致;作为意志的自由对于天性来说太过于强烈。自由是作为意志与天性决裂的,而自由与天性的结合受到圣宠的祝福,但也受到圣宠的搅扰。

三

对于意志和自由的这种解放的作用和意义,要想完全地进行评价和理解,肯定是很困难的。从现代政治哲学最早的口吻来看,从带有野心的、挑衅的和预言性的口吻来看,这种解放带有无限的允诺。在从天性中将意志解放出来的同时,在将人的意志从人的天性中解放出来的同时,人向自己做出了空前的许诺。许诺了什么呢?为什么许诺呢?我们再一次说,这是很难准确说明的。但是以下的说明可以将我们引上正路。

当古希腊的哲学说,一个政治制度是"符合天性的",这是对这种政治制度最大的赞扬,即使实际上一种真正的政治制度不可

---

⑥ 托马斯·阿奎那,《神学大全》,Ia, Q. 83 art. 4。

能完全地、完善地"符合天性",而且也恰恰是因为实际上这是不可能的。如果说一个政治制度"是自在和自为的天性",或者"是天性的实现",亚里士多德和柏拉图会认为这种说法是荒唐的,或者是令人无法理解的。但是,让我们看一看黑格尔在《法哲学原理》(Principes de la philosophie du droit)第 258 节一开始是怎么说的:

> 国家作为实体意志行为的现实,是实体意志在上升到一般性的自我特殊意识中发现的现实,是自在和自为的理性。这种实体的统一性是绝对的、静止的特有目的,自由通过这一目的达到其最高的权利,因为这一最终的目的对个人拥有最高的权利,而个人的最高责任就是成为国家的成员。⑦

对于我们的研究来说,这一段文字之所以不同寻常,之所以十分重要,是因为黑格尔所说的国家调和了传统上组成人类世界的各种对立的成分——特殊性和一般性,权利和责任,事物和意识,运动和静止,而且是作为意志的实现,是作为被实现了的意志来完成这种调和的。

天性是标准和模式,是永远不曾"实现"的,因为天性之天性,就是不能成为人的抓手。谁寻找天性,谁就会远离自我。正是这种远离,以及天性的这种高度,为人打开了他的现实和目的之间的空间,因此也就打开了意愿的可能性的空间。但是,如果我在现实中考虑意愿,想要某种东西,而且必然有"想要"的愿望,如果我在考虑意志时,将它与"天性"或者"世界"分别开来,那么我们刚才援引的黑格尔的话,就不那么令人感到奇怪了,就不像一开

---

⑦ 卡恩(A. Kaan)的法文译本修订版,巴黎:伽利玛出版社,1940 年。

始那样让我们觉得过分了。这些话只不过是在说——但是这些话把事情说得十分完整,而这才是黑格尔的力量之所在——意志自己所说的话、意志自己想要的东西。这些话明确表达了意志的现实所包含的无限的允诺。意志只能要求其实现,在实现的同时,在变为现实的同时,它并没有停止这一要求,因此而完成了运动和静止之间的统一。这一意志所实现的,必然是理性的,因为一个意志真正想要的东西,只能是另一个意志也想要的东西,甚至是任何其他的意志都想要的东西,只能是可以普遍化的东西,而且作为现实,也只能是具有普遍性的东西。而且"国家"必然会是这一切,因为国家不是别的,只能是意志活动的框架和效果。它是意志为了能够实现自我而想要的东西。全部现代政治哲学将合法的政治秩序建立在人类个体的意志之上,它的思想也是和黑格尔一样的。或者更准确地说,黑格尔根据自己对自己的作品的理解,完全明确地表达了现代政治哲学的意义,现代政治哲学的追求,这是从这种表达的双重意义上所说的。

人的意志一旦作为每个人的理性意志而制度化,便真正地纳入和写入了政治制度——这一决定性的阶段是与法国大革命一起完成的——,这样一来,政治秩序便从本质上令人满意了,正如黑格尔再一次强调的那样。在认为理性意志的要求已经实现的人——主张现有秩序的党派,或者主张维持现状的党派,也就是右派——,和认为理性意志的实现还不完善,因此需要进行重大改革,甚至需要进行革命,以完成理性意志实现的最后努力的人——主张运动、进步的党派,也就是左派——之间,有可能会在评价上有不同意见,因此也就有可能出现满意程度上的差别。但是从根本上说,如果现代人认为现代民主的制度是理性意志原则的实现,那么现代人,至少是理性的人必然会是满意的。在政治上,除了他所拥有的,他不会再对别的东西抱有欲望。事实上,除了我想要的东西之外,我还能要什么呢?既然现代民主是建立在人的意志基础之上的制度,那么除了这一民主之外,人的意志怎么能还想要其他的东西呢? 在想要民主的同时,意志想要的就是自己。

四

托克维尔用与黑格尔的语言极其不同的另一种语言为我们引入了相近的思想,向我们展示了民主不可抗拒的特点。他所描述的特点有两个方面。一方面,现代的人民、民主的人民永远不会接受其他的社会制度,他们只接受基于个人平等的制度,一切向贵族制度的回归都已经不可能:只要人们普遍地认为,只有经过人们事先同意的服从才是合法的服从,任何境遇的差别都不可能长久,更别说让贵族社会重新回来了。意志或者同意的原则一旦被提出,一旦得到承认,人们怎么能还接受不是以自愿同意为基础的制度呢? 怎么能够接受自己"不接受"的事物呢? 怎么能既想要,又不想要呢? 但是另一方面,不可抗拒也意味着民主是用来将其权力无限地扩张向民主的人:越来越多的行动,越来越多的情感,越来越多的思想,越来越多的"生活内容"都不可抗拒地来到了民主的主权之下。我们知道,托克维尔是在美国发现了观念的作用,也就是民主意志的作用的。"比如在美国,共和的产生原则(人民的主权),与确定人的大部分行动的规则是一样的。"⑧由个人的意志实施的同意的原则进入并重新组织了关系,而在此之前,关系似乎令人难以置信地写入了人的天性的永恒秩序,比如最为典型的家长和孩子之间的关系,男人和女人之间的关系,或者写入了世界的永恒秩序,比如最为典型的组成宗教的关系。

⑧ 《论美国的民主》(*De la démocratie en Amérique*),上卷第二部,第十章。

这样一来，与希腊哲学家所不同的是，对于托克维尔来说，在天性秩序的框架之内，民主体制和贵族体制并不是两种永远可能并且同样可能的政治制度，其中还包括其他的制度，或者也可以说，还包括其他合法的制度；那是人类生活中两种相继产生的重要制度，在谈到这两种制度时，他说："这就好像是两种不同的人性一样。"⑨意志的制度战胜了所有其他的制度，并继承了所有其他的制度。于是，意志的制度似乎不仅仅是一种从未有过的政治制度，它还是其他的东西，甚至可以说它是格外令人满意的东西：托克维尔对我们说，它导致产生了一种"新的人性"。

一旦自由从自由意志当中脱离出来，一旦意志从天性当中解放出来，那么显然，现在的天性便无法再作为一个理解的框架发生作用——我们将人的事物放在这个框架之内进行解释。意志制度的出现，将所有其他制度都抛在了"从前"，我们可以从最终高度的角度来看待这个"从前"。不管这个"从前"是作为天性的秩序或者力量的秩序来设想的，还是作为传统和宗教来设想的，它所指的都是人类"未成年"的时期。当然，当古希腊哲学家提出组成了哲学本身的"天性"、"自然"（phusis）概念的时候，他们从传统和宗教统治中最终地摆脱了出来，也将我们从中最终地拉了出来，传统和宗教被推到了"习俗"（convention）的水平上，被推到了"文化"（nomos）的水平上。"自然"和"文化"的确是对立的两极。但是意志一旦被解放，这种两极分化的现象便会消失：天性和传统，或者习俗，便仿佛是两种秩序一样，人的意志在这两种秩序当中同样是被奴役的，虽然被奴役的方式不同。古典哲学的世界，"分为等级的天性"世界，因此也就是不平等的世界，强力的世界，以及各种传统的世界便只能形成单独的一个"旧世界"。

这个旧世界的特点可以按照两极中的这一极或者那一极来

---

⑨ 《论美国的民主》，第二卷最后一章。

确定,但这两极都在旧世界当中,而且旧世界似乎将这两极调和了起来,或者混淆在了一起。我们可以称之为天性的、实体的世界被意志的、主体的世界所继承。但是,从相反的意义上说,我们可以认为表面上具有普遍性的天性观念,因此也就是哲学的观念,实际上只不过是古希腊人特殊性的一种表达,是他们的"特殊制度"当中的一种,"理性"(logos)是他们的"神话"(mutos)的一种表达,自然的观念是他们的文化的一种结果。实际上,两种论断常常共同出现在同一个阐述当中,而阐述的作者也根本就没有因此而感到任何为难。这是因为,新的对立使最初的对立再也没有那么尖锐,并因此而让两极变得可以互相置换了。意志的出现使得旧的天性具有解放作用的声誉变得苍白无力,并因此而使得哲学最初的意义变得模糊了。

无论如何,一旦我们看到"贵族制度"和"民主制度"这两种"不同的人性"出现,或者一旦我们使两种人性出现,使之保持在一起的一种联系,或者一种共同元素的必然性便来到了前台。深入两种不同人性,并在两种人性之间通行的元素,一旦意志上升到超过其天性的高度,使人仍然可以生活在其中,仍然可以在其中思考自我的元素,我们知道,这一元素就是历史。人是一种"历史的存在",因为他的意志比他的天性更强烈,或者说如果他的意志比他的天性更强烈的话。

就这样,在另外一种背景之下,我们又看到了我们在第一章就说过的话,历史的观念在古老的天性已经无力再化简的新和旧之间的两极分化中,找到了其动机。但是,要想将两种阐述的线索接到一块儿,现在还不是时候。至少我们再一次注意到,对政治制度进行分类的问题丝毫不是形式的问题,而是能将我们引向本质的问题。正如由于在孟德斯鸠的分类中没有英国制度的位置,所以才使我们开始了最初的研究,我们现在也可以从这种具有强烈意义的事实出发,开始对现代意志制度进行研究了:古老的民主可以进入政治制度的分类,而现代的民主不能进入这样的分类。

五

为了让我们能够领会这一区别的作用,让我们先来听听亚里士多德和卢梭是怎么说的。亚里士多德写道:

> 存在多种政治制度的原因是,凡城邦,其元素都是多样性的(也就是说:家庭,有钱人,穷人,各种不同的职业,出生和品德的不平等,等等)……因此,我们可以清楚地看到,必然会存在多种类型的政治制度,每一种都与其他的特别不同,因为组成这些政治制度的部分也都是特别不同的。⑩

对于城邦元素的多元性和多样性,以及对于由此引发的政治制度的多元性和多样性(其中有几种还是合法的),再也没有这么客气的说法了。亚里士多德没有再提这种仁慈的评判,后来又像提到气候变化一样,指出说,这种多样性倾向于凝结成两种大的趋势:"人们一般认为存在着两种主要的制度类型:正如对于风向一样,人们经常提到北风和南风,其他的风向只是主要风向衍生出来的;制度也归结于两种形式,人民政府和寡头集团。"⑪对于亚里士多德来说,政治问题自然而然地可以有多种好的解决方案,虽然好的程度不一样。卢梭通过描述社会契约这种意志行动的特点,让我们预感到现代民主的不妥协和明晰,社会契约是这种

---

⑩ 《政治学》,1287 b 27—1290 a 7(特里科[Tricot]修订版译本,巴黎:弗杭出版社,1962年)。

⑪ 同上书,1290 a 13—16。

民主的原则和源泉：

  这一契约的条款被行为的性质确定得十分明确，只要稍加修改，便会让条款变得没有意义，丧失效果。⑫

  因此，对于卢梭来说，政治问题可以用唯一的一种好办法解决：意志只能"想要"，而且它只能想要它想要的东西。

  亚里士多德列了一个单子，是组成城邦的，因此也就是组成古希腊民主的各种杂七杂八的元素。这个清单证明，城邦，因此也就是古希腊的民主，从本质上来说是多元化的。相反，卢梭的话证明，现代的民主是而且也愿意成为一元化的，因为它只承认一种合法的组成元素：个人的意志。而且卢梭选择的唯一的元素，在亚里士多德的目录当中是没有的，这更强调了古今对照的强烈和奇怪。为什么这两个都被认为是非常高明的哲学家提出政治问题的方式是如此不同呢？我们需要更加仔细地思考亚里士多德的想法。

六

  什么是城邦？或者：城邦的身份是什么？亚里士多德在回答这个问题时说：是它的组成，或者政府，是它的政治制度——它的"政体"（politeia）。然而，什么是政治制度呢？是对正义的某种解释。是一场争论的结论，既是明确表达的，又是暗含的，这一结论在城邦内部建立起来，或者可以建立起来，确定什么是正义的，什么是不正义的。实际上，正如前面援引的语录所表明的那样，在现实的城邦中，争论是在寡头和民主人士之间发生的。亚里士多

---

⑫ 《社会契约论》，第一卷第六章。

德的调查不是从前政治状态——"天性状态"——出发,来建立政治的合法性,建立正义的政治,正如现代的学说从社会契约来建立的那样,而是根据现实城邦在公共广场上实际提出的对正义的主张出发:亚里士多德的调查是认真对待公民对政治事物的观点的。⑬ 我在这里不能全盘复述亚里士多德在《政治学》第三卷所做的非常微妙的分析。我只做几点说明。

亚里士多德写道:"双方都从某种程度上触及正义的事物,但只是在某种程度上而已;他们没有从完整的和绝对的意义上表达正义的事物。"⑭因此,双方都与正义有着现实的、积极的关系,但是任何一部分都没有理解全部的正义。然而,一切对正义的主张必然是对城邦的性质和目的,对城邦的存在理由的主张。一切政治上的主张都是政治主张:它涉及一切,它使公民与一切产生情感的和思想的关系。我们可以说:公民不能不思考,不能不从政治上思考。因此,寡头的支配权利是建立在他们在财富上高人一等的基础之上的,他们假设或者导致城邦是某种有限责任的商业公司,也可以说是一种合资的股份公司(joint-stock company),其中每个人的政治头衔都与他的财富成比例:每个人的地位高低都按照其资本的多少来确定。而民主人士则援引所有公民都有平等的自由,只是满足于这种纯粹是形式上的原则,他们使城邦丧失了一切实质性的目的;他们把城邦化简为反对不正义的防卫联盟⑮:是一个公民,就意味着不受压迫。实际上,亚里士多德纠正双方的观点时说,城邦的存在理由是"让公民善良和公正"。⑯

当然,每个人,即使是死心塌地相信亚里士多德的人,看到这

---

⑬ 详见列奥·施特劳斯(Leo Strauss),《城邦和人》(*La cité et l'Homme* [1964]),O. 塞德恩(O. Sedeyn)译,巴黎:阿戈拉出版社,1987年,第一章。

⑭ 《政治学》,1280 a 9—11。

⑮ 同上书,1280 a 34—35。

⑯ 同上书,1280 b 12。

最后几个字时都会笑起来。但是，略微思考一下，他就不会一听人提到道德就露出奉承的笑了。⑰ 如果想评判城邦里什么才是公正的，因此也就是评判一个城邦是否公正——而且谁不想这样做呢？哪怕只是为了知道自己的利益是否受到他生活在其中的制度的实际组织的侵害——，那就有必要了解城邦的存在理由。城邦的目的就是要产生，也就是说要教育"善良和公正"的公民，并由此而让公民幸福；除此之外城邦还能有什么目的呢？难道人们想让城邦更喜欢凶恶、不正义和不幸福吗？当然，这种善良和公正的性质在这里还是没有确定的，但是我们开始有一种摆脱了各方偏见的正义的预感，因此也就是有了对这种正义的欲望。

如果城邦的真正的目的是幸福和道德，那统治城邦的，就应该是为这些目标做出贡献最多的人，是最有道德的人，是"行为完美"⑱的人。但是，这样一来，广大的公民群众就无法享有它的荣誉，广大的公民群众也就被城邦所排斥了。⑲ 城邦就只能是它自己的一小部分：真正的城邦就只能是现实城邦的一小部分。如果城邦仅仅是由自身的目的统治，那么，被这样统治的，就不再是城邦。我似乎觉得，正是在这样的背景之下，亚里士多德才认为民主是有问题的。多数人或者穷人的要求，和有钱人的要求一样，也是没有根据的，当然比有道德的人的要求更没有根据。但是，如果他们主张的城邦不是真正的城邦，那么排斥他们的城邦也不是真正的城邦。为了让城邦成为真正的城邦，必须让大多数人在

---

⑰ 孟德斯鸠写道："游手好闲却又心怀野心，骄傲中不失下流，不工作又想着发财，对真理感到厌恶，吹捧，背叛，背信弃义，放弃承诺，蔑视公民的责任，害怕君主的品德，希望君主怯弱，而且比这一切都更加卑鄙的是，不断地嘲弄道德，我想这就是各个国家，各个时代绝大部分朝臣的特点。"(《论法的精神》，第三卷第五章)

⑱ 《政治学》，1281 a 1—10。

⑲ 同上书，1281 a 28—30。

其中有份儿,也就是说,让大多数人都参与某些行政管理,尤其是参与执法。正是为了解决这个全部和部分的组成问题,亚里士多德才提出并认可了民主的论据。为了明确表达在亚里士多德的思想中,民主能做什么,不能做什么,我们也许可以说:各方提出的要求都是有道理的,只要这些要求都能得到满足,也就是说,只要各方都实际参与城邦的财富和道德建设。

但是,我们知道,要想对公正的问题形成完整的观念,我们不仅要考虑民主人士的主张,还要考虑寡头的主张。因此我们说,所谓正义,就是既平等(根据民主人士的主张)又不平等(根据寡头的主张)。然而,哪一种平等或者哪一种不平等有资格参与政治权力呢?正如亚里士多德以某种庄严的方式强调指出的那样,"这是很难决断的事,需要政治哲学进行干预"。[20]

如果公共职务,至少是那些杰出的公共职务,需要根据某种优势或者不平等来分配,那么问题就是:要根据什么优势或者不平等来分配呢?我们只能回答说:任何优势。的确,不能把最好的笛子交给出身最好的人或者是最富有的人,而是吹笛子吹得最好的人。如果把最好的笛子交给最富有的人,这就意味着任何财产都是可以和任何其他财产比拟的,或者是有共同尺度的。然而,这种共同的尺度是不可能的。[21] 因此,"显而易见的是,在政治领域也是一样,不能根据某种不平等争夺官方的职位……只能以拥有组成城邦的元素为基础,才应提出权力的要求。"[22]

我们知道这些元素是什么,比如出身、自由、财富、道德、军事价值。因此,贵族、自由人、有钱人要求合法地拥有一部分荣誉;公正的人和勇敢的人也一样。但是,我们对财产的共同尺度问题

---

[20] 《政治学》,1282 b 22—23。
[21] 同上书,1283 a 3—10。
[22] 同上书,1283 a 10—15。

已经很清楚了。对于城邦的生活必不可少的资产,比如财富和自由,如何才能在它们之间进行比较呢?有的资产对城邦的目的能够做出直接、积极的贡献,比如道德,如何找到一种与这种资产共同的衡量尺度呢?在财富或者品德上占优势,也需要在政治秩序上占相应的优势,因为财富和品德是政治秩序的元素。但是,"相应的"是什么意思呢?何种数量的品德等于何种数量的财富呢?㉓我们很想说的是,财富与道德没有共同的尺度,与吹笛子的艺术也没有共同的尺度。除非从这种意义上说,财富和道德与吹笛子的艺术不同,可以直接进入城邦的组成,因为两者都是城邦的政治元素。

这个问题在理论上是没有办法解决的。但是如果城邦要存在,就必须解决这个问题。实际上问题也解决了,既然城邦是存在的。这是什么意思呢?

亚里士多德同时提出了两个命题。一方面,"凡是对政治荣誉提出的要求,都会受到争议"㉔;另一方面,"在每个政治制度当中,决定由谁来统治的问题是不能受到争议的"㉕;因此,定义一个政治制度的,就是它实际上武断地决断政治荣誉的公正问题——"疑难"——的方式,而这个问题,这个"疑难",在理论上是解决不了的。于是,定义政治问题的,便是无可争议的判断或者决定,也就是"krisis"(判断、决断),一切现实制度的实际特点,甚至其形式,是和公正或者财产问题一样无法解决的"疑难"(aporia)之间的张力,而这种张力是永远也无法完全克服的。

㉓ 详见哈里·雅发(Harry V. Jaffa)的"亚里士多德"(Aristotle),载《政治哲学史》(*History of Political Philosophy*),列奥·施特劳斯(Leo Strauss)、约瑟夫·克罗普西(Joseph Cropsey)编,第二版,芝加哥:兰德·麦克纳利出版社,1972年,第110—112页。

㉔ 《政治学》,1283 b 13—14。

㉕ 同上书,1283 b 4—5。

一切政治制度,作为这一种政治制度来说,都会针对无法解决的问题强制推出一种解决的办法。它以专制的态度,结束一场没完没了的关于财产的公正,关于有没有衡量的共同尺度的对话。它在道德、财富和自由之间强制实行一种等价关系,也可以说是城邦的各种不同元素的某种相对价格。从这种意义上说,政治实践不得不强制实行或者接受一些在财产之间所做的比较,或者一些等价关系,当然这都是近似的,以完成政治理论所无法设想的步骤,因为政治理论必然揭示出这样的比较是不可能的。但是,在亚里士多德的学说当中,实践对理论的这种优势不应被解释成哲学家"经验主义"的表现。根据现代政治科学的理解,现实是准确的和精确的,而科学是"近似的",即使在最好的情况之下,也只是"渐近于真实"的;而亚里士多德的政治科学认为,科学是准确的,现实却是近似的,因为现实是通过渐近的方式起作用的(travail d'approximation)。

因此,这里有一种现实的不确定性,是任何科学都不能废除的。想组成政治秩序,或者想影响政治秩序组成的人,为了尽可能地控制这种不确定性,不得不说的和做的比他知道的更多,或者说和做与他知道的事不一样的其他事。如果以想感动人的方式来解释,这种状况揭示出人是"其价值的任意创造者"。但是实际上,卡斯帕·弗雷德里希(Caspar Friedrich),你为什么要把人想象成处在深渊边上的人呢?查拉图斯特拉(Zarathoustra),你不要那么大嗓门!不确定性并不是一个深渊;那是很有前途的财富的复杂性。政治家像是画家,他把画架安放在了郊外有人跳舞的咖啡座不远处,心里想着如何协调草的鲜绿色和裙子耀眼的红色。

准确地说,亚里士多德是如何教导政治家协调的艺术的呢?他是如何教导城邦以尽可能准确的方式实行不可能的但又必然的共同尺度的呢?

既然我们不能反驳这些过分的、因而也是不公正的要求,因为它们建立于城邦的某种元素基础之上，同时又直接借助于另外一种元素——各种元素或者财产没有共同的尺度——，那么我们就通过每一种要求本身的理由，来对这一要求进行批判。比如，对于那些把政治要求建立在财富优势之上的寡头，那就向他们指出，他们的财富有可能被"超级有钱人"超越，也可能被群众加在一起的财富超越。有道德的人也有可能受到相同类型的反驳。至于民主人士，他们只想考虑自由人的品质，那就向他们指出说，人"生来就是自由人"的理由，是以"出生"为基础建立的理由，但是"自由"也照样是其基础，而且说到底，这一理由与贵族的理由是差不多的[26]：穷人不也是生出来的吗？

因此，如果说有人提出的要求是以组成城邦的某种元素作为基础，而且所提要求也能以某种方式说明是有根据的，这些要求也都同样可以被他们所援引的原则反驳。因此，每个提出要求的人出于谨慎，而且，实际上也是出于逻辑，都不得不减缓他们的要求。每个人在提出自己的要求时，都在自己的财产和其他人的财产之间，提出一种等值关系，提出一种与组成城邦的财产相关的衡量尺度，而且一般来说，提出的这种尺度是不会对他不利的。他不得不承认这种等值关系没有他一开始认为的那么肯定，只好减缓自己的要求，把与自己的财产相关的尺度调低。每个人都因此而减缓自己的要求的结果，使本来在理论上没有共同尺度的资产，在实际上便有了共同的尺度。

由于谨慎而采取的妥协，与由于怯弱而被人逼迫的妥协，只有在名称上才是一样的。被人逼迫而达成的妥协出自怯弱之心，而出于谨慎的妥协则产生于智慧的判断。在真正的谨慎行为中，我真诚地置疑我提出的第一个接近值，第一个等价关系。我导致产生的批判乃至反对，使我重新考虑我在开始时认为是最佳的政

---

[26] 《政治学》，1283 a 33—34。

治资产折中方案。我为我的党派，我的孩子，为我自己设想何种地位才是与真实的原则相对应的，如何说明这些原则的出处，我的功勋有多么大；我现在承认，这一最初的综合考虑并不一定是真实的，总之是无法证明的，所以我不得不修改我的判断。我们说，在大多数妥协当中，即使是很有面子的妥协，之所以进行新的减缓，都是出于必然性或者方便性的考虑，很少或者从来不会出于思想的改变。对于一般人们没有思考就做出的妥协也许是这样，就好像到了十字路口，让来自右边的汽车先行一样。但是，只要涉及重大问题，妥协时便需要思考，并通过同一源头的判断得出结论。另外，方便性乃至必然性，都不是很容易就能看得出来的。不管是我的党派，我的家庭或者我自己的妥协，我都把奢望降低一些，以便让我们的或者我的资产与别人的资产，也就是与别的资产，能够更好地兼容；由于这一减缓，我的党派，我的家庭，我自己有份的资产总额增加了。设想一种妥协，首先是从思想上解决一个困难的组合问题，同时制定，并提出一种新的等价关系，用以度量一笔更大的资产总额当中一个较小的部分。

这样一来，我们看到，政治权力的人性意义变得明确了。

政治权力是一种元素，它可以使每种资产都存在，并在人类世界起到说服和自我肯定的作用，同时与其他的资产进行交流，与其他的资产"共同生活"。我们应当仔细注意这两个特性；看起来这两个特性是矛盾的，但是它们的共同出现恰恰是权力的秘密。真正的"统治的秘密"(arcanum imperii)，如果要想明白的话，总起来看可以这样说：政治权利可以让各种不同的资产互相沟通，并在人的世界共同生活，同时，它又让每种资产摆脱了为其他资产的利益而制定的共同的衡量尺度。第一种策略是开放的策略，或者是"进攻性"的策略，它阐明自己，它让人们看到自己，它让人类世界变得更加开阔，而且它的占主导地位的表达就是直接的征服,是军事的征服;第二策略是"关闭的"或者"防卫性的"策略,它是不透明的,对资产具有保护作用,是一扇关起来的门,是由一排柏树组成的树墙。

权力是极其危险的,因为它必须决断疑难,渡过"危机",这使它受到诱惑,想强制推行最不公正的等价关系,在这样不公正的等价关系中,被选中的资产十分贫乏,处于极大的劣势,导致人类资产的整座大厦轰然倒塌,直到将少数狂热分子在意识形态上的满足感上升到与人的种族或者阶级等价的高度。权力也能做出极大的善行,因为由于有了权力,由于各种不同的资产参与权力的同一种组织,参与同一个制度,参与同一个城邦,人可以根据这一制度,这一城邦的特别组成,在自己手头,在自己身边发现人类的所有资产:他可以自给自足地生活。㉗

因此,国家领导人负有一项特别高尚而微妙的任务。他要根据他所评估的每个资产内在的尊严,让每个资产具有其应有的价值,而且在判断每个资产的价值时,他要动用个人的和私人的评价原则,比如在哲学或者宗教方面的原则。但是,在评价时,他要让共同的衡量尺度成为可能,让所有的资产在同一个城邦能够以统一的方式综合在一起。他现在扮演的是在政治上特殊的或者是国家的角色:他的任务是保卫或者促进公共的资产。㉘

共同资产不能与组成城邦的其他各种不同资产,各种不同元素分别开来。与现代哲学家归在人权原则里的"自我保存"(conservation de soi)这一资产不同,共同资产也不是一种公因数。它既是最高的资产,又是一种行政工具,通过这种工具,各种不同的资产得以相互沟通,因为各种不同的资产是不能够直接沟通的,因为它们本来就无法沟通。如果没有共同的资产,其他的资产

㉗ 《政治学》,1252 b 29—30;1253 a 1。
㉘ 同上书,1292 b 14—18;1284 b 6。

就不能够共同出现，也就是说，其他的资产根本就不能出现在人类世界。

我们明白为什么在亚里士多德的《政治学》当中，怀有意愿的个人并没有表现为个人，并没有表现为主题。城邦的真正元素，是个人行动，也就是资产的目的或者动机。亚里士多德的"多元主义"，或者也可以说是"自由主义"，并不在于承认自由的个人具有平等的权利，而是肯定在同一个城邦当中同时存在各种不同的、不平等的资产，在于他建议特别注重这些不同资产的团体，因此特别适合于产生这些资产，或者至少是特别适合于保卫这些资产的团体都参与政府，或者参与行政。

组成城邦的元素不是意志，而是意志想要的各种不同资产。

七

242　　我在这里指出的政治要求一向是被亚里士多德认真对待的。因为在论述这种要求时，他论述的实际上是人的群体及其资产；他运用的词汇，是"精神群体"和"生活内容"。然而，如果我们轻轻一跳，跨过多少个世纪，转向现代亚里士多德的伟大的批判家，我们就会注意到托马斯·霍布斯与亚里士多德相反，以嘲讽的口吻论述政治要求，把政治要求看成是一种个人的虚荣表达。这一区别让我们看到了现代政治的区别。

我再次提醒说，亚里士多德认为，各种政治要求既是有根据的，又是有争议的，因为人类的资产是复杂的、不确定的和多种多样的。正因为这些要求既有根据又有争议，所以各种要求的拥趸者才能够在同一个城邦共同存在。但相反，霍布斯认为，所有的要求都有可能受到反对，这一事实就意味着任何要求都是没有道理的。亚里士多德发现的问题开启了公正对话的可能，而公正是哲学家最应当关注的；但是，霍布斯把这个问题看作是一场荒唐戏:权力的每一个候选人都挺起腰身,吹嘘自己无可比拟的功劳。也许应当说,这是一场悲喜剧:最弱小的人总有可能杀掉最强大的人,通过狡猾,或者通过与其他的人结盟,从而也就反驳了强者声称占有的优势。在一切政治争论当中,最终涉及的都是虚荣,都是一个人(one man)极度的虚荣心(vainglory),让我们没有任何理由喜欢这个而不喜欢另一个(another man)㉙。政治要求被霍布斯"个人化"了,"心理化"了。在希腊人考虑公民的公共话语的地方,英国人揭示了个人的私欲。

霍布斯为什么带着如此蔑视的心情来论述一切对权力的要求,乃至一切对优势的肯定,甚至把亚里士多德关于人类不平等的一般命题看作是亚历山大智慧的导师个人虚荣的表现呢?㉚ 亚里士多德在《政治学》第三卷非常用心地描写了,非常巧妙地分析了公正和资产,并把公正和资产看作是生活和政治哲学的推动力;可是洛克为什么还没有开始与公正或者资产的对话便戛然中断了呢?对这一思路的突然放弃,表明洛克的粗暴是故意的,洛克故意把至高无上的资产的问题化简为在苹果和李子之间的选择。㉛ 现代哲学为什么如此嘲讽这个哲学问题,这个本身就是哲学的问题呢?

应当承认,在霍布斯及其继承者的心目当中,某件事使得这场关于公正性的对话变得不可能了。我在前边说过,国家领导人的任务就是尽可能地确保各种不同的资产在城邦的统一当中具有共同的衡量尺度,就是将这些资产整合在一起。但是,如果城邦的数量增加了,不只有一个城邦,而是有两个,同时出现了人的城邦和上帝的城邦时,那又该怎么办呢?突然出现的宗教的要

㉙ 《利维坦》,第十三章。
㉚ 同上书,第十五章。
㉛ 详见本书第四章第九节。

求，不管怎么说是宗教的某些要求，中断了，实际上是禁止了政治和哲学关于公正性的对话。事实上，天主教和耶稣教各种不同的教派都争先恐后地宣称自己是最神圣的或者唯一神圣的教派，它们提出的各种要求从根本上与任何其他的要求都是不同的，比如永恒的拯救与世俗的拯救就是根本不同的，永恒与时间也是根本不同的。

亚里士多德的确考虑过绝对不同于一般优势的情况，某个群体或者人"比其他的高得多，导致他的道德超过了所有其他人的道德加在一起的总和"的情况。㉜ 作为唯一符合公正原则的方案，他提出把一切权利都交给这个人，但是也怀着理解的心情，考虑了放逐的方案。㉝ 中世纪时亚里士多德的学说再次复兴，所以可以说，中世纪也出现了这两种方案。天主教会按照它自己对自己的观念，根据自己的道德和使命，认为自己应当受益于第一种方案，并且作为"真正尽善尽美的共和"（vera perfectaque respublica），即便不能得到全部权力的话，至少也应当得到"充分的权力"（plenitudo protestatis）。其世俗权力的对头，比如但丁，使用想象的所有资源，制定了最体面和最严格的放逐方式，让整个人类世界成为自给自足的世界，普遍的政治群体在皇帝的权力之下自己满足自己。这样一来，亚里士多德便一点帮助也没有，情况甚至更加糟糕了：如果解决问题的方案从原则上可以导致产生两种根本矛盾的方案，而且两种方案具有同样的可信性和合法性，当采用的前提涉及两个矛盾的结论时，那当然不能说问题已经解决了。有必要完全与亚里士多德决裂。通过彻底改变问题的提法，霍布斯将会找到简单的、只有一种意义的方案，我们今天仍然生活在这种方案当中。

㉜ 《政治学》，1288 a 15—19。
㉝ 同上书，1284 a 3—b 34。

因为在基督教的世界，在掌握权力的候选人当中，至少总有一个候选人是"不用竞争"的，总有一个运动员永远握有上场的王牌，总有一个对话者以上帝的名义在讲话，那么权力的配置便没有办法像在亚里士多德的城邦里一样，产生于政治群体的天然游戏，产生于自发的对话，然后再根据公正和资产来建立。权力应当"再一次"(ab integro)被建立，应当人为地，也就是自愿地被制造出来：通过契约这种完全自愿的行为来制造。从今而后，权力或者国家，以及社会，是互相外在或者互相分别的了。

为了让这种令人惊异的活动成为可以想象的和可以实践的活动，首先，所有的权力要求，不仅是宗教的权力要求，都必须彻底地丧失资格。然而，如果所有的要求，也包括宗教的权力要求，真的都将丧失资格，也就是说，如果人们建立了一种不带任何利益动机的权力，一种从原则上没有任何社会或者宗教根基的权力，一种纯粹的权力，除了它自身之外，没有其他的内容，除了纯粹的意志之外，没有其他的原因。由契约建立的权力不表达教士、贵族、有钱人、穷人、智者的要求，也不为这些人的要求服务；它产生于所有从本义上说的人的意志，产生于人的纯粹性和普遍性。只有这样，它才能够成为至高无上或者绝对的权力：它的头衔是与其他的政治要求没有共同尺度的，是严格地不能用共同的尺度衡量的，因为建立权力的法律使它成为唯一特别为人们所想要的，也就是经过特别允许的权力。

但是，一种权力能够纯粹地被人想要，能够为了它本身而被人欲求吗？契约难道不是由一点也不"纯粹"的动机促成的吗？意志想让现代国家的权力成为绝对的、至高无上的权力，指望这样的权力保护所有人的生命。更加准确地说，在保护每一个个人的欲望的推动之下，每一个意志都被动员了起来。从这种意义上说，除了国家权力之外，这一意志还想要其他的东西，它想要一种资产，一种不是共同资产的资产，而是作为公因数的资产，以及所有个人都有可能欲求的所有资产的可能性条件：保存生命，而且要保护所有成员的完整性（intégrité des membres）。一切个人都想拥有这一资产，也想拥有保护这一资产的手段。资产是特殊性的，但是手段必然是一般性的：只有所有的人都受到保护，每个人才能够受到保护。意志想要这种一般性的手段，但是意志与推动意志的欲望不同，意志是一般性的，或者是没有利益驱动的，或者是纯粹的。纯粹的权力的确是纯粹的意志的产物。

要想让权力的创造成为自愿的行动，那它就不是偶然的，也不是任意的：意志是在一种无法忍受的境况中自然而然引发的；这种境况在天性状态占优势，也就是说，在没有至高无上的国家的社会占优势。在霍布斯的心目当中，带有各种要求、各种主张的战争，总而言之，所有人反对所有人的战争，就是以公正性和资产为题的对话的真面目。说到这里，我们必须说几句题外话。

八

我们想在霍布斯的政治观点和亚里士多德的政治观点之间界定的差别，实际上就是一般的现代哲学和古代哲学之间的差别——比如笛卡尔的手段，或者可以说方法——和亚里士多德或者柏拉图的的分析之间的差别。

笛卡尔、亚里士多德和柏拉图都是从苏格拉底所建立的基点出发的：人类的所有主张都需要被审视，因此都存在有争议或者有疑问的内容。㉞ 但是，哲学家认为，人的主张不管有多么不确定，它们是我们走向真理的唯一手段。我们通过各种主张之间的对话，通过辩证法，才能够上升到高于每个人都有的偏见，因此也

㉞ 柏拉图，《苏格拉底的申辩》，21c—22e；亚里士多德，《形而上学》，993a 30—b 20。

就是高于每个人都有的错误之上。亚里士多德在《政治学》第三卷当中,向我们提供了这种方法的一个令人赞佩的例子。㉟ 相反,笛卡尔认为,既然所有的主张都是可疑的,那么就必须把疑问搞清楚,甚至还不只是搞清楚,还必须提出并"假装"认为所有的主张都是错误的:

> 我认为我必须……作为绝对的错误而抛弃一切我可以想象出其错误的东西,以便在此之后,看看还有没有我可以相信的毫无疑问的事物。㊱

我们知道,"我思故我在"是第一个"完全无可怀疑"的命题,根据这一命题,可以建设严格为真的知识建筑。

霍布斯以可笑的方式抛弃了有争议的优势要求,认为那都是极度虚荣的表现,而且这些要求都是有争议的;霍布斯的这种姿态应该与笛卡尔极度怀疑的态度是相近的,笛卡尔抛弃一切可疑的主张,认为可疑的主张都是绝对错误的,而所有的主张都是可疑的。在两种情况之下,哲学家的意愿断然中止了古希腊先驱者详细的分析,中止了他们悠久而复杂的辩证争论,以其突兀的方式来到舞台的最前沿:原来是半明半暗的东西,哲学家决定把它看成是完全黑暗的东西,原来只是顺序排列得不好的地方,哲学家决定把它看成是完全的混沌。㊲ 而且,我们在前边已经提示过,总而言之,霍布斯"夸张"地把各种主张之间的冲突称为"所

㉟ 详见本章第六节;亦请参见柏拉图的《共和篇》,509 e—511 e。
㊱ 《方法论》第四部分,亦请参见《形而上学的沉思》,第二部分第一段。
㊲ 我认为佩吉(Péguy)十分尖锐地抓住了这一点,在提到笛卡尔时,他写道:"而且也许,他的最伟大的发明,他的新颖之处,他的天才和力量之所在,是他有意把思想当成行动来实行的。""关于柏格森和柏格森哲学的笔记"(Notes sur M. Bergson et la philosophie bergsonienne),载《佩吉散文作品集,1909—1914》,巴黎:伽利玛出版社,1961 年,第 1336 页。

有人反对所有人的战争"。战争或者黑暗的负面经验,在两种情况之下都导致产生了最初的正面经验,这种经验在两种情况之下,都是简单生活的经验,或者是简单生存的经验:是生存的原始事实,及其从潜在的意义上包含的结果。这是肯定和建设新秩序的出发点,也就是肯定无疑的知识的起点,是绝对统治权力的出发点。

尽管霍布斯的分析在现代政治的发展中具有决定性的、基础性的意义,笛卡尔却获得了现代思想英雄的荣誉,因此,笛卡尔也就成了典型的现代英雄。[38] 因为他自己就是他的书的材料和他的经验的对象。他并不是非要这样做不可,但是,他有意将自己设置在一种极端的形势之下,设置在人的精神所能够面对的最糟糕的情况之下:普遍的和绝对的怀疑。我们还记得他在描写这一点时所使用的比喻:从今往后,他就像"孤身一人走在黑暗之中"[39],他还用第一人称,带着焦虑感说过:"仿佛突然之间我掉进了非常深的水中。"[40]虽然并不是非要这样做不可,但他还是选择并决定将自己置于政治家称之为的"紧急状态"或者"例外状态"当中,而一般政治家只有在被逼无奈时才会采用这种状态。然而,例外状态的伟大理论家们都把自己视为霍布斯的弟子,根据他们的说法,"决定例外状态的,是统治者"。[41] 笛卡尔是他的怀疑经验的统治者,而且是绝对的统治者。

事实上,除了笛卡尔在描述他的至高无上的怀疑经验时的感觉之外,我没有看到过还有作者对自己如此肯定、如此确信的文章:

---

[38] 黑格尔,《哲学史讲演录》(*Vorlesungen über die Geschichte der Philosophie*),第二卷,汉堡:费利克斯·迈纳出版社,1986年,第88—89页;《百科全书》,第64、76节。

[39] 《方法论》,第二部分。

[40] 《形而上学的沉思》,第二部分。

[41] 原文为 Souverän ist, wer über den Ausnahmezustand entscheidet,这是卡尔·施密特的《政治神学》(*Politische Theologie*)中的第一句话。

因此，我假设根本不是只有一个真正的上帝——真正的上帝才是真理的至高无上的源泉——而是有个邪恶的神灵，不是说他狡猾，具有欺骗性，而是说他强大，他使用了所有的技巧来欺骗我。我认为天空，空气，大地，颜色，形状，声音以及我们所看到的所有外部事物，都只不过是幻觉和欺骗，都是他用来让我轻信的。我把自己看成是一个没有手，没有眼睛，没有肌肉，没有血液的人，看成是没有任何感觉，只是相信我错误地拥有这些东西的人。我固执地坚守这种想法；而且，虽然通过这种办法，我不能了解任何真理，我至少可以中止我的判断。所以，我小心地防备着不从我的信仰当中接受任何错误的东西，让我的精神为这个大骗子的一切狡猾做好准备，所以尽管他强大、狡猾，但是他永远不能强加给我任何东西。㊷

故意怀疑的经验首先不是寻找真理，寻找最初的真理的经验，虽然它也是在寻找这一真理；故意怀疑的经验首先是意志对人的经验条件的统治权的经验。怀疑的每次外延都是意志统治的外延，一直到意志能够战胜狡猾的神灵，"不管他有多么强大和狡猾"，也就是说，不让他将我的判断引入歧途。在人类经验当中，不管是现实的经验还是仅仅只是可能的经验，没有任何一个是可以强迫意志的。意志是至高无上的。然而，正是怀疑的意志成了人的决定性的经验。

有人会说，这一切都和哲学一样古老，至少是和怀疑论的哲学一样古老。但这恰恰根本不是怀疑论。这甚至和怀疑论哲学是完全相反的。极端怀疑的哲学家是最没有怀疑论的哲学家。

如果仅仅是"寻找真理"，仅仅是"引导理性"，那可以简单地

㊷ 《形而上学的沉思》第一部分近结尾处。

从上帝的观念出发,根据笛卡尔使用的专门术语,上帝包含"那么多客观现实",其中"没有任何现实本身是更加真实的,没有任何现实可以更少地被怀疑是错误的,或者是虚假的",以至于"虽然我们可以假装认为这样的存在是没有的,但是我们并不能假装认为其观念能为我表示任何现实的东西"。有了上帝的观念,就不能再"假装";上帝的观念是"我的精神所具有的观念当中,最真实、最清晰和最分别的观念"。㊸

笛卡尔怀疑,或者"假装"怀疑常识认为是显而易见的事物,比如身体本身的存在——正在写下"手"这个字的手——,而且把上帝的存在认为几乎是显而易见的㊹,一直到置疑自己的怀疑以及这里的"假装"的可能性:代表最为丰富的现实的观念——上帝的观念——对于我们来说也是最为清晰的观念。定义了笛卡尔的立场的,是人的意志的至高无上和上帝观念的可用性的结合,正是这种结合,使他成了真正的启蒙之父:通过这种结合,他使人处在永远不会遇到任何黑暗的东西的状态。人的经验的每一个方面,凡是有不明了的地方的,都作为可疑的事物而被悬置,接着又作为肯定无疑的事物而被照亮;每个事物都被化简为被照亮的部分。人的意志所拥有的天性的光明,变成了与人的经验共同存在的事物。或者更准确地说,现在只有一种唯一的经验,它代替了所有其他的经验,甚至代替并且首先代替了怀疑,那就是人的精神以其光明实现的经验。

不过,我们离题远了。让我们再回到主题上来,并且好好记住这一点:笛卡尔和霍布斯进行的调查节奏是古典哲学所没有的。坚决地从否定开始,意志让自己有了优势,它再也不会丧失

㊸ 《形而上学的沉思》第三部分。斯宾诺莎也将一致地从上帝的观念出发。

㊹ 相反,最权威的神学家却强调上帝的非显而易见的特点。详见托马斯·阿奎那,《神学大全》,Ia,Q. 2,art. 1;《反异教大全》(*Summa contra Gentiles*),第一卷第十、十一章。

这一优势。

九

我们再特别回到霍布斯的理论上来,他的意思是,虽然所有的政治要求都同样是不合法的,这些要求都不过是权力的要求。如果以宗教,或者道德,或者财富,或者自由的名义要求部分或者全部权力也可以归结为虚荣(vain glory)的表现,那么对宗教、道德、财富、自由的援引便是一种徒然的表象,是对权力欲望的掩饰。实际上他们所欲求的,所有的人,不管他们是谁,不是为了达到某种目的或者能做某种事的部分或者全部权力,而是为了权力的权力。这一结论反过来又影响到它的前提:如果所有的人追求的,都不过是为了权力的权力,那么,他们所表现出来的动机就都是旗鼓相当的了,都一概毫无价值。总而言之,人类生命的推动力是权力欲望;每一个人都是权力的一个量子。㊺

寻求将这种"权力观"与亚里士多德的权力观进行比较是无益的。对于亚里士多德来说,无论是作为机制还是作为欲望的权力都是不存在的。正如我在前面分析《政治学》第三卷的某些方面时试图阐述的那样,我们称之为权力的东西,在亚里士多德的心目当中,是人类世界的一种联系,这种联系克服并保留了各种资产之间共同尺度的缺乏,因此也就是资产既危险又丰富的不确定性。这种联系每一次得以实现的一种方式,都是古希腊人所说的一种政体(politeia)。正因为如此,他们思考政治的概念工具不是权力,而是政体。一旦成为个人的狂热,想出人头地的狂热,为了满足未来的欲望而获取不顾一切的手段的狂热,权力便有了名称,但同时也丧失了其宏大和高尚的模糊性。这种可怕的简化使

㊺ 详见本书第四章第二节。

权力成了很实用的原则,用来解释人的行为,因此也就成了建设新机制的很有前途的原则。说到底,最让人感到满意的政治形式,并不一定是最忠实地反映了满天星空的形式。

当世界的联系变成了心灵的追求,变成了"心理学"的材料(matière de la «psychologie»)时,我们见证的便是一种双重的过程,或者是两个相继的过程。首先,心理分析的细腻程度出人意料地被明显简化了。虽然霍布斯具有神奇的人性精神,但他把人的欲望化简为对权力的欲望,并没有真正地助益于他对我们的天性的理解。从简化到简化,从霍布斯到洛克,再到功利主义者,对人的行为的解释变得越来越抽象和机械。人的形象和人的自我意识就这样变得越来越退化,越来越模糊,最终引起一些天性敏感者的反应,比如卢梭或者尼采这样的人将竭力恢复被丢失了的人的复杂性。卢梭的情况就很值得关注,阿兰·布鲁姆(Allan Bloom)对卢梭做过很精彩的研究。㊻ 尼采则深陷于论战和反动的逻辑,而且他也很会揭露这种逻辑,他通过夸大霍布斯,将霍布斯的论断普遍化,从而纠正了霍布斯。他是以"权力意志"为题,试图重新理解人类世界的规模和细微差别的。然而,不讨人喜欢的尼采无情地讽刺了"英国的观念"。

在这一点上,尼采的这个例子也许可以解释 19 世纪思想上极其特别的混乱,可以说明为什么 19 世纪是"世界观的时代"。广泛的希腊现象被重新拾起来,被肯定,被批判,被补充,被修改,并且因基督教的传统而变得模糊了,终于被启蒙运动化简为心理学,我们称之为英国心理学。英国心理学显然是站不住脚的,原因我们刚才已经说过了。但是,要想取代这种心理学,也是极其

㊻ 阿兰·布鲁姆,"民主人的教育:爱弥儿"("L'éducation de l'homme démocratique:Emile"),载《评论》1978 年冬和 1979 年春季刊。亦请参见同一作者的《爱情和友谊》(Love and Friendship, New York, Simon & Schuster, 1993)中的第一章第一节"卢梭"。

困难的,因为西方的整个道德史从亲和力和对立面来说都是十分复杂的,而且在这个弱点上达到了顶峰。为了摆脱这一弱点,至少必须非常小心、非常努力尤其要非常公正地理出一个准确的系谱来。人们没有走这条转身向后的路;人们向前看了,充满了希望。心理学是抽象的吗?可是过去的一百年间具体的东西恰恰如不尽的泉水般喷涌,成就了一部"世界历史"(die Weltgeschichte)。人们毫不客气地采用了大规模的手段;人们在这种心理学中引入世界历史。马克思要是英国人和乐观主义者,甚至都不会再看一眼这种心理学:历史是一场利益攸关的巨人和神的战斗。尼采的确提出过一种或者几种系谱。可惜他忽略了"历史观点"的系谱,尼采和那个世纪的人一样顺从历史的观点。那无异于拒绝困难。因此,对于具体人类现象的方方面面,对于"文化"和宗教多样性的历史,他都高高举起霍布斯关于权力的抽象的心理学来应对。他的天才从这种违背自然的做法当中得到一些如电光石火般的明亮,但是,我们不能指望问题由此而得到解决。不管细节多么微妙,色彩多么纷呈,一方面是抽象的心理纲要,是经过多少个世纪的矛盾蒸馏之后剩下的残渣,另一方面是凝结和简化成历史的全部的人类现象,总之,目的仍然是要把这两者联接起来,甚至让这两者接合得天衣无缝。然而,这两种事物本来是没有关系的,因为它们并不属于一个共同的整体,因为每个事物都是同样的人类整体的残余或者蒸馏之后剩下的残渣。能让两个没有关系的事物发生关系,不管它们是什么事物,这恰恰就是一种"世界观"的作用。然而,在笛卡尔所指出的环境当中,一切都可以与一切发生关系,因为不管什么(存)在,反正都是思(想)。怀疑的大师当时还是依赖于最不持怀疑论的哲学家,而且他仍然以不讨人喜欢的方式,认为这个最不持怀疑论的哲学家"浅薄"。

　　到底是哪个狡猾的精灵将我们又引向了新的题外话呢?我

们必须回到霍布斯关于权力的观念，这一观念中隐藏着现代政治表态和动态的一个重大秘密。

十

对权力的要求一旦服从人所能想象的最大的权力，一旦服从唯一合法的绝对权力，服从最高统治权的时候，便会发生一种十分明显的变化：所有的要求都是有根据的了。普遍的指责和摒弃变成了同样普遍的道歉和赞同。把人定义成权力欲望，这就等于同时既指责他，又证实他。让我们仔细地来看一看这种政治上的秘密吧，它是很多事情的关键。

如果人天然地因而也是必然地贪图权力，那么他所援引的优势名义必然是没有用、没有价值的，而且不能使任何权力合法化；但是，纯粹的权力，合法的权力，不偏不倚的国家权力一旦建立，那么权力欲望便自由了，便得到了证实——在最高统治权力所允许的限度内——，这恰恰是因为权力欲望是必然的。人们会继续——谁还能责备他们这样做呢？——想成为最富有的人，最有道德的人，最有知识的人，而且从某种意义上说，人们是想成为最有权力的人，但是，最高统治者在那里管着，不让他们的野心产生直接的政治后果。比如，与亚里士多德的想法不同的是，只是有钱已经不成为参与政治的名义：富人和穷人一样都要服从最高统治权。但是现在，有钱人比任何时候都有更多的自由来变成更加有钱的人。

亚里士多德式的解决政治问题的方案，我们也可以说：解决政治问题的古典方案，是以某种方式重复问题的组成部分：整体的每一个部分都应当参与整体。由于政治问题是"生活内容"的组合问题，丝毫不逊色于群体的组合问题，好几种方案都是可以设想的，都是合法的。我们可以说有多种合法的制度，因为问题比解决问题的方法"更加强大",资产,资产的共同尺度问题比人"更加强大",至少从他的政治能力来说是这样。亚里士多德的方案或者古典方案只是在重复问题,因为亚里士多德坚持以他英勇的克制立场,来反对一切欲望;所有的政治主张都同时并且都不可分割地是得到证实的和有异议的。霍布斯式的方案,我们也可以说:现代的方案,是要彻底地将这两个方面区分开来,将肯定和否定区分开来,给每个方面分配一个不同的"时刻"。因为是从根本上区分开来的,否定和肯定便不再互制约,不再需要在一个更高的层次上达成和解,而这个更高的层次恰恰就是完整的政治正义;这样一来,否定和肯定都可以走向极端,使人的要求在第一个时段作为权力的要求,都是绝对有根据的,而在第二个时段,作为自由或者自由的要求也都得到了证实。否定和肯定的分离并上升到极端的程度,牵涉国家和社会的分离,并在暗中支持着国家和社会的分离。

　　细心的读者注意到,在关于"时段"的数量上,有一个不太确定的地方。实际上是三个时段:首先是在"天性状态"下无限地肯定权力要求;然后是最高统治者绝对否定这些要求;最后是没有内在限制地肯定每个人的自由。第二个和第三个时段是可见的,是制度化了的——也就是国家和社会;第一个时段,天性的时段,是另外两个时段的条件,但总而言之,这一时段是看不见的,因为它与第三个时段交织在一起,混淆在一起。

十一

　　国家让最高统治权和意志变成了现实的和有效的。意志通过将霍布斯提出的两个时段分别开来,使它们成为先后的两个时段,从而取得最高统治权。这两个时段是:先是一般性的禁止,然后是一般性的允许。一般性的禁止是将所有的人类资产,所有"生活的内容"都抛弃在政治领域之外,也就是公共领域之外;一般性的允许是将被称之为"私人的"空间向所有人类的资产、向所有"生活的内容"开放,这个"私人的"空间就是自由的、不可侵犯的空间。国家和社会的分离是现代自由的一个强有力的引擎,这一分离悬置于这一双重意志的行为之上。现代的制度比任何其他的制度都更加是精神的原因(cosa mentale)。

※ ※ ※ ※ ※

十二

这一精神决定,这一肯定-否定引起并维持了国家和社会的分离;对这一精神的决定和这种肯定-否定的奇怪之处最为敏感的思想家,应当说是"年轻的马克思"。因为马克思是现代哲学家当中最自然而然地具有亚里士多德的思想倾向的人,他比任何人都更加深刻地理解了政治登记制的终结,以及他所说的组成个人"生活内容的物质和精神元素"私有化,会带来多大的动荡㊼。他看到,人把政治抬高到其生活内容之上——die politische Erhebung——,既"消除"又"预设"了宗教、所有权、教育(la Bildung)、职业和出身,总而言之,就是亚里士多德所说的组成政治团体的部分,在此基础之上,现在又加上了宗教。㊽ "政治解放"是现代民主的特点,他承认这是一个重大的进步;但是最终的解放,"人类的解放",在完成时会将最高统治意志和生活内容联合在一起。当然,这一联合的前景是马克思的"革命幻想",因为意志的最高统治是人类解放的条件,也是政治高尚的条件,然而意志的最高统治权的前提恰恰是分离。但是,我们也可以说,就是在这种幻想当中,马克思是忠实于古典的哲学精神的,然而他又是"保

㊼ 《犹太人问题》(*La Question Juive*),西蒙(Simon)译,巴黎:欧比赫-蒙坦尼出版社,1971年,第116页。

㊽ 同上书,第70页。

守的",因为他并没有想象这种分离是站得住脚的,是可持续的。他并没有想象意志可以无限地生活在与动机的分离当中,也就是说,意志可以无限地生活在与"世界"的分离当中:动机使"旧世界"异化,在消灭了异化的旧世界之后,意志将为自己创造一个新社会的世界。我们被抛弃在矛盾之中,马克思比任何人都更加深刻地看到了这种矛盾;他为了摆脱矛盾而坠入了矛盾。

或者马克思的革命幻想不是由于他打算克服这样的矛盾,而是他觉得隐隐看到了这种矛盾?不管怎么说,分离的政治机制与他的预测相反,倒是与托克维尔的预测相符合,这一机制表现得相当持久,甚至可以说是不可抗拒的,这一点我在本章开头的时候已经指出过。人们会不会说,通过具有生命力的政治形式,人一旦将意志的最高统治权制度化,便决不会再放弃它?人不会心甘情愿地放弃自己的愿望?但是如果这种形式是具有生命力的,如果这种形式是强有力的,难道不是因为社会天性和民主意志并不是像马克思想的那么矛盾吗?和马克思一样有这种想法的,还有一些反动的作者,只不过他们这样想的背景不同。对于我们来说,民主变成了自然而然的事,这难道不是很自然的吗?其实不是!我们不会这么轻易就从中摆脱出来——从常识来看不会那么轻易——,因为,托克维尔自己也认为,民主的生活是一场连续不断的革命,是对人的天性的一种无限的影响,而且他也是这样描写的:民主的假设,意志的最高统治权的假设,为了得到证实,会导致将旧人的所有生活内容连续不断地、无限地进行重新组合,而旧人会一天天越来越变成民主的人。

十三

在国家和社会分离之前,人类的资产是直接进行政治登记的:这些资产在法律中得到表达,而法律规定什么是好的。在分离之后,资产便不再是法律的一部分,现在的法律原则上只限于保证自由;资产成了权利的材料:人们有权利自由地追求资产。比如,原来的宗教是"专制的",其教条和训诫是政治法律的一部分,而现在宗教的自由、意识的自由代替了宗教。最初的现代人将法律和资产分离开来,因为他们得出结论,认为已经不可能再把人的目的写入法律。人们对目的的认识千差万别,根本不可兼容。不一致的意见很容易退化;首先重要的是要避免内战,内战是最大的恶。这种登记其实并不是适当的,因为一种资产只有自由地被找到,因此首先是自由地被人追求,对于人来说才是资产。新的法律,自由的法律,不是将人武断地引导向资产,而是让人自由地追求资产;法律保证人"追求幸福"的权利,同时禁止任何人规定这种追求的形式,从而阻止这一自由。

至少是最初的现代人中的某些人,比如弥尔顿㊾,希望人们越来越多地、越来越好地得到一种保证,使人与人之间相互承认对方有权利得到的东西,让人们对资产和真理永恒的——因为是天性的——追求是热诚的,也最终能够成为完全真诚的追求。莱辛(Lessing)也以雄辩的口才表达了这种高尚的希望。㊿ 但是效果符合他们的期待吗?自由的行动对于如此被解放了的生活内容产生了什么样的作用,仍然在产生着什么样的作用呢?问题是很
257 微妙的,但是肯定值得我们分析。从 18 世纪后半叶开始,对旧制度没有什么好感的卢梭便因"哲学精神"对人们的心灵基调产生的影响感到担心了,当时的哲学精神正在改变人们的心灵。(51) 19 世纪初,托克维尔带着焦虑的心情列数民主使思想和道德生活发

㊾ 尤其请参见他的《论出版自由》(*Areopagitica*, 1644)。

㊿ 《论人类的教育》(*Die Erziehung des Menschengeschlechts*),1780 年,第 80—85 节。

(51) 《爱弥儿》,第四卷,第 632—635 页。亦请参见《让-雅克的法官卢梭》第三场对话,同上书,第一卷,第 964—972 页。

生的改变。㊵ 两代人之后，尼采勾画出自以为"发明了幸福"的"最后一个人"的可悲的形象。㊶ 我们每个人都有自己的观察。我只提出一点说明。

现代民主的人有着强烈的感觉，认为任何人都没有权利阻止他按照他自己形成的至高无上的观念追求自己的资产。同时，他真诚地认为他没有丝毫权利强迫他的邻居像他自己一样追求资产，像他自己一样评价世界上的事物，以他的想法去思考事物。我是自由的，我的邻居也和我一样是自由的。我想要我的自由，但是同时，我也想让他是自由的。正因为这样，我的邻居变成了和我平等的人，我们都承认对方是平等的人。这种相互的承认使得对资产的了解不那么急迫了，这里指的资产——如果有的话——是两种互相承认和互相尊重的自由共同拥有的资产。与我平等的人主观的要求使得对资产的客观要求退到了第二位，如果没有完全废除这种客观要求的话，我想说的是：资产，不管什么资产，而且首先是如果它存在的话，作为欲望的对象向一切从本义上的人发出的呼吁退到了第二位。我们越是承认，越是肯定人的平等和相似性，和我平等的人的自由就越是在我心目当中具有权威。这样一来，如果我的资产对于他来说不能是法律，那么对于我来说，还有专横的要求吗？那恰恰已经不再是我的资产。我为什么不放弃，或者至少是不轻率地对待我的邻居、和我平等的其他人、和我一样的其他人都有权利轻视的东西呢？本来是：每个人都有权利追求资产，现在变成了：每个人都有权利，也就是都被准许不追求资产。通过一些巧妙的和间接的途径，但也是以某种不可抗拒的方式，这种准许越来越像是建议，不久就像是鼓励

㊵ 总而言之，这是《论美国的民主》第二部分唯一的主题。
㊶ 《查拉图斯特拉如是说》，第一部分第五节。详见海德格尔，《人们把思想称之为什么？》(*Qu'appelle-t-on penser?*)，巴黎：法国大学出版社，1973 年，第一部分第六至八节。

了,但是不管怎么样,这是有效果的。新的法律首先允许人们对人类追求的所有资产无动于衷,甚至对作为第一资产的真理无动于衷;不久之后,法律就要命令人们这样做了:怎么能认为天性庄严的法律所准许的事物真正是有可能招致损害的,是对人有恶意的呢?

似乎对法律的现代的或者自由的理解是错误的。至少让我们试图确定困难在哪里,让我们看一看古希腊的观念吧。

根据古希腊的观念,法律没有与天性分离开来。当然,古希腊哲学提出了天性的概念,同时指出两极的分化,因此也就是以某种方式强调了天性和法律的互相排斥。虽然天性是哲学家思考的唯一客体,而且继续引导他完成他在城邦作为公正的裁判,作为顾问或者批判者的职能,但是在人类世界,天性可以说从来就不是这样被人看待的。在人类世界,天性一向只是在法律的帮助之下,在受到法律的改变之后,才得以表现,才起了作用的。法律是制度的表达,以任意的方式,按照危机时的要求,制定了人在天性的推动之下产生了欲望的各种不同资产的价格。如果我们再一次用绘画来比喻,在模仿的帮助之下来解释模仿,我们可以说:城邦是对天性的一种模仿,法律就是画家。[54] 不管是什么样的制度,公民都是生活在一种法律之下,法律实现了他的天性,同时又改变了他的天性:他是生活在天性和法律的某种混淆之中。

有人会说,一旦从纯粹性当中脱离出来,天性的概念就应当唤起对政治制度的急迫的欲望,而政治制度完全是"按照天性"制定的,要不然就完全是"天性的",因此也就是一部能够让天性完整而纯粹地得以表现的法律。但是,发现了天性和法律的区别的哲学本身,以有说服力的方式,以柏拉图和亚里士多德的声音,为了人的天性的好处,建议人们至少在某些限度之内接受两者之间的混淆。然而,从某个时期开始,这种声音不再有说服力,也许是

---

[54] 详见本章第六节。

人们无法听见这种声音，无法理解这种声音——不过，若是这样，那他们的天性一定是变了——，或者更有可能的是，这一声音被另一种声音盖住了，被一种强烈的、有诱惑力的声音，即现代哲学的声音盖住了；现代哲学面对史无前例的形势，固执地要把混乱的形势完全清理出来。我在这本书中指出了新形势的一些元素，正是这种新的形势，导致将天性和法律越来越严格地分离开来。于是，纯粹的天性不再是哲学家的秘密，凡夫俗子都可以知道了，这一秘密成了集体征服的远景。为了让天性不受法律的约束，也让法律不受天性的约束，天性改变了理解，从今往后，天性已经没有目的；它将成为没有目的的天性。这种新的天性导致并假设了一种新的法律，与人的天性完全分离，完全是至高无上的、人工的，新的法律放任天性自由自在，让它完全是天性，毫无改变。

然而，现代民主的经验，民主人的出现——民主人的特点是对其天性的史无前例的驯服——，让我们看到，这种前景并没有得到经验的证实，至少是到目前为止的经验还没有证实这一点。法律仍然是有作用的；只要法律的位置被占据着，它的效果就应该实现：法律是改变天性的。准许人们做某些事的法律所产生的效果，并不比禁止人们做某些事的法律产生的效果少，即使所产生的效果是不一样的。从这种意义上说，准许也是任意的。

十四

现代民主的经验向我们展示了一种奇特的矛盾：民主的人是古往今来最为自由的人，但同时也是最被驯服的人。可以说，困难将很快被阐明：人们之所以给他这么多自由，他之所以给自己这么多自由，恰恰是因为他是被驯服的。是啊，狼首先羡慕狗的幸福，但它不知道狗身上的锁链。现代人实际上越来越顺从，但是为什么现代人确信自己会越来越自由呢？

260　　　在这一点上似乎形成了一连串的悖论，使我们不断地从赞成到反对，无法稳定地判断现代的境遇。一方面，的确，要想让天性完全自由，意志必须高于所有天性的确定性，因此也就是越来越作为纯粹的意志来定义和肯定自己。但是这样一来，因为意志是人所特有的，所以它也就更加确定了人，从而确定了人的天性。毫无疑问，意志越是从天性当中将自己解放出来，并且也解放了天性，它就越是驯服了天性。但是，如果从今往后，意志的确从这种程度上超过了天性的确定，再谈驯服就不合适了，因为现在，人的人性更多地在于他的意志，而不是在于他的天性。如果我们说，正如我们所能够说的那样，人在克服了他的天性的同时，实现了他的人性，那我们岂不是跨越多少个世纪，将古人和今人联系起来，又恢复了古已有之的人的道德进步的观念了吗？

　　　实际上，道德改善的古典概念的前提是，人的天性的高级部分要战胜其低级部分，建立或者恢复心灵的天性秩序。[55] 这里的意思，是指法律，或者意志，或者自由对天性的胜利，从其本来意义上所说的天性，包括高尚的和低下的天性，因此也就是包括对人的天性能力的自由意志的胜利。

　　　从前，人的现象的复杂性是通过对心灵的探索和肯定而得以揭示和掌握的，而人的心灵是具有天性秩序的包容性的实体。从今往后，现象学的要求消失了，其可能性也跟着消失了。现在不是要描写和分析道德世界，而是要设想一种纯粹的法律的可能性，这种法律要与天性完全地脱离开来，是高尚的，同样也是低俗的，所以这种法律内部的联系从很大程度上已经不值得关注：新的法律在看待这种内在的联系时，就像是至高无上的绝对统治者看待其臣民互相之间的关系一样，只要他们尊重他，别的也就不重要了。

---

[55]　详见柏拉图,《高尔吉亚篇》(*Gorgias*), 503 d—505 d, 506 c—508 e, 或者《普罗泰戈拉》(*Protagors*), 313 a—314 b。

第六章 天性的终结

一

开始时,世界是无形的,空旷的,没有法律,没有艺术,没有科学,人的精神浮荡在黑暗之上。

总而言之,当人抛弃了基督教的法律和世俗的天性,决定只自愿地接受自己的人性,并开始自己产生自己的时候,以上就是人对自己说的最初几句话。对人的这种自我产生,霍布斯、洛克和卢梭为我们提供了三种说法,我们可以大致认为,这三种说法宣布的是同一个消息。

人在原始状态——就让我们用这种我们已经习惯了的名称来称呼他吧——从根本上是未确定的;他是一个想生存下去的可以完善的 x。作为一个有血有肉的个人,他有一些权力,生存下去的愿望是他原始的推动力,正如原始材料的惯性力原理一样。一个这样的生物原子只能受到最为封闭的自私自利的推动。然而,这样的生物原子有好几个生活在一起;出于偶然,也出于必然,他们不断地互相碰撞。每一个人自私自利的行为都是所有其他自私自利行为的对头,因此也是自己的行为的对头。为了克服他所遇到的苦难或者战争，他不得不建立一种人为的东西，在保护自己的同时也保护其他所有人。最关注利益的欲望只能通过最无私的手段才能够得到满足：这就是公正的国家，是一般性的意志。① 因此，个人的天性超越自我，呼吁普遍的法律，并导致产生了一般性的法律。

为了挽救自己的特殊性，人发明了一般性。为了保护他的肉体存在，他创造了精神存在。② 拥护传统的人会说，手段，也就是从本义上说的人性，从尊严上无限地压倒目的，压倒动物性的存在。无论如何，未确定的 x 只是希望不死去，而且为了不死去，他发明了劳动、资产权、法律、艺术和科学。于是他发现自己变成了一个人。

他的精神存在主要是一般性的法律，或者意志。除了人之外，这种机制没有别的创造者，也没有别的针对者。这种机制就是人用来定义自己的内心语言。这种语言是人向自己发出的训诫。人既是统治者或者立法者，又是臣民：在为自己提供了自己要服从的法律的同时，在服从他为自己提供的法律的同时，他就变成了像他这样的人。人类世界呈现出人的形式，因为人为自己提供了法律。而且他认为，或者他相信这样是好的。

对于这样的观念，基督徒和犹太人是无法理解的。对于基督徒和犹太人来说，上帝是法律唯一的创造者。对这样的观念，古希腊人也是无法理解的。在古希腊的民主当中，每个公民轮流着都可以是发号施令者和服从命令的人，既是裁判（arkhôn）又是运动员（arkhomenos），但他不可能既是其一又是其二；他不可能向自己发号施令。③ 即使像博丹（Bodin）这样现代国家的捍卫者，也

---

① 详见本书第五章第七节。
② 详见《社会契约论》，第一卷，第六、八章。
③ 详见《政治学》，1277 b 7—32。

会在这样的可能性之前退缩,并明确地拒绝这样的可能性:正因为人不能向自己发号施令,帝王才应当拥有共和的统治权。④

我们可以说,这种想法没有任何令人震惊的地方,这种想法很简单,看起来似乎是可能的,甚至是必然的。当政治团体不管借助什么机构制定并发布其成员必须服从的法律时,我们完全可以说,根据不同的制度,人是在程度不同地自己命令自己,或者从不同的纯粹程度上说是这样。如此肯定吗?当然,人通过政治机构自己支配着自己:人是自己的牧师,他继承或者代替了神的牧师,虽然在很长时间之后,由神来治理的记忆,神圣的禁忌仍然阻碍着自由,因此也就是阻碍着人的治理的谨慎,正如阿吉努斯的将军们(les généraux des Arginuses)所感觉到的那样。⑤ 这样一来,人们会说,政治是人类秩序的真理,民主是政治的真理,服从人们为自己制定的法律,是民主的真理。但是,我们就这样在似是而非的山坡上顺势而下,是聪明的办法吗?

根据亚里士多德的说明,古希腊的城邦——特别是以民主的方式——实施了因而揭示了人的某种能力,认为人能够通过自己的力量让人的资产具有影响并可供使用,认为人能够自给自足地生活,即便如此,城邦还是揭示了人的自主性。同时,城邦也表现出天性的目的,因而揭示了人的命令和神的命令的限制。城邦在表现出人的秩序的关系的同时,也表现出是天性的城邦。根据哲学的揭示,它就是这样的。哲学所追求的东西,苏格拉底所追求的东西,是不受命令控制的:各种不同分类的事物和存在的天性是什么?根本性的东西是本质,根本性的东西摆脱了命令的控制,因为根本性的东西,或者本质是不变的事物。哲学教导人们什么是法律的极限,包括人的法律和神的法律,从而也教导人们

---

④ 详见《共和六卷书》(*Les Six Livres de la République*,1576),第六卷第四章。
⑤ 详见蒙田,《蒙田随笔全集》,第一卷第三章。

什么是政治秩序的极限，因为没有法律，政治秩序是不可想象的。

当然，法律和命令并不是互相覆盖的。法律必然具有命令的性质，但反过来就未必是必然的。⑥ 命令的首要原因在于一种内在于天性的双重的区别，也就是心灵的高尚部分和低俗部分之间的区别；也是天生就是发号施令的人和天性为奴隶的人之间的区别。⑦ 这种天性的双重区别是法律的可能性的条件。

因此，自我对自我的服从是现代民主的形式，这种服从并不是从自给自足的古希腊那里传承来的。这种服从的前提是法律发出命令的广度和作用，可以说是命令的一种神奇的特点，而古希腊人排斥了这样的法律；总而言之，它的前提是将古希腊人的观点颠倒过来：命令的首要原因，其真理和合法性不是在于天性当中，而是在于法律之中。如果我们以这种关系，把《社会契约论》《利维坦》和《二论人的理解力》作为一边，把《政治学》作为另一边，将两边进行比较，我们可以说，现代人使具有基础作用的意志的神话时代又回来了。

二

这一神话和别的神话一样，在人类行动的元素之间，尤其我们已经看到，在目的和手段之间，表现出奇怪的、老实说是骇人听闻的不相称。⑧ 由此而导致行为者动机的极大的不确定性。最有经验的道德想象也想象不到签约人的头脑中是怎么想的。虽然每个人都是一般性意志的承载者，但是每个人都只想自己。⑨ 个

---

⑥ 详见《政治学》，1287 b 16 及以后部分；1292 a 33 及以后部分。
⑦ 同上书，1254 a 17—1255 a 2。
⑧ 详见本章第一节开始处。
⑨ 详见《社会契约论》，第二卷第四章。参见日内瓦手稿，《卢梭全集》，第三卷，第 306 页。

人没有而且也不应该有任何关于整体的观念，而他正在和其他个人一起参与这个整体的形成，其他的个人与他一样，精神上也是空白的。

当然，我们可以说，《社会契约论》勾画的并不是一个"现实"的过程，所以它在描写上的不连贯性或者是现象的不连贯性，并不重要；三个概要性的版本各有长短，都有可能的方面和似是而非的方面；但具有根本意义的是，它用特殊的风格，以象征的方式，甚至是以寓意的方式，把理解力说成是现代合法性的原则。不管怎么说，过去两个世纪的大量事实不正说明了民主机构的发展吗？虽然这些民主的机构与契约的三种说法都不相符，但都大概地反映了人们的常识。

像这样的解释显然是令人感到宽慰的。现代的合法性自以为是从根本上，甚至是完全地以理性为基础建立的，但是现代的合法性能够因这样大概的意义而感到满足吗？实际上，在这个问题上，我们碰到的是一种特殊的交错配列法（chiasme），这种配列法颠倒了我们所有关于可能性或者可信性的观念。亚里士多德的"最好的制度"也许是没有办法实现的，但无论如何它是可以想象的：思想超越了现实，但是思想和现实都处在资产的同一个台阶上。建立在天性基础上的制度是不存在的。合法的现代制度的确是存在的，因为我们的社会确实"建立在契约"的基础之上，但是这种制度是不可想象的；现代的政治哲学无法严格地思考自己所肯定的东西的核心是什么；更加准确地说，作为基础的契约是无法想象的，因为人们如果没有整体的观念，就不能成为整体的部分，而这一整体的观念就是对契约的否定。建立在理性基础上的制度才是不可想象的制度。

现代合法性的力量和模糊性正是在于两种元素的混淆，如果我们学会区别两种元素，那么事实就会显得不那么奇怪了。

第一个元素，这种一般性的法律，这种比天性从根本上要高的命令的观念——这是契约学说的根本性的组成部分——，从我们这一研究的一开始，我们就已经看到了，并不是现代哲学的任意发明，而只不过是由现代哲学提出的，是我们的整个历史最中心、最致命的部分产生的结果和总和；这一法律是我们所栖息的这颗"苦难的星球"秘密的推动力。

至于契约这一概念本身，它和人类一样古老，至少是和罗马法一样古老，由于其自身的原因，这一概念是完全分别的；一般性的法律的概念是城邦和教会在互相作用、互相摩擦中产生的；契约的概念只有与一般性的法律的概念罗列在一起，才有了基础性的广度，才特别具有现代意义的创造性价值。

需要注意的是，契约的概念在被卢梭推向极致之后，在用这一概念凝聚了极端的一般性和极端的特殊性之后，便被政治哲学抛弃了。在卢梭之后，任何其他的思想家都不敢，或者是没有能力再面对如此严重的矛盾问题。我们可以从两个方向上寻找出路：或者是通过纯粹的特殊性，也许纯粹的特殊性能够以史无前例的方式调和意志和天性；或者是通过纯粹的一般性，这样就要求打破法律和天性之间的一切联系，不管这联系是多么细小，不管它是否是被违心地给予的。尼采将选择第一条道路。

三

我们可以用以下的方式来综述尼采对契约论的批判。

如果现代人想把政治秩序建立在其意志之上，而且他要这样做，那么他会假设，或者他的想法会导致的结果就是，人从本质上是其意志，而且人的"天性"就是作为意志而存在的。如果人从其本质上是意志，那么到现在为止，它曾经是的一切，它今天所是的一切，它明天将要是的一切，就都是他的意志的一种效果，或者一种结果。

然而，从现在开始已经显而易见的是，人曾经是一些十分不同的事物：他曾经是希腊人，他曾经是犹太人，他曾经是基督徒，他曾经是佛教徒。所以显而易见的是，意志有可能想要的是一些差别很大的事物，在意志当中有一种十分广大、十分复杂的创造性和差别化的原则。既然意志看起来是如此深刻、如此神秘的事物，那么，如果我们像现代的民主派人士那样，只是简单地说："我们将在每个人的理性意志的基础上，建立政治秩序"，那我们的肤浅岂不是很可笑的吗？

况且，民主派人士相互之间的说法也是矛盾的，或者他们也不知道自己想要什么，或者不知道如何真正地表达他们的愿望，因为他们常常要求的是一种代表制度。的确，建设一种代表制度意味着什么呢？还不就是让另外一个意志来支持自己的意志吗？人们很愿意表达自己的愿望，但条件是大多数民众也愿意这样做！而且那些领导，那些"代表政府"的成员，你瞧瞧他们是如何躲在"人民意志"后面的吧！他们自己是什么也不想要的；他们唯一的欲望，他们唯一的意志，就是表达服务、传达、代表和实现人民的意志。因此，当现代人类囿于代表性的循环时，什么都是意志，但什么都是他人的意志，任何人都没有勇气单独表达自己的意志；当一个真正的主人，也就是说一个知道如何表达自己的意志的人，一个愿意单独表达自己的意志的人，当一个这样的人出现的时候，那该让人感到多么轻松、多么满意、多么幸福啊：

> 当一个绝对的主人不顾一切地出现时，对于如羊群一般的欧洲人来说，那该是多大的善举，多大的解放啊！人们从变得难以忍受的枷锁中被解放了出来：拿破仑产生的效果就是这种解放的最后一个伟大的证明。他的影响的历史，几乎就是这个世纪的人们在最为珍贵的时刻体验到的最高幸福

的历史。⑩

从某种方式上说,尼采和民主派人士有着相同的观点:人就是意志。但是民主派人士从中得出结论说,每一个意志都应该让自己与所有其他的意志兼容,也就是说,要让自己变成一般化、普遍化的意志,因而所有的意志都应该是平等的,或者至少从权利原则上来说是平等的。相反,尼采得出的结论是不平等。有各种各样的意志,意志有各种各样的强度和品质,尤其是——天性在这里又回来了,而且为自己报了仇——有高尚的意志和低下的意志,或者怨恨。意志是特殊性的,正如它所行施的命令一样。总而言之,意志是最为特殊的事物。

· · · ·

四

有人可能反对我们在分析中的年代顺序,并说,在卢梭之后,对社会契约学说的参照并没有消失,甚至于被像康德一样名声显赫的作者保留了下来。实际上,社会契约的概念在康德的学说中已经没有任何根本性的价值。这一概念只是寓意,隐隐有些实用的性质:它鼓励立法者尊重一般的意志,或者可以被认为是一般意志的东西。⑪ 况且,它怎么能在康德的基本思想当中起到真实的作用呢?因为对于这一概念所混淆的东西,康德的著作是第一次进行了严格的区别和分离的。

---

⑩ 尼采,《善恶的彼岸》(*Par-delà le bien et le mal*, trad. A. Meyer et R. Guast, Paris, Hachette-Pluriel, 199)。

⑪ 详见康德,从日常表达中所得出的推理:有可能在理论上是正确的,但在实践上一无所用。载《理论与实践,撒谎的权利》(*Théorie et pratique. Droit de mentir*),L.吉耶尔米(L. Guillermit)译,巴黎:弗杭出版社,1967 年,第 38—43 页,以及《权利学说》(*La Doctrine du droit*),菲洛南科(A. Philonenko)译,巴黎:弗杭出版社,1971 年,第 46 节的说明以及总说明 A,第 201—205 页。

我在前边指出过,社会契约论的基础和创造性的作用,在于它混淆了极端的特殊性和极端的一般性,使极端的一般性产生于极端的特殊性。人只有实现了不可能的事物,才能够创造自我:形成一个新的整体(Tout),同时只想到自己。康德克服了这些矛盾,将一般性从特殊性的一切束缚当中解放了出来;人在想到自我的时候,便可以再次想到另外一个人,甚至他必须这样做,因为他是整体的一部分,而真正的整体已经不再是一种任意的或者偶然性的区域划分,而是所有人,或者更准确地说,是所有"理性天性"的总体。

根据孟德斯鸠和卢梭提出的形式,法律仍然在天性中保留有一个自相矛盾的系泊点。根据孟德斯鸠的俏皮话,我们还记得,僧侣们正是由于天性受到制约才喜欢上了对他们具有压制作用的规则,这是唯一他们还能够喜欢的东西。而且我们看到,卢梭是在对残酷的法律感到的恐怖和面对这种残酷时感到的欢乐感之间摇摆的。⑫ 孟德斯鸠和卢梭都没有能够清楚地、以令人可信的方式回答这样一个问题:法律是违背人的天性的,人怎么能够从天性中找到服从法律的动机呢?康德在回答这个问题时,划出了一道分水岭,在这道分水岭的高度之上,人们洞悉了他的两个伟大先驱者的摇摆和悖论,因为人们理解这些摇摆和悖论。

康德的解决办法具有指引作用,而且感人:法律本身并通过其本身,可以是人类行动的动机;甚至是极好的动机。法律根本不需要费尽心机让天性与自己发生矛盾,既然法律是与天性分离的,正因为是与天性分离的,法律才是人类行动的纯粹的动机,它在人的心中引起一种感觉,这种感觉与所有其他的感觉都不一样,那就是尊重:

---

⑫ 详见本书第一章第十一节。

因此，对于道德法律的尊重是由一种思想原则产生的感觉，这种感觉是我们所知道的唯一完全先验性的感觉，而且我们能够感知到其必然性……。因此，这种感觉（其名称为道德感觉）是完全由理性产生的。它不用于判断行动，也不用以建立客观的道德法律，而只是使这一法律本身成为一种道德准则。但是，什么样的名称更适合这种特殊的感觉呢？这种感觉不能与任何反常的感觉（也就是说，我们的天性的任何感觉）相比较。它的性质十分特殊，使它看起来完全属于理性范围内的东西，甚至是属于实践的纯理性范围内的东西。[13]

尊重的感觉克服了天性的情感，因为它将定义天性和组织天性的两种倾向性联合在了一起。由于天性，人被某些事物，被好的事物所吸引。古人正是借助这种欲望来解释人类世界的。但是，同样出于天性，人们对其他的一些事物，对不好的事物感到厌恶，现代人在分析人的行动的时候，认为人的行动是对这种不好的事物的逃避或者恐惧。那么，尊重就是这种特殊的感觉，它将天性相反的吸引和恐惧的情感组合、融合在了一起。

只有法律的现象以及与法律相联系的尊重的感觉，才能使自我创造的现代概念具有意义和内容，社会契约的学说是那么不可抗拒地牵涉这种概念，而且是如此矛盾地提出了这种概念。正是因为人可以出于对法律的纯粹的服从，人才可以成为其行动的自由的原因，因此人才享有自主权。康德说，意志的自主权是所有道德法律以及符合道德法律的责任的唯一原则。[14] 唯有

---

[13] 康德，《实践理性批判》（*Critique de la raison pratique*），F. 皮卡韦（F. Picavet）译，巴黎：法国大学出版社，第 77、88 页。

[14] 同上书，第 33 页。

通过法律和遵守法律的现象以及对法律的尊重，才能够建立和表现这样的事实，并让这样的事实变成确实的：只是纯粹的理性便足以确定意志。这样一来，法律便在我们身上实现了一种类似于神创造世界的权力：

> 因为事实上，道德法律以一种理想的方式，使我们进入到天性之中，在这样的天性之下，纯粹的理性如果伴随有与其相称的实际权力，便可以创造至高无上的资产……。[15]

康德借助理性的指引，阐明了启蒙的神话表达和遮掩了的现象，并像理性之神一样，揭示了这一现象。

五

社会契约论的理论家们认为，一般性产生于特殊性，无私出自于严格的自私自利，公正的国家或者一般性的意志来源于个人生存下去的欲望。康德指出说，道德生活的现象假设或者牵涉与一般性或者与普遍性的密切关系，实际上，道德生活现象就在于这样一种关系。由此，他让社会契约的理论显得混乱、粗暴、站不住脚。社会契约的理论再也没有真正地恢复元气。我们很想说的是，随着康德的道德哲学的出现，现代人终于对自己悠久的欲望的目标有了清楚的认识，对于自从现代运动开始以来便追求的东西有了清楚的了解。他终于可以真正地思考到目前为止他唯一想要的东西了：他可以认为，他既不是上帝的创造物，也不是天性的一个部分，总而言之，他产生于自己，他是自己的自由的孩子。现代人能够准确地领会法律和遵守法律的现象，也与基督徒

---

[15] 康德，《实践理性批判》，第43页。

的拯救和异教徒的幸福保持距离:他达到了对自我的明确和最终的意识。

然而,我们还是有一个困难。如果社会契约的个人想让他的无私的自私主义产生效果,并因此而产生一般性的意志,那他必须首先对这个特殊的整体视而不见,这个特殊的整体——城邦——也是康德阐述的道德意识所不承认的。为了出于道德而行动,人应该具有的行动方式是,他想让他的行动的道德准则成为一种普遍的法律,并成为所有理性存在的道德准则。⑯ 作为道德意识,他根本就不区别他所属的政治团体。在比利牛斯山的两边,在莱茵河的两岸,同样的法律要求同样的尊重。如果不借助于补充的、任意的假设,我们看不出怎么能让法律的纯粹的一般性和一个政治团体的特殊性之间的联系显示出来。正如社会契约的理论家通过任意的跳跃才从个人过渡到团体一样,康德似乎也不得不通过相反方向的但也同样是任意的跳跃,才能够从理性天性的普遍性过渡到了政治团体的特殊性。

这种"根据外延"的不同而产生的困难,只是"根据理解"的不同而产生的困难的一种表达,而根据理解产生的困难,将我们引向了康德道德学说的中心。

我们知道,康德认真地考虑过这样一种可能性:任何出于对法律的纯粹尊重而服从法律的完美的行为,任何良好意志的完美行为都是从来不曾有过的。然而,如果人对法律有尊重——我们几乎可以说:如果人对法律有天性的尊重⑰——,那我们不明白的

---

⑯ 详见康德,《道德形而上学基础》,第136页。

⑰ "而根据我们的天性(如果我们愿意以一般的方式这样来命名我们生而有之的东西的话),作为具有理性和自由的存在,这同一种幸福并不是最首要的事物,远非如此,也不是我们的道德准则的无条件的对象;但是正相反,这一对象在于生存幸福的尊严之中,这是我们所有的道德准则与道德法律的一致。"《纯粹理性界限内的宗教》(*La Religion dans les limites de la simple raison*),J. 吉布兰(J. Gibelin)译,巴黎:弗杭出版社,1983年,第87—88页注释1。

是，人为什么不是一向就遵守法律的。恰恰是因为自由，因此也就是法律，从根本上是与天性分离的，我们无法想象天性对法律可以施加何种权力，以阻止人经常性地、完美地遵守法律。在这一点上，我们不能认为是道德的错误，是天性的低下部分篡夺了高尚部分的权力，是由于精神的迷茫而酝酿的篡权行为，古代的道德哲学就是这样认为的，而且在这一点上从很大程度受到天主教道德神学的认可——天主教的道德神学另外还提到原罪对我们的天性造成的"伤口"。天性不可能成为在有冲突的两个项之间建立沟通的元素或者手段，因为天性是这两个项中的一个，而且仅仅是其中的一个而已。

康德竭力解决这一困难，援引他称之为的"根本罪恶"。根本罪恶首先在于颠倒了动机的公正秩序。人不是将严格地遵守法律作为其行动的足够动机，而是从自爱中寻求其他的动机，让法律降格为一种手段。[18] 这一错误的根源在于理性，也是理性导致发生的，这种错误极其难以理解：

> 至于这一分歧在我们的理性中的合理性根源，也就是说，从道德准则中得到从属动机，同时把动机放在首位的方式的合理性根源，也就是对罪恶的倾向性的合理性根源，对于我们来说仍然是无法探索的，因为这一根源必须归咎于我们，因此，所有道德准则的这一至高无上的依据，要求必须接受一个有害的准则。罪恶只能产生于道德的罪恶（而不是产生于我们的天性的简单界限），然而，我们最初的禀性是善良（除了人之外，没有任何别的东西能够腐蚀人的禀性，如果这种腐蚀要归咎于人的话）；因此，对于我们来说，没有可以理解的理由让我们知道道德罪恶首先是从哪里产生的。[19]

---

[18] 《纯粹理性界限内的宗教》，第84页以及第88页上部。
[19] 同上书，第85页。

根据我们的理解，根本罪恶之所以是不可思议的，是因为这种罪恶产生于一种自由的行为，而且总的来说是因为它是最初的罪恶，所以我们没有办法解释它，具有解释作用的是这个原初的罪恶。但是，我们再说一次：为什么实践的纯粹理性要回避本来对于它来说已经足够了的唯一的动机呢？

在我们刚刚援引过的一段文字当中，康德补充说，这种不可理解的特点，在《圣经》讲述的堕落故事中有所"表达"。康德认为启蒙的神话具有理性的意义，为了恢复他的道德哲学的逻辑性，他需要再次回到基督教的教条当中吗？我们知道，在这一点上，《圣经》丝毫不是从教条的角度来考虑的，没有认为《圣经》中的话可以得到客观的揭示，而只是当作一连串的"历史"来看待的，这些历史对于我们来说，重要的只是其实践的意义，作为一个有表现力的、有提示作用和有建设性意义的语象库，能让我们变得更好。根据康德的说法，堕落的故事使我们对道德罪恶的特点的认识不那么如雾里看花一般了，但是根本罪恶的学说使《圣经》中堕落的故事有了真正的和理性的意义。

我们真的进步了吗？如果在这一点上，理性的解释无法令人理解，如果在这一点上，理性无法理解自己，我们真的是看不出能指望宗教帮什么忙，因为我们事先已经不承认宗教有任何超理性的权威！除了理性和宗教的互相阐释之外——可以说，一方提供图画，另一方提供染色——，如果我们事实上只是把放弃了真理的宗教和无法阐明事理的理性罗列在一起，那也许是毫无用处的。

于是我们可以提出的问题便是，基督教的罪孽的教条或者秘密，不管指的是原罪还是现在的罪孽，并不比康德的根本罪恶说更加清楚，这岂不是自相矛盾的吗？不管正统的神学家或者冒险的异教徒如何向我们解释这一堕落的秘密，这个秘密必然以人类的某种境遇为前提：罪孽的发生地点与典型的人的行动混淆在一起，是对自我进行思考的行动——deliberare de seipso。人因为欲望而追求的资产的复杂性和不确定性——思考的材料——被简化了,并凝结成一种对立,而对立成了第一次决定的机会和关键[20],可以说是决定性的决定,和所有其他的决定一样:每一个人,撒旦,亚当,一切人在开始时以及在行动的每一个时刻都要在两者之间进行选择,一边是较少而有限的资产,但是,这种资产近在眼前,这种资产就是自我,另一边是无限的资产,但是远在天边,而且有着严格的要求,这种资产就是由于其法律或者圣宠而存在的上帝。我们对罪孽应当有正义的恐惧感;可是我们消除了这种恐惧,在这里连提也不提,我们因此而自责;总而言之,面对这样的选择,人们是可以有所迟疑的。之所以可以有所迟疑,至少如果需要思考的话,人是有思考的主题和动机的。况且,上帝不能禁止我们行动——比如吃知识之树上的果实——,不能禁止我们的天性允许我们的,甚至于鼓励我们完成的行动,或者禁止也没有意义。这就好比是受到诱惑的、使人感到困惑的天性行为一样,我们也是在善的环境中生活、思考、踌躇的。人是理性的动物,而罪孽是经过理性斗争之后所得到的不好的结局。

但是,康德的理性不是用来思考的,而是用来制定规则的。理性为自己提供法律;理性不承认任何在它之上的东西,否则理性就不是自主的了。他的自足的动机,也就是对法律的尊重,是与在天性之下推动天性的动机没有关系的。康德的理性怎么能够不喜欢自足的动机而喜欢推动天性的动机呢?

我们的研究是以康德为作品写的一个注解为基础的,在这个奇怪的注解当中,他竭力迫使传统的道德哲学承认他的新学说承认的不可理解性:

> 在道德哲学当中,有一个很有共性的假设,人们一方面通过感性动机的力量,另一方面通过理性动机的无能为力

---

[20] 详见托马斯·阿奎那,《神学大全》,Ia IIae, Q. 89, art. 6, Resp.。

(对法律的尊重），也就是通过弱点(faiblesse)，可以很容易地解释人心中的道德罪恶。但是这样一来，人心中（人的道德秉性当中）道德的善良应当可以更加容易地得到解释；因为对二者之一的理解，如果没有对其二的理解，是不可想象的。然而，理性只通过一种法律的唯一的观念，便有能力战胜所有与理性对立的动机，这种能力是绝对无法解释的；因此，同样不可理解的是，感性的动机能够战胜以类似的权威发号施令的一种理性。的确，如果每个人都按照法律的规定行事，应当说一切都是符合天性秩序的，而且任何人连想也不会想到提出这是为什么的问题。㉑

我们很奇怪地看到，康德似乎又从他的道德学说的中心退了回去，而且假装不明白为什么理性有权力发号施令，而他的哲学总而言之就是为了证明这一点。但是，他曾指出，理性的立法权力是极其可理解的事物，他之所以又声称说这种权力是不可理解的，完全是为了能够说，在他的哲学分析当中，那些根本不可能想象的事物也是不可理解的，这在思想史上还是第一次：关注利益的动机，或者天性的动机对理性的权力。注解的最后一句话，巧妙的天真当中包含着招认：任何人也不会想到问为什么对一般性的法律有着一般性的服从，因为每个人都可以感受到康德第一个证明了的理性的立法权力。

六

然而，法律的切实实现难道不正意味着法律的反面的实现吗？因为法律只有与一切现实相分离，与一切"天性"相分离，才能起到

㉑ 前文所引《纯粹理性界限内的宗教》，第97页注释1。

法律的作用。黑格尔深刻地分析了在他所说的世界道德观当中,每个时刻是如何变成其反面的。[22] 我在这里不是要接过或者认可黑格尔对康德的批判,更不是要提出一种新的批判,那无异于是一场可笑的闹剧!但是前面的说明使我们想以更加紧迫的方式提出压在我们心头的问题:康德能不能围绕一种纯粹的法律,也就是一种彻底地与天性分离开来的法律,思考人类的现象呢?如果他不能,这难道不就意味着现代制度及其自我意识,仍然保留着某种从根本上不可想象的或者仍然未被人想象的东西吗?

如果上一段文字是有效的,我们很想得出的结论是,尊重法律的现象还不足以反映人类的现象,应当有"某种东西"在每个人身上将法律和天性联系在一起并让它们沟通交流,因此我们又回到了把人定义为实体的传统的某个说法上——唯有这种方式,才能够让我们理解"天性"对于"自由"的权力。然而,这样的结论还是草率和幼稚的。只有我们愿意将尊重法律的现象,从更加普遍的意义上说是康德的道德法律学说,与传统对我们的经验的划分重叠起来,我们才能够接受这种结论,而不是把这一结论当成急迫的动机,冒险去修改传统的经验划分。

的确,就连康德似乎也采取了懒人的办法。为了让他对人的新的理解与经验的天性的或者传统的框架兼容,他援引个人向着意愿的神圣性无限的进步,政治团体向着共和制度无限的进步,国际秩序向着永久和平无限的进步。他甚至提到天性向着权利统治的不可抗拒的进步![23] 无限进步的概念将传统认识论的极限向后推,只是为了肯定这一极限,为了颠覆其原则,既然它保留并

---

[22] 详见《精神现象学》(*La Phénoméndogie de l'Esprit*),第六章,第三节的 a 和 b。

[23] "因此在这里应当说:天性以不可抗拒的方式想让至高无上的权力最终回归权利。"《永久和平的计划》第一个补充(*Projet de paix perpétuelle*, 1er supplément),J. 吉布兰译,巴黎:弗杭出版社,1984 年,第 46 页。康德的文字特别有力:"Hier heiβt es also: Die Natur will unwiderstehlich, daβ das Recht zuletzt die Obergewalt erhalte."

肯定了善的梯度，同时又剥夺了善在人的世界里极其重要的作用。我可以大胆地说，康德之所以使用这么一个没有了孕育能力的杂交东西，只是因为面对着他的作品所能够做出的最后的努力，它还能够向后退去。因为，如果理性真正是具有立法作用的，如果人类是通过理性为自己制定了法律的，我们无疑可以验证的就是，法律是切实得到遵守的，理性是切实得到实现的，只是有个条件：人们要为自己制定适当的框架，以解释人类现象。但是，制定什么框架呢？现在很清楚的是，在历史上无限进步的个人，政治团体，政治团体的总和，甚至整个人类都不合适。如果理性和法律与天性从根本上是有分别的，在"改善"这一天性的同时，在让人"更加理性"或者"更加道德"的同时，理性和法律并不能变成有效的，那就应当"改善"人的实体的状态，因此也就是应当恢复实体的权力。如果真是这样，那么现代哲学的一切努力都将丧失殆尽。但是，如果个人、城邦、人类都不能成为适当的框架，康德指出的现象的实现，便会使我们脱离世界，而在正常情况下，世界可以被认为是属于人类的。我们已经指出，存在主义以令人吃惊的认真态度研究过，如果作为自由的人自我实现，那么他的新的名字会是什么。黑格尔更愿意指出或者判定说，这个世界，作为国家，本身就已经实现了，这总的来说是对康德发出了孟德斯鸠已经对旧时共和派人士发出的责备：他在否定了理性之后才去追求理性，而且他依照拜占庭海岸的原样建造了卡尔西登（Chalcédoine）。在两种情况之下，都没有了人对法律的尊重。

现在的情况似乎是，康德虽然提出了现代经验的现象，但这一现象却迫使我们离开使这一经验成为可能的世界。

七

从我们目前所得到的结果来看，我们已经无路可走了。我们必须停下来，努力从总体上看一看我们在追寻中经历过的风景。

如果我们把现代自我意识的特点，说成是一种意志，要发现并表达对人和世界的"确实真理"，那它就是"现实主义"的意志，它胜利地与"理想主义"的欲望相对立，而欲望启发人们在"后方世界"建设"想象的王国"，如果我们这样说，那么，我们只是在重复意识说自己的那些话。理想主义的欲望在古希腊哲学家设计的"良好的制度"中，尤其是在柏拉图的共和国中得到高尚的表达，在宗教这个"人民的柏拉图主义"当中，尤其是在基督教当中得到低俗的表达。基督教有一点从根本上是具有腐蚀作用的，它分裂了人，在天性的或者理性的动机当中——在人所特有的动机当中——，又增加了自称为超越天性的或者是高于理性的其他动机。人因此而不得不看见"双重的事物"，在世界上便无法再理性地确定自己的方向。㉔ 总而言之，两个世界太多了，"只能有一个"。㉕

对宗教的批判很容易具有说服力，因为总会有一些"不讨人喜欢的牧师"（unpleasing priests）㉖。但是，如何恢复或者重建人类世界的统一呢？如何建设一个团结的城邦，让成年的人只在自己心中寻找动机，也就是说，只在他自己的理性中寻找动机呢？康德的极大功劳就是指出以什么样的方式，在什么样的条件之下，才能够达到这样的结果，不是武断地发明一个想象出来的人——天性状态的得意洋洋的载体，在哲学家认为有必要的时候，天性状态又创立了社会状态，或者是随着未来而来的新人——，而是通过分析道德现象，分析人与道德法律的关系时达到这一结果的。然而，通过一种奇怪的颠倒，而且通过一种使人感到难堪的讽刺，就在我们按照康德的分析刚刚达到人的成年的

㉔　详见霍布斯，《利维坦》，第二十九章。
㉕　详见本书第一章注㉛。
㉖　详见霍布斯，《利维坦》，第十二章最后。

时候，又由于达到成年而被分裂了，是人到那时为止从未经历过的最艰难、最难以跨越的分裂。现在，我们的天性和我们的自由被无情地分别了开来，没有任何可以想象的人类的联系使它们聚合在一起，或者至少是使它们互相接近。现在是理性，或者也是属于人类的自由，变成了一个"想象的王国"，与人的天性的需要和欲望没有关系，与我们的境遇的实际真理没有关系。理性的法律与我们的天性分别了开来，分别地比圣宠在旧时神学中的分别更加彻底、更加傲慢。实际上，对于人来说，要想进入康德的王国，比一头骆驼从一枚针孔里钻过去还难！

有人说，在把天性和法律分开之后，又十分真诚地、十分认真地想让它们接近或者是从对经验历史的经验观察中得出令人感到宽慰的结论，㉗或者更加深刻，提出"实践理性的公设"，尤其是上帝存在的公设：既然我们有责任假设在天性和法律之间、幸福和道德之间有最终和谐的可能性，那么承认上帝的存在也是一种责任。的确，这种和谐只有在上帝存在的条件下，才是可能的。㉘

但是，如果我们能够也应该通过上帝在天性和法律之间、幸福和道德之间得到协调，那么，对上帝的信仰和希望似乎应该成为纯粹实践理性的动机，而不是对法律的尊重。我们知道，康德是拒绝这一结论的。㉙ 在引入主观道德必然性和客观道德必然性之间的区别，并指出"在道德上必须接受上帝的存在"之后，他甚至写道："接受一种事物的存在也许只能是一种责任（因为这只涉及对理性的理论使用）。"㉚这是在暗指《纯粹理性批判》，但也让我

㉗ 我们知道，与他同时代的人在法国大革命期间所表现出的关注，在他看来就是人类"道德秉性"的令人信服的证明。而且经验的观察支持，或者不反对"无限进步"的观念。详见本章第六节。

㉘ 详见《实践理性批判》，第一部分第二卷第五章。

㉙ "不能……由此而认为必须接受上帝的存在，作为一切一般意义上的义务的一种基础（因为，正如我们已经足够地证明的那样，这种基础是完全坐落于理性的自主性之上的）。"同上书，第135页。

㉚ 同上。

们不能忘记的是,如果我们想拒绝康德的道德哲学,那就必须拒绝他的整个哲学,尤其是要拒绝他的《纯粹理性批判》!我们必须拒绝可笑的自负,但是我们不能放弃使用我们的理性。在这一点上,康德证实说,对于我们,相信一个事物的存在,那是我们的责任,但我们又不能证实该事物的存在。他要我们实行一个精神上的行为,但是他又抽掉了这一行为的首要条件,而且这一首要条件也是首要的表达。他是在要求我们严格地不真诚(insincère),而且这是责任。天性和自由的分别不仅不能将我们从这个世界和另一个世界之间的分裂中解放出来,分裂深入了人类行为的中心,而且是最为基本的理性行为——关于一件事物存在与否的判断,而且是最高的判断——,因为这件事物就是上帝。

八

康德的道德法律纯粹是形式上的。只有当这种法律对所有的人都有效时,才会对每个人有效,而且正是这种一般性,或者正是这种可以成为一般性的特点,才是这种法律的定义。我们可以说,在这样化简为可以成为普遍性的命令之后,康德的法律将所有道德当中纯粹具有道德意义的东西凝聚在一起,将道德的普遍形式提取出来,加以巩固,同时将其特殊的、变化的内容分离开来,从而定义了第一个也是唯一的一个真正具有普遍性和理性的人类的道德。而且我们只能说,所有的人都落入了孟德斯鸠的僧侣的处境,他们之所以喜欢法律,是因为法律压迫他们的天性,因为他们是为了法律并且仅仅为了法律而喜欢法律,或者更准确地说,他们既喜欢法律,又不喜欢法律,因为法律并不是用来喜欢的,他们只是尊重它而已。他们的天性中的任何感情都不会使他们与这种完全脱离了天性的法律联系在一起。

然而,尽管道德法律——在其之上并通过其本身——,可以说是在道德法律静态的定义上,是完全与天性脱离的,但当法律在实际的道德行为中起作用时,天性会让人承认它的存在。当道德行为者将其行为准则一般化,以检验该准则是否符合普遍的法律,以让该准则成为普遍的法律时,他是在进行一次道德实验,是在提出其他人真实行为的一种假设,因此,也就是提出这些人的天性特点的一种假设,当然,他也考虑到了他对自己的天性的了解。康德在《道德形而上学基础》(*Fondements de la métaphysique des moeurs*)第二节天真地、详细地阐述了这一点。在用最具形式化和普遍性的词语表述了责任的必要性之后,[31]他举了四个例子,通过这四个例子,从某种意义上说,他让普遍的法律成了可操作的法律。评论者经常指出说,他每一次都是完全以经验的方式,通过对人类天性的构成的考虑来证实法律的,有时候他的考虑要比传统的道德观所做出的一般的考虑更加具有经验的特点,因此也就更加狭隘、更加模糊。比如,对自杀的禁止,原来的说法是,凡是上帝给予的,不能再由上帝剥夺;康德的说法是,"感觉的特殊功能是促进生命的发展"[32]。对于喜欢游手好闲,而不是充分发挥其天赋才能的人,康德反对这种人的说法是,"作为理性的存在,人必然会想让其所有的能力都在身上得到发展,因为这些能力对于他来说是有用处的,而且具备这些能力可用于种种可能的目的"[33]。古希腊人差不多也是这样说的,而且,从更加一般的意义上说,人类"未成年"时的道德学家也是这样说的。

同时,这种普遍的道德法律只是基于一种毫无根据的天性现实时,才是有效的,也才是可能的,而且,由于现实而不得不接受规则的例外时,这种普遍的道德法律又是与一切道德背道而驰

---

[31] "在这样做时,就好像他的行动的行为准则必须由他的意志上升为天性的普遍法律一样。"同上所引作品第 137 页。
[32] 同上书,第 138—139 页。
[33] 同上书,第 140—141 页。

的：即使当我要把一个无辜者交给暴君的打手时，我也要说实话。㉞ 为了肯定和证实用于实践的一般法律，康德时而以人的天性倾向为基础（与法律的原则相反），时而又突然拒绝考虑这种天性的倾向（从而使我们自发的道德意识感到如鲠在喉）。这一说明是有决定意义的，因为这一说明表现出，康德对道德的分析和孟德斯鸠对道德观念的建设一样，和社会契约论的理论家们对天性状态的描写一样，也包含有一个基本的虚假之处：根据完全制定法律的纯粹观念的唯一目标，以极大的任意性，用法律的形式或者天性的形式，使人接触到现象，又拒绝人接触现象。

但是，如果说法律的观念是这样一种虚假观念，那么对法律的尊重也不是我们从中看到的那种纯粹的现象。康德称之为的尊重，通过从根本上新颖而高于其组成元素的综合，并不能克服吸引和排斥，"跟随"和"逃避"这两种根本性的倾向；㉟这两种倾向分裂和组织了人的天性，甚至定义了天性与人的关系。对法律的尊重并不是一个与天性切实分离的纯粹的动机；那是康德提出的一种人为现象，是由人的精神设想出来的最机巧、最似是而非的现象，也是最为高尚的现象，以说服人相信他是自己的理性的儿子，而他的这种理性还没有在与世俗天性的接触中受到污染。

可以说，指责法律的观念虚假，这的确是极不公道的，康德只是认为这种观念有可能把人定义成理性的天性，更准确地说，人将这种理性的天性引导到了其逻辑的终点。事实上，如果人是这样定义的，那么理性自然而然地就成了人类行为的首要原则；㊱而且人是通过其实践理性指挥自己的行为的。㊲ 根据这些说明，似

㉞ 详见《论出自人类之爱而说谎的所谓法权》（*Sur un prétendu droit de mentir par humanité* [1797]），见于前文所引《理论与实践》以及《道德学说》（*Doctrine de la vertu*），弗洛南科译本，巴黎：弗杭出版社，1968 年，第一卷，第二节，第九章"论谎言"。

㉟ 详见蒙田，《蒙田随笔全集》，第三卷第八章。

㊱ 托马斯·阿奎那，《神学大全》，Ia IIae, Q. 90, art. 1。

㊲ 同上书，Ia IIae, Q. 17, art. 1。

乎应当从中得到相应的决定性的结论：人类行为的规则就是指挥人的行为的理性；理性按照一种法律指挥人的行为，而对这种法律的定义就是理性的这种纯粹的指挥。从这种意义上说，康德的道德只是从古希腊人制定的，基督徒认可的关于人的定义中引出其后果而已，并没有补充附加的假设。但是康德的道德恰恰是在考虑中任意地排斥了一些补充的元素，而如果没有这些补充的元素，道德现象就不能忠实地得以描述。我们可以接受的是，把"人等于理性"作为出发点。但是，如果我们把实践理性定义为这种能力，如果我们假设有一种东西可以作为纯粹的实践理性的话，我们怎么能证明实践理性可以是纯粹的，单是理性就可以定义意志呢？因为法律是自由的认识理由（ratio cognoscendi），因为是法律让我们认识这个理由吗？但是，如果法律是我们的人为的现象，而不是理性的事实呢？实际上，"人等于理性"这个等式是模糊的，混乱的。实践理性立刻让我们看到了这种不纯粹的确定：它是从善及其反面关系的角度来考虑一切事物的，包括人的行动，而且尤其是人的行动，所以理性的规则，不管是什么规则，必须建立在"跟随"和"逃避"这一天性原则的基础之上：应当行善（或者善是应当做的事）；应当避免罪恶（或者罪恶是应当避免的事）。㊳ 康德在一个注释中，以抱怨的口吻强调了善的模糊性。㊴

㊳ "... bonum est primum quod cadit in apprehensione practicae rationis, quae ordinatur ad opus: omne enim agens agit propter finem, qui habet rationem boni. Et ideo primum principium in ratione practica est quod fundatur supra rationem boni, quae est, Bonum est quod omnia appetunt. Hoc est ergo primum praeceptum legis, quod bonum est faciendum et prosequendum, et malum vitandum. Et super hoc fundantur omnia alia praecepta legis naturae ..."《神学大全》, Ia IIae, Q. 94, art. 2。

㊴ "另外，sab ratione boni（以善的理性方式）的表达也是模糊的，因为这种说法既可以表达：当我们想要某物时，因为我们想要，所以我们想象它是好的；也可以表达：我们想要某物，因为我们想象它是好的。这样一来，或者欲望是客体作为一种善的概念的决定性原则，或者善的概念是欲望（意志）的确定性原则；那么，在第一种情况之下，sab ratione boni 表达的意思就是，我们以善的观念想要某物；在第二种情况之下，这种说法的意思是，我们作为结果想要的是这种观念，而观念作为想要的确定性原则，应该是先于欲望的。"《实践理性批判》，第 61 页注释 1。

但是，这种双重的模糊性是人类的首要现象；它决定了人的道德现象的经验特点。理性的任务也许就是探索这种复杂性，而不是建立一种人为现象，以排斥两种模糊性，克服人的倾向性的分裂，而不是制定和提出一种法律，将一切道德都凝聚在一起，将善和恶的世界推入"天性"，或者"自爱"，或者"个人幸福"[40]的外部和低级的黑暗当中，因为说来说去，我们生活和存在于这个善和恶的世界。

实际上，人类的理性不仅是要讨论的东西，也是要立法和限制的东西。理性具有强制性(rationis est imperare)，但是理性也是用来与人商议的(rationis est deliberare)。它之所以能够控制人的行动，完全因为它的商议是在一个它认为是"以善的理性方式"(sub ratione boni)的世界上，并针对这个世界进行的。

当然，善的世界，也就是诸善和诸恶的世界，有很多不确定性，是个复杂的世界。特别是，人类所特有的善（好的东西）是人们都想要的，比宗教所允诺的超人的善更加让人想要，这些人们都想要的东西让理性感到胆怯，让意志不堪重负，因此不断地将人推回到他想摆脱的未成年状态。但是，为了抵消和禁止人们的这种要求和竞相追逐，像康德那样竭尽全力，怀着那么多的激情，而且以比之前任何现代哲学家更加严格的方式，将人从生存环境和善的问题当中拉出来，那无异于将人从人类所特有的世界中拉出来。在未成年的状态下，人是生活在此世和来世两个世界之间的，他有时候认为，有一个世界是多余的。由于现代哲学的辛勤思考，人达到了自主，驱逐了来世，但是人也迷失了此世。

九

读者跟随我们走到此处，也许会认为康德的人类世界是有争

---

[40] 《实践理性批判》，第20页及以后部分。

议的,这样的读者也许会认为,康德制定的道德法律的观念实际上是一种人为的现象,在人类的现象当中没有足够的基础,是在一项计划的框架之内进行研究的成果,那项计划是"利益攸关"的计划,不能与追求真理混为一谈。

能像康德那样追求真理的人不多;能用他那样的能力实际去追求真理的人就更少。如果我们觉得他远离了真理,也带着我们远离了真理,而且远离的程度与他对道德的热情和思想的能力是成正比的,那我们就想,我们一定要理解为什么会发生这样的事。或者我们也许能够作为一种"残酷的事实"(factum brutum)注意到,"康德错了",然后就若无其事地把他丢到一边?

如果我们想从总体上来看一看我们的研究,如果我们返回身来,看一看我们已经走过的路,努力重新理解我们的思路,那么,我们会看到我们已经多次提到的尼采的一句话,这句话是我们思考的基础,也是指引我们的光明;而且我们会再一次说,现代意识把我们栖身的地球解释为"苦修的星球"。这个定义是最好的,因为它包含有推动我们向前的模糊性,它指出了像一条想永远逝去的河流一样的历史的推动力——einem Strom ähnlich der ans Ende vill。[41] 一方面,它是控制着这个星球运动的法律,无情的法律,是现代人想逃避的东西:它是与世俗的道德和基督徒的道德共同的东西,是现代自由,是孟德斯鸠宣扬的英国自由的进步所留下的过去的形式和宿命。但是,这一法律,这一无情的法律也是现代人想最终实现的东西,是康德宣称的自我对自我的无性繁殖,是从天性和上帝的手中解放出来的理性;人为自己提出的这一法律甚至就是人的新的自由的机制。而且卢梭之所以在现代意识中占有中心地位,之所以在为了现代意识而进行的斗争中占有中心地位,首先就在于,这种机制包括了法律的两个方面,也包

---

[41] 尼采,《权力意志》(Der Wille zur Macht),斯图加特:皇冠出版社,1964年,前言2。

括了法律导致产生的两种感情：人怀着几乎同样的激情逃避和追求法律。法律简直要让人发疯了。

我在第一章详细地研究了孟德斯鸠如何提出"道德"的概念，以及他的分析是如何延伸和细化了一些潜在观念，这些观念最终由基督教欧洲的政治和宗教界思想家们完成，欧洲的政治和宗教思想互相影响，也互相磨蚀。渐渐地，政治群体和教会在公民的高尚和基督教的谦卑之间发生的正面冲突，变成了在两种类型的道德之间寻求共同点，其中也包括对另一方的批判和认可：于是，"道德"与其特别的动机分离了开来，不管是公民的动机还是基督教的动机。㊷

我觉得，康德的法律似乎是这种过程，这种两个精神群体之间的辩证的另一个版本，另一种建立的过程，另一种结果。或者也许是从不同角度看到的同一种结果：法律是被人以尊敬的态度看待的。据康德看来，从某种意义上说，有道德的人是完全谦卑的：他对法律的尊重会"压倒自负"㊸，而自负是每个人都有的自我满足并满足自己的欲望的倾向；同时，也和自觉高尚的人一样，他完全高于自己的生存条件，高于身处的"境况"，而且只依赖于自己的理性。他的自由产生了法律，在遵守法律的同时，康德的人从某种意义上说是低于这一自由的，但是他最终地高于其天性。他谦卑地承认——他怀着尊重承认——自己的至高无上。

康德对人的心灵的两种动向，或者说是两种道德的研究，与孟德斯鸠的研究是不同的。虽然孟德斯鸠很精明，虽然他很有思想，但他几乎是通过叠加或者数学计算的方式来产生"道德"形式的（我们看到他实际上是在致力于提出一种"共同点"，也就是数学上的"公分母"）；这是一种夸张的表示，旨在产生一种非人性的

㊷ 详见本书第一章第八节到第十一节。
㊸ 《实践理性批判》，第 77 页。

奇怪感觉，可以用一句讽刺的话来概括。而康德却通过重新解释人类经验，或者是人类经验的某些方面，确确实实地发明了一种新的道德概念。我们甚至可以说，"康德的道德"是自从古希腊人的道德观和基督教的道德观以来，唯一新的道德学说。康德进入了由两种道德交汇而产生的深刻的新陈代谢之中，其深刻和真诚的程度是孟德斯鸠所无法理解的，因为孟德斯鸠明显地，或者说毫不含糊地只是属于两种道德当中的一种：他是属于伊巴密浓达的高尚者阵营的*。卢梭让康德看到了卑贱的尊严。

世俗的高尚究竟是什么呢？高尚的人知道，他能够做出最为伟大的行动，配得上最高的荣誉，但他并不看重荣誉，因为他是高于他应得的荣誉的。他胜不骄，败不馁：他是高于命运的。他并不把受到的恩惠记在心上，否则就说明他是依附于人的，他也很愿意对别人做好事，虽然他蔑视大部分人，在与这些人的关系当中，他极尽嘲讽之能事，以掩饰他的高人一等的心态。我刚才所说的一些特点，都是从亚里士多德所描绘的经典形象中所借用的，㊹使这些特点统一成一个整体的，是高尚的人从根本上就是自足的人，而且是真正自足的人：他真的是不需要任何人。基督教的批判显然是针对这一点的。我们可以注意到，托马斯·阿奎那虽然对亚里士多德提出的高尚者的各种特点给予了充满基督教仁慈的或者是高尚的解释，并指出说："高尚和谦卑并不矛盾，虽然看起来这两者具有对立的倾向。"（magnanimitas et humilitas

---

　　* 伊巴密浓达生于约公元前410—公元前362年，底比斯政治家、军事家和领袖。公元前371年在留克特拉战役中以新战术击败斯巴达人，使底比斯成为希腊最强的城邦。他的战术是以压倒性的力量先对付敌军最强的部队。另外，他还四次成功地攻入伯罗奔尼撒。公元前370—公元前369年，他从斯巴达人手中解放了麦西尼亚的希洛人（Helot）。公元前362年，他率领盟邦的军队在曼丁尼亚战役击败斯巴达、雅典和他们的盟邦。但是他也在战场上负伤身亡。这里是指"行为高尚如伊巴密浓达者"。——译者

　　㊹ 《尼各马可伦理学》，1123 b—1125 a 17。

non sunt contraria quamvis in contraria tendere videantur）。但在后面不远处，他再一次提到亚里士多德说的"高尚的人不需要任何人"，而后又明确地说，人从根本上是贫穷的，或者是处在困苦之中的，一切人都首先需要上帝的救助，其次也需要其他人的救助。⑮ 实际上，可以说，基督教的谦卑干脆地砍掉了古代的高尚，因为基督教的谦卑承认，人从根本上是有依附性的：每个人都必须清楚地知道，都必须强烈地感觉到，他是从另一个人那里接受了他的生命，而且仍然在继续接受着。在两种美德，或者道德，或者是这些美德所概括的心灵的方向当中，我们可以想象出各种各样体面的妥协方式——圣托马斯提出的妥协方式是最谦虚也是最仁慈的——，但是要找到一种组合，以保留每一种的特点或者最突出的地方，那是不可能的。这样一来，它们之间的关系，如果不是战争的话，也必然会互相影响。而且现代欧洲意识的某些重大现象，也许是最主要的现象，都是这种影响的结果，不管这些现象之间的差别是多么大，比如哈姆雷特的形象以及康德的道德观。

高尚的人表明了，而且也可以说是包含了天性的巨大力量。虽然在基督徒看来，或者在我们现代人看来，他的行为十分怪异，有违常理，但是这种行为也仅仅是由于天性的力量之大。他实现了人的心灵的某种可能性，而且是最高的可能性；他用嘲讽来掩饰对群众的蔑视，但总的来说，他的蔑视是这一天性事实的必然结果。根据天性，如果至少人们不是在对自己讲故事，真正高超的人必然会蔑视真正低下的人，而且这种蔑视也是正当的。

对于世俗的人来说，福音书讲的就是这样的"故事"。对于基督徒，福音书教导人们，世界上的天性具有这些特点——我们姑

---

⑮《神学大全》，IIa IIae, Q. 129, art. 3 和 6。

且认为是这样——,但那仅仅是这个"世界"而已,或者仅仅是"此世",㊻是撒旦为君主的世界;还有另外一个世界,在这个另外的世界上,各种不一样的灵魂都是上帝的创造物,上帝想挽救所有的人,所有的人都会因为对上帝的爱而得到爱。福音书甚至教导人们说,上帝的嘲讽让高尚者的嘲讽无地自容;通过这种嘲讽,上帝将圣宠的才能分发给人们,没有想到为天性的才能留下一定比例的位置,上帝向无知的人和小人物揭示了对智者和有权势的人隐藏了的东西。㊼这样一来,谦卑便适用于所有的人,所有的人都是上帝的臣民,因为所有的人都是上帝创造的。㊽

当上帝挽救人类的说法传播开来,并可以说具有了异乎寻常的权威,为全世界的人所相信之后,㊾人们便陷入了权威的冲突之中:一方面是天性和高尚之间的冲突,另一方面是圣宠和谦卑之间的冲突。有些人又看到了,或者又努力地看到了古希腊人对人的世界的理解,他们想让自己成为高尚的人,便公开地或者秘密地反对"加利利人"对人性的贬低。我们称这些人为古希腊人或者异教徒。其他的人则是"心地柔和、谦卑的人"㊿,甚至谦卑到认为自己是最卑下的人,是卑鄙的罪人;这些人便是基督徒当中有名的圣人。然而,在这两部分人之间,在这两个阵营之间,随着时间的流逝,相互之间发生了我们前边提到过的互相影响,互相侵蚀,而且影响和侵蚀越来越严重,越来越深刻,在两者之间不想,或者不能做出选择的人越来越多。这些人开始寻找第三种办法,

---

㊻ 详见《约翰福音》,12:25;15:18—19。
㊼ 详见《路加福音》,10:21;圣保罗,《哥林多前书》,17—31。
㊽ 详见《神学大全》,IIa IIae, Q. 161, art. 1。
㊾ 见于圣奥古斯丁,《忏悔录》,第六卷第五章:"... tam excellentem illi scripturae per omnes jam terras auctoritatem..."。以及《上帝之城》(第十卷第三十二章):"Quid hac historia vel inlustrius inveniri potest, quae universum orbem tanto apice auctoritatis obtinuit, vel fidelius..."。
㊿ 《马太福音》,11:29。

开始寻找另一种道德,以消除亚典和福音、高尚和谦卑之间的对立。他们寻求进行史无前例的组合,以建立一个"新的世界"供人居住,这个"新的世界"既不是"此世",也不是"另一个世界",既不是像希腊人的世界那样的天性的世界,也不是像基督教的世界那样的超天性的世界,而只是简单的、纯粹的人性世界:人之城。这个第三方越来越强大,人数越来越多,最终几乎完全地征服了,或者吸收了最初的两个阵营。这便是现代派。

所谓现代人,就是知道如何成为既不高尚也不谦卑的人;这种双重的否定就是他的定义。他无视、否弃这两种道德,因为这两种道德都让他感到厌恶,乃至气愤。然而,这两种道德回应的是人的心灵的两种主要取向。同样地拒绝这两种道德,努力地逃避它们,这使得现代的精神极易兴奋,并获得了异乎寻常的力量。

当人们认真地致力于开辟第三条道路时,在肯定高尚的同时,也必须否定高尚——没有重建谦卑,也没有为谦卑提供支撑——,必须否定谦卑——没有重建高尚,也没有为高尚提供支撑。然而,这就像是一个道德的极其复杂的几何问题一样,后来我们发现它实际上极为简单;或者至少求解的努力,也可以说是力量的平行四边形,将十分奇怪地在一个恒定的方向和强度的向量中得到表达。在这场两条战线的战斗中,现代人,或者说正在这场战斗中并通过这场战斗而变成现代人的人,渐渐地发现,越来越清楚地揭示出两个对头所共同的东西,不久,他将看到这两个对头共同而唯一的根源。

在他反对圣宠的论战中,他感觉到自己是一个天性之人,他想让自己成为天性之人,他把自己与天性相提并论;但是同时,在他反对天性的论战中,圣宠成了他秘密的同盟,圣宠向他揭示了天性所没有的一些可能性,而且尤其是平等的可能性。这样一来,正如圣宠是天性之人(他现在仍然是天性之人)的负担一样,天性也显示出是新人(他正在变成新人)的障碍。我们明白,这个辩证之结同时也以相同的力量而变得越来越紧。圣宠越是让他觉得是一个负担,他就越是觉得自己是个天性之人,那么天性就越是成为他想避开的一种障碍,或者是他想征服的一个对头。因为卢梭想恢复"天性之人",同时又想"消除人的天性",所以卢梭以最为严格的方式将辩证的结拉得最紧;或者说,卢梭以最为清楚的方式揭示了这个辩证之结是如何被无情地拉紧的。

两个对头之间的互相影响最终减少了,甚至摧毁和消除了双方不可兼容的方面,只留下那些可以兼容的方面,于是,这些可以兼容的方面便成了共同点。这样一来,正在变成现代人的人发现,天性和圣宠之间的共同点,对于他来说,都牵涉服从,而且奇怪的是,在这一点上,天性并不逊色于圣宠。如果说基督徒的生活就是服从创造了他的上帝的圣宠,那么高尚的人,当他意识到他从天性上高人一等,并通过蔑视和嘲讽而产生作用时,也只不过是服从并不是由他创造的天性而已。当然,对于这一点,古希腊人并非不知道,因为古希腊人恰恰是把对天性的服从,把"符合天性"的生活当成是"好的生活"的定义的。但是,这样一来,天性便从反面与"法律"或者"约定"——nomos——相区别,符合天性的生活便显得更加像是解放,而不像是服从了。然而,圣宠是天性的对立面,与法律相差很大。而法律则显得比天性更加狭隘,更加特殊——天性包含了法律,主宰了法律,而且应向法律提供规则——,现在圣宠显得要比天性更加有广度了。不管人们相信的是真实的圣宠还是幻想的圣宠,事实是,圣宠声称要克服最根本的天性差别,也就是那些联系天性,并将天性定义为天性的差别,或者使这些天性差别成为徒然的东西——对于圣宠来说,没有主人和奴隶,没有男人和女人,也没有强者和弱者[51]——,圣宠至少有勇气通过无数的群众让人们承认这种意图。这样一来,我

---

[51] 圣保罗,《加拉太书》,3:28。

们便可以尽量把圣宠解释为只是一种新的"法律",或者是一种旧有的"约定",我们可以拿出天性所具有的一切蔑视、一切嘲讽对待它,但尽管如此,它仍然使天性显得狭隘而特殊,作为特殊化的原则,在旧世界,这种天性在面对约定时,表示的是普遍性。对于异教徒来说,对天性的服从就意味着解放和自由,这时便看起来像是服从了。圣宠所赢得的权威,会导致天性对圣宠在某种程度上的服从,天性服从圣宠的这一经验以一种新的方式,使人对天性的服从有了感性。

无论如何,人处在高尚和谦卑之间的冲突之中,不管是高尚的人还是谦卑的人,都在服从某种不是他自己的东西:他遭受着康德称之为"他律"的折磨。而且从某种方式上来看,天性的他律比圣宠的他律要更加深刻,更具有实质性的意义,更具有根本性。首先,天性是一切他律的枢轴,一切他律都必然与天性相联系,才能够对人产生作用。尤其是,人之所以接受圣宠,是因为他的天性是有能力接受圣宠的。㉒ 其次,就连最有权威的神学家也同意的是,对于人来说,天性比圣宠更加根本,因为其"存在模式",其"实体"要比圣宠的存在模式更加高尚,圣宠只不过是"偶然的现象"。㉓ 这样一来,为了开辟第三条道路,为了在高尚和谦卑、天性和圣宠之间没有出路的斗争中找到一条出路,首先要并且主要是要把天性放在一边,甚至要征服天性:天性是他律机制的关键之所在。必须建立最终的人为机制,建立一种防卫之叉(furca),并由它来保证在任何情况之下,天性都不准以任何形式"再回来"。㉔

康德和卢梭一样,所处的境况正是人并非出于自己的选择而

㉒ 详见托马斯·阿奎那,《神学大全》,Ia IIae, Q. 113, art. 10:"naturaliter anima est capax gratiae"。

㉓ 同上书,Ia IIae, Q. 110, art. 2。

㉔ 贺拉斯(Horace),《书札》(*Epître*),1, 10, 24。

变成现代人的过程中；但是，有一点康德是与卢梭很不同的，他顺从地接受了这一转变；我们甚至可以说，在这一背景之下，他所特有的伟大之处，就在于他以忠诚的态度表现出的服从，他以忠诚的态度服从了我所描写的思辨的处境对他的要求。

十

我们现在可以更好地说明作为本研究出发点的意识所具有的思想内容及其特有的内在联系了，正是在这一意识当中，我们看到了现代人的最初的确定性。

现代人生活在历史当中；他把自己理解成一个"历史的存在"，也把自己定义为一个"历史的存在"。我们应当认真地对待这个定义，因为它意味着一种新的元素被发现了，这种新的元素包含和主宰了人的经验的传统联系。承认这一新的元素，按照这一新的元素行动和思考——按照历史来行动和思考，而不是按照天性，也不是按照法律来行动和思考——，这是现代人作为现代人的责任和特权。

然而，如果我们的调查不是一种没有结果的游逛，那么它引导我们严格地限制了这些肯定的意义。的确，我们注意到，除了历史和历史的人在登上舞台时的那种华美的、陶醉的气势之外，这一发现其实是一种发明，但是，它远没有揭示史无前例的第三种元素、第三种本质，而只是转移了与天性和法律所保持的关系。的确，这已经很不简单了！

我们试图证明，现代人，作为现代人，既在逃避法律，又在追求法律。他逃避强加给他的法律，而追求他自己为自己提出的法律。他逃避天性，逃避上帝强加给他的法律，或者逃避他昨天自己为自己提出、但今天又像是别人强加给他的法律。他追求他自己为自己提供的法律，如果没有这个法律，他恰恰会成为天性的玩物，上帝的玩物，或者是他自己的过去的玩物。他追求的法律不断地处在变化之中，不断地变成他逃避的法律。现代人既在逃避又在追求，不断地将两种法律的不同之处摆在自己面前，就这样连续不断地创造着他称之为的历史。

在这项事业当中，人的天性是他主要的对头。天性是所有的他律之母，是圣宠永远准备着的支撑，而圣宠也永远是可能的；天性通过记忆和习惯，保护着过去的法律，保护着已经死去了的文字。天性概括了一切必须逃避的东西，是一切必须逃避的东西的条件。因此，现代人提出了他追求的法律和他通过逃避天性而逃避的法律之间的差别，同时越来越完整地征服着天性，也包括他自身的天性。让他的天性服从于什么呢？服从于他的"自由"，服从于他的"自主性"，服从于常变常新的，永远是由他提出来的法律，也就是说，服从于对差别本身的连续不断的肯定。

当然，他这样逃避的，他这样想征服的，不是天性的所有方面及其表达。从很多方面来看，现代人的生活，也就是民主的生活，比人们在先前制度中的生活要更加"符合天性"。或者我们可以说，假发和吻手礼怎么能比洗刷干净的真发和握手礼更加符合天性呢？但是，他逃避的，或者从某种意义上说，他想征服的，是天性的天性特点（la naturalité de la nature）。但不管是以什么方式理解，天性恰恰产生于人类各种各样的个人所共同的东西；天性就是人在其他人心中引发的东西；天性就是人与人之间的这种联系，任何人永远也不能完全地产生或者主宰这种联系。然而，这种坚不可摧的、不确定的联系，恰恰是因为这一点，恰恰是因为这两种原因，这种联系才是必须建立的，古希腊人的探索已经使我们看到，这种联系是在朋友的平等以及高尚的人和奴隶之间的不平等这两极之间起作用的，我们说过，随着基督教的命题的提出，这种联系有过决定性的延展，或者说变得更加复杂了：根据其天性，而且也是为了其天性的好处，本应该效劳的人，本不可能是天

293

性的朋友的人,本来的主子,却动手给他洗脚了,却来给他效劳了,从今往后不仅仅成了他的朋友,也是他的兄弟了。那么我现在是什么呢?是主子、仆人、朋友,还是兄弟呢?是"碰上了暗礁的痛苦的君主","是潜在的领主,却永远变不成真正的领主",永远悬在半空中,陷于无法克服的不确定性当中的人?不,我将一切天性的和超天性的联系——尽管如此,那都仍然是具有天性的联系——都作为无益的负担抛在了过去,奔跑着去找出路,以便能够终于成为自己的至高无上的主宰;当我成为我自己的所有联系的建立者时,一切不确定性便都被克服了。当然,在时间的任何时刻——尽管我是个进步主义者,我也很清楚地知道这一点,而"反动派"可以不必把这一点当作是他们钟爱的"最初的真理"之一,并拿来教训我——,在未来的任何时刻,我也将无法完全严格地主宰我的天性,但是,在提出联系时代差别的两种法律的同时,我的确行施了一种连续的主宰,我是根据历史行施这一主宰的,或者说,我是根据大写的历史行施这一主宰的。只要我停下一秒钟,那就等于落入了世纪之井,所以"反动派",甚至"保守派"让我真诚地觉得那么可怕,也正是在这种意义上,我才是一个真正的"历史的存在"。

现代的人在意识到自我的同时,在把自己定义为"历史的存在"的同时,坚定地闭上眼睛,不看他正在做的事。他声称是通过历史接受他在法律的两种模式之间不断地产生的差别的。他把感觉到的东西当作是一种客观的元素,甚至是现实的至高无上的元素,同时又是他的至高无上的主宰元素,他就是这样,以有意识的、坚决的、任意的方式来看待自己的行动;与此同时,现代人沉湎于最为夸张的幻想,而这种幻想从未束缚过有思想的人类。薛西斯(Xerxès)以自我的意识为尺度,但在他的心灵中占据优势地位的,却是简朴和谦虚。

十一

我们很难接受的是,认为历史的观点也就是我们的观点,只是一种方法论上的幻想。我们很难相信,我们费了那么大的气力,结果只是为了欺骗我们自己。我们的历史感显然是一种真诚的感觉,与我们对时间的感觉不可抗拒地融汇在一起。为什么不以传统而诗意的统治的观念来设想现代的事业呢?为什么不把现代的事业设想成一种新的统治,认为时间是这种统治的元素,而不再是其空间呢?通过历史的观点,通过对历史观点的回顾和前瞻,人类在我们看来,在人类自己看来,难道不真的就像是一种自我对自我的征服吗?而且这种不断地向着过去和未来扩展的统治,难道不会碰到阻止了其他统治的限制吗?城墙随着时间的浪潮而不断扩大着范围,已经与时间的浪潮混在了一起。

没有比统治、比人类都聚集在同一个治理者的旗帜下更加符合天性、更加高尚的观念,这是人类大同的工具和象征。当人把自己定义为历史的存在,定义为从根本的意义上生活在历史的元素之中的时候,他难道不是把这种观念做了尽可能大的延展,将前仆后继的一代代人综合在天下大同之中的吗?人类具有与时俱进的力量,时间又为他提供了秩序的原则,于是这样聚集起来的人类便不再需要有形的领袖:没有皇帝的人类本身就是真正具有普遍性的帝国。

然而,我们还是可以认为,在这种跨越空间极限的过程中,在这种可以说是时间的入侵之中,人类绝对摆脱了其天性的极限,摆脱了其境遇。人的天性就是在阳光之下实现自己;空间就是这种实现自我的框架和条件。摆脱空间的条件就意味着摆脱这个世界的条件。不管一个帝国统治的时间有多长,定义这一统治的,是它将整个人类都聚集在其旗帜之下,也就是都聚集在现实之中，或者至少它能够倾向于产生这种效果。帝国的统治将人们聚集在现实之中，并让人们关注现实；帝国的统治使大同成为现实的和可见的东西。

马基雅维里指出说，在罗马帝国的统治结束之后，人类的力量再也不曾在现实中聚集起来。㊹ 也许无数的"历史原因"可以说明，高尚人类的这一极大的努力为什么没有真正的后继者。但是，除了这些理由之外，只有一条就足够了。从帝国的内部，或者至少是在帝国的内部，一个新的帝国，或者是一种新型的帝国站了起来，其延展更加广大，因为它包括空间和时间中的所有的人，它在内涵上要更加广大，因为将这些人聚集在一起的道德，不是表现得淋漓尽致的高尚，不是分离主子们的高尚，而是不偏袒任何人的谦卑，而且它是无形的，它开启了人们心中无形的空间。与有形帝国——sol invictus——的皇帝相对的，继之而来的，是无形帝国的神甫——servus servorum Dei。

不过，究竟是何种原因导致了两个罗马之间的分裂，我们要另找机会研究了。我们需要准备第二次，而且是完全不同的一次历史的跨越。如果我们不了解罗马的科学，那我们对事情的了解将永远是一知半解。

2015 年 10 月 2 日译文结稿于封龙山

㊹ 马基雅维里，"... dopo lo Imperio romano non è seguto Imperio che sia durato, né dove il mondo abbia ritenuta la sua virtù insieme..." 见于《李维史论》第二卷。

图书在版编目(CIP)数据

人之城/(法)皮埃尔·马南著;闫素伟译. —北京:
商务印书馆,2018
（文化与政治译丛）
ISBN 978-7-100-16696-6

Ⅰ.①人… Ⅱ.①皮…②闫… Ⅲ.①人学—研究
Ⅳ.①C912.1

中国版本图书馆 CIP 数据核字(2018)第 230561 号

权利保留,侵权必究。

文化与政治译丛
人之城
〔法〕皮埃尔·马南 著
闫素伟 译

商 务 印 书 馆 出 版
（北京王府井大街36号　邮政编码100710）
商 务 印 书 馆 发 行
北 京 冠 中 印 刷 厂 印 刷
ISBN 978-7-100-16696-6

2018年11月第1版　　　开本787×960　1/16
2018年11月北京第1次印刷　印张 20¼
定价:58.00元